沖縄の保守勢力と「島ぐるみ」の系譜

―政治結合・基地認識・経済構想―

櫻澤 誠 著

有志舎

沖縄の保守勢力と「島ぐるみ」の系譜

——政治結合・基地認識・経済構想——

《目次》

序章　沖縄戦後史研究の現状と課題

第一部　政治結合

序章　沖縄戦後史研究の現状と課題

はじめに

東西冷戦終結後、その「代理戦争」としての五五年体制は崩壊し、政界再編が繰り返されるなかで日本全体の保革対立軸は消滅していった。だが、沖縄では同様の道を辿らず、保革の枠組が色濃く残り続けてきた。そうしたなかで、一九九〇年から大田昌秀革新県政が二期八年、一九九八年以降は稲嶺恵一・仲井真弘多と保守県政が二期ずつ、四期計一六年続いた。そして、二〇一四年には、保守が分裂するなかで、「オール沖縄」を掲げて革新と共闘した翁長雄志（前那覇市長、元自民党沖縄県連幹事長）が新たな沖縄県知事となった。

一方、在日米軍基地の根拠とされてきた冷戦が終結してもなお、米軍再編によって更なる基地存続・強化が図られようとするなか、一九九五年の沖縄米兵少女暴行事件を機に発生した基地反対運動は、復帰後初めて保革を越えた「島ぐるみ」県民総決起大会を実現させた。だが、その後、基地の負担軽減が一向に進まない閉塞感のなかで、沖縄では独立論も含めた多種多様な自立論が提起されていった。

そして、近年、沖縄戦における「集団自決」をめぐる歴史教科書問題（二〇〇七年）、普天間基地移設問題

（二〇一〇年）、オスプレイ配備問題（二〇一二年）を焦点として、超党派による「島ぐるみ」県民大会が開催された。その最大の特徴は、蓄積された自立論を背景として、沖縄県民の怒りが明確に日本（ヤマト）に向けられるようになってきたことである。「オール沖縄」による政治力結集が謳われるようになるのもこうした超党派による取り組みのなかにおいてである。

このような時代状況のなかで、本書が主に論じようとしているのは、戦後沖縄の保守勢力についてである。近年の沖縄保守勢力の役割の大きさをふまえれば、その形成過程や政策・方針の変遷などを検討することは重要な課題だといえる。だが、後述するように、民衆運動が重視されてきたこれまでの沖縄戦後史研究では、革新側の検討はさかんになされてきた一方で、保守側の検討は未だに十分に進んではいないのである。

私は前著（『沖縄の復帰運動と保革対立　沖縄地域社会の変容』）において、復帰前の沖縄における保革対立軸の形成とそれに伴う「島ぐるみ」の消滅過程を明らかにした。その際に注目したのは、革新勢力の中心となっていく沖縄教職員会や沖縄県祖国復帰協議会などであり、沖縄社会での保革対立軸の明確化によって「島ぐるみ」でのまとまりがどのようにして困難になっていくのかということであった。本書は、その成果をいかしながらも、革新勢力だけでなく保守勢力の実態分析を重視するとともに、「島ぐるみ」が困難になる以前において、特に基地認識や経済構想に関わって沖縄住民が「島ぐるみ」で一致しうる基盤とはなんだったのかを明らかにしようとするものである。何故ならば、それらは一九九〇年代以降の「島ぐるみ」の再来に際して、歴史的な前提をなしていると考えられるからである。

以上をふまえつつ、まずは、本書の位置付けをより明確化するために、沖縄戦後史研究の現状と課題について検討していく。

第一節　沖縄戦後史研究の隆盛とその要因

沖縄戦後史研究[*1]の現在を考えるに際して、歴史学に限定すればそれほど多くの研究があるわけではない。だが言うまでもなく、現代史は歴史学だけでなく、多様な分野からの参入によって成り立っている。そのように把握すれば、沖縄戦後史研究は近年活況を呈していると言っても過言ではない。その要因について、まずは大きく三つに分けて説明しておきたい。それらの要因は相互補完的なものであり、かつ相乗効果によって現在の活況が生じているということがひとまず言えるだろう。

第一の要因は、逼迫した政治状況のなかで、沖縄に対する問題関心を持つ研究者が増加したということである。東西冷戦を根拠として置かれ続けてきた広大な沖縄米軍基地の縮小・撤去への動きは、冷戦終結後も一向に見られず、むしろ米軍再編のなかで固定化され、訓練機能の強化が進められていく。そうしたなか、一九九五年九月四日の沖縄米兵少女暴行事件を機に、二八日には大田昌秀沖縄県知事が代理署名拒否を表明し、一〇月二一日には沖縄県民総決起大会が開かれ、「島ぐるみ」によって事件への抗議および日米地位協定の見直しを要求した。だが、日米両政府の協議のなかで、沖縄県民の負担軽減要求は普天間基地の辺野古「移設」へとすり替えられていく。こうした一九九五年以降の基地問題再顕在化のなかで、沖縄に対する問題関心を持つ研究者を増加させることになった。特に一九九〇年代後半以降にキャリアをスタートさせた研究者が続々と参入し、研究を積み重ねていることが、近年の活況の最大要因だといえる。

第二の要因は、史資料環境が劇的に改善されたということである。一九九〇年代に入り、米軍統治期の米国側公文書の公開が進んだほか、一九九五年八月に沖縄県公文書館が開館したことが画期となった。琉球政府文書の閲覧が容易になるとともに、米国からの収集史料も漸次公開されたほか、政党や政治家の文書・蔵書、沖縄県祖国復帰協議会文書の受入などにより、各史料へのアクセスが容易となった。また、一九九四年に新『沖縄県史』刊行事業が開始されて資料編が続々と刊行されたほか、戦後五〇年や運動の高揚を受けて資料集、復刻版、新聞縮刷版などの刊行も進んだ。[*2] そしてさらなる画期となったのは、二〇〇九年以降の民主党政権下における「密約」問題調査を受けて、沖縄返還関連の外務省文書が公開されたことである。これにより、日本側からの外交交渉過程の検討だけでなく、沖縄側との交渉過程や情報収集内容の検討が可能となったのである。沖縄戦後史研究は、事例によっては沖日米三方向からの一次史料に基づく検討が可能な段階に達している。加えて史資料環境としては、聞き取りが多方面において実施され、研究に活用されているほか、証言自体の公開・刊行が行われていることも重要である。

第三の要因は、歴史学を含めた人文科学の転回が多様なアプローチを可能にしたということである。沖縄に関して言えば、戦後歴史学は日本帰属を根拠づける重要な役割を果たしていた。戦後初期から断続的に登場する独立論や、一九六九年一一月の日米共同声明以降に登場する「反復帰」論などは、徹底的に批判の対象とされてきた。だが、一九九〇年代前半のソ連消滅と五五年体制崩壊によってイデオロギー対立が影響力を失い、そして何よりも一九九五年以降、沖縄と「本土」[*3] との溝が深まっていくなかで、独立論は研究の俎上に挙げられ、「反復帰」論は再評価されるようになる。そうしたなかで研究の自由度はそれ以前と比べて格段に広がったといえる。さらには一九九〇年代の歴史学界において一潮流をなした国民国家論においても沖縄は重要な分析対象の一つとされたが、ポストコロニアリズムやカルチュラル・スタディーズといった分野においても同様の状況が起こる。

それにより、沖縄に対する多様なアプローチによる多くの研究蓄積が進むことになった。ただ問題なのは、それが制度化された理論に基づくケーススタディに留まるのだとすれば、現状との緊張関係を伴わない研究のための研究になるという懸念を持たざるを得ないということである。[*4]

沖縄戦後史研究は近年、多分野にわたって膨大に積み重ねられており、その全てを扱うことは不可能である。よって序章において扱うものは、本書に直接関わる政治史、復帰運動史とその隣接分野を中心とせざるを得ない。[*5]それでも近年続々と若手中堅研究者の著作が上梓されており、それらを中心としつつ、沖縄戦後史研究の現在を俯瞰できるような叙述を心掛けたい。

以下序章では、上記で説明した三つの要因に基づく画期を「一九九五年」[*6]と位置付けた上で、まず「一九九五年」以前の状況について概観する。その上で「一九九五年」以降の状況について紹介し、最後に課題を提示することとしたい。[*7]

第二節　「一九九五年」以前の状況

まずは復帰前後の研究状況について確認しておこう。比嘉幹郎『沖縄　政治と政党』（中公新書、一九六五年）は、米国留学中に執筆され一九六三年に英文で出版されたものを改めて日本語版としてまとめたものである。一九六四年まで言及されており、政治学的手法に基づき、沖縄内部の政治と政党の分析が展開されている。宮里政玄『アメリカの沖縄統治』（岩波書店、一九六六年）は、大学紀要に上・中・下として一九六三〜六四年に発表された内容を改稿加筆したものである。叙述は一九六五年までにとどまるが、米国のパターナリズムに基づく沖縄統治政策を前提としつつ、沖縄側の政治過程、経済状況、民衆運動などにも言及した総括的な内容となっている。

それらに対して、復帰後、沖縄戦後史研究の主流となっていくのは新崎盛暉によって確立されていく民衆運動を軸とした理解である。新崎は中野好夫との共著『沖縄問題二十年』（岩波新書、一九六五年）、『沖縄・七〇年前後』（岩波新書、一九七〇年）などによって民衆運動を軸とした論述を行っていく。一九六〇年代後半以降の沖縄返還闘争を経て、米軍統治期を通観する『沖縄戦後史』（岩波新書、一九七六年、中野との共著）、『戦後沖縄史』（日本評論社、一九七六年）によってそれが確立されるのである。

一九八〇年代になると、松田賀孝『戦後沖縄社会経済史研究』（東京大学出版会、一九八一年）、琉球銀行調査部編『戦後沖縄経済史』（琉球銀行、一九八四年）など、経済史の成果が表れる。それぞれ手法は異なるものの、米軍統治期の経済構造や経済政策だけでなく、それを受けた沖縄側の政財界、すなわち主に保守勢力とされる側の対応についても検討がなされていた[*8]。だが、一九七〇年代中頃の沖縄戦後史に対する総括期[*9]を経て、民衆運動を軸とした沖縄戦後史研究がすでに定着したなかにあって、政治史の検討は十分に進んでおらず、保守勢力の検討を含め、それ以上の議論が進展する状況にはなかった。

ただそれは一九八〇年代に沖縄戦後史研究全体が停滞していたことを意味するわけではない。例えば、石原昌家『大密貿易の時代　占領初期沖縄の民衆生活』（晩聲社、一九八二年）は、民衆運動にとどまらない社会史への先鞭をつけるものであった。また、宮城悦二郎『占領者の目』（那覇出版社、一九八二年）、大田昌秀『沖縄の帝王高等弁務官』（久米書房、一九八四年）は、本格的な米国側公文書開示前において、現地統治者への検討を深めた点で重要であった。さらには、鹿野政直『戦後沖縄の思想像』（朝日新聞社、一九八七年）は、占領初期の「独立論」的な傾向のなかであらわれた「自治」や「民主化」の動きについても考察されており、「一九九五年」以降の研究の端緒があったといえる。

第三節　「一九九五年」以降の状況

1　日米関係

米国側公文書の公開を大きな原動力として、沖縄問題に重点をおいた日米関係の研究は劇的に進展した。河野康子『沖縄返還をめぐる政治と外交　日米関係史の文脈』（東京大学出版会、一九九四年）は、米国側公文書を駆使して沖縄をめぐる戦後日米関係を検証したもので、新たな潮流の先駆となった研究といえる。

当該分野のパイオニアである宮里政玄は『日米関係と沖縄　一九四五―一九七二』（岩波書店、二〇〇〇年）において、日米琉三者の相互関係として米軍統治期を再検討した。ロバート・D・エルドリッヂは、『沖縄問題の起源　戦後日米関係における沖縄　一九四五―一九五二』（名古屋大学出版会、二〇〇三年）において、沖縄が戦後日米関係最大の焦点となる過程を実証的に解明し、『奄美返還と日米関係　戦後アメリカの奄美・沖縄占領とアジア戦略』（南方新社、二〇〇三年）において、従来注目の薄かった奄美返還に至る日米交渉過程について、住民側の動向をふまえながら明らかにしている。

また、我部政明『戦後日米関係と安全保障』（吉川弘文館、二〇〇七年）は、米国側の新史料を駆使して外務省文書公開前に安保改定交渉及び沖縄返還交渉における「密約」問題を検討した点でも重要な意義を持つ。明田川融『沖縄基地問題の歴史　非武の島、戦の島』（みすず書房、二〇〇八年）は、沖縄基地問題を重視しながら日米両政府による日米安保体制の形成・転回の歴史を再検証した。さらに、「密約」問題調査を受けて開示された史料を用いて、日本側の沖縄返還交渉をめぐる政策決定過程を詳細に検討したのが、中島琢磨『沖縄返還と日米安保体制』（有斐閣、二〇一二年）である。

2　沖縄の政治・民衆運動・生活

沖縄内部における政治過程や民衆運動の内面にわたる検討も進展した。また、住民の日常生活への社会史的検討が深められたことも特徴だといえる。

まず、一九五〇年代なかばまでの研究が大きく進展した。その政党分析や基地問題についての先鞭をつけたのは若林千代や鳥山淳らの研究である。若林千代『ジープと砂塵　米軍占領下沖縄の政治社会と東アジア冷戦1945―1950』（有志舎、二〇一五年）は、一九五〇年前後を画期とした上で、東アジア冷戦が形作られるなかでの沖縄の位置をふまえつつ、占領初期の沖縄の政治社会を地域に根ざしながら検討している。鳥山淳『沖縄／基地社会の起源と相克　一九四五―一九五六』（勁草書房、二〇一三年）は、収容所生活による戦後の開始から島ぐるみ闘争により「協力」の論理が破綻するまでの歴史を、「抵抗」と「協力」という単純な二項対立ではなく、自治と復興の希求を検証することで丹念に描いている。同じく島ぐるみ闘争までの時期に関して、沖縄―奄美―日本という拡がりを持つ共産主義革命運動を史料探索と聞き取りの成果に基づき丹念に論証したのが森宣雄『地のなかの革命　沖縄戦後史における存在の解放』（現代企画室、二〇一〇年）である。[*10]

また、川平成雄『沖縄空白の一年　一九四五―四六』（吉川弘文館、二〇一一年）は、沖縄戦開始から貨幣経済復活までの約一年は断片的な検討にとどまる「空白の一年」であるとして、当該期を総合的に捉えることを試みている。さらに、黒柳保則[*11]は、一九五二年四月に琉球政府が発足する以前の各群島が自立的な政治経済活動を展開していた時期における奄美・宮古・八重山それぞれの「自治」希求と四群島の統合過程について検討している。

米軍統治期全体を扱った研究成果も続々と現れている。[*12]屋嘉比収『沖縄戦、米軍占領史を学びなおす　記憶をいかに継承するか』（世織書房、二〇〇九年）は、沖縄戦からの継続性を意識しながら、占領と復興、密貿易、高度経済成長、アメリカニズムといった多様な側面から米軍統治期を再検討している。櫻澤誠『沖縄の復帰運動と保革対立　沖縄地域社会の変容』（有志舎、二〇一二年）は、従来一九五〇年代から一貫したものとして自明視されていた沖縄の保革対立が、実際には一九六七〜六八年までの間に次第に形成されていき、それと同時に「島ぐるみ」での取り組みが消滅していくことを明らかにした。平良好利『戦後沖縄と米軍基地　「受容」と「拒絶」のはざまで　一九四五〜一九七二年』（法政大学出版局、二〇一二年）は、軍用地問題に焦点をあて、沖縄および日米両国の指導者らの対応について、長期的な視点から原資料や聞き取りなどを用いて考察し、「受容」と「拒絶」の二項対立ではなく、そのはざまで苦闘する沖縄政治指導者の姿を描き出した。

さらに、従来ほとんど概説的な記述にとどまっていた行政史の分野を大幅に刷新したのが、川手摂『戦後琉球の公務員制度史　米軍統治下における「日本化」の諸相』（東京大学出版会、二〇一二年）である。[*13]同書は、四群島時代から琉球政府時代に至るまでの米軍統治期全体の公務員制度について、法制度や人事・給与体系などにわたり詳細な分析を行っている。

3　復帰をめぐる問題

復帰をめぐる問題は、復帰運動の中核にあった沖縄教職員会の検討を中心に深められている。それに先鞭をつけたのは、小熊英二『〈日本人〉の境界　沖縄・アイヌ・台湾・朝鮮 植民地支配から復帰運動まで』（新曜社、一九九八年）である。同書は、多くを二次史料に依拠しつつも、日本復帰を自明とせずに沖縄教職員会を中心とする復帰運動を再構成し、一方で「反復帰」論を大きく取り上げたという点において、画期性を持つものであった。[*14]

戸邉秀明[*15]は、教員層がいかにして復帰を志向し米軍政に対抗しうるほどの主体形成をはかるのか、そして展開される復帰運動について、脱植民地化への模索として検討している。奥平一『戦後沖縄教育運動史　復帰運動における沖縄教職員会の光と影』（ボーダーインク、二〇一〇年）は、特に国民教育運動のなかで日の丸掲揚運動の展開に注目して分析し、「抵抗のシンボル」としての論理が破綻していく過程を検証している。また、櫻澤誠は前掲書において青年教員に注目し、各地域の教職員会と青年団との結節点として重要な役割を担ったことや、一九六〇年代に教職員会が革新化していく際の原動力となったことを明らかにしている。

教職員会が復帰運動を展開する上で、本土の日教組とどのような関係を有したのかは重要な論点である。[*16] 藤澤健一『沖縄／教育権力の現代史』（社会評論社、二〇〇五年）は、教職員会にたいする日教組の「教育権力」としての関係性を前提としつつ、日教組側の「沖縄問題」認識と方針の変容過程について分析を行っている。また、高橋順子『沖縄〈復帰〉の構造　ナショナル・アイデンティティの編成過程』（新宿書房、二〇一一年）は、日教組と教職員会双方の教研集会における「沖縄問題」言説の変容から検討を行っている。

4　人の移動をめぐる問題

マラリア死や餓死等も含めると一五万人余、沖縄県民の四人に一人が亡くなったといわれる沖縄戦が終結すると、九州・台湾への疎開者に加えて大日本帝国崩壊に伴う植民地などからの引揚が順次行われていく。浅野豊美は[*17]、旧内地・旧外地から「琉球」への引揚や、琉球から内地への送還について、日米の公文書等を用いながら、人数の確定作業を行い、さらに、軍用地化によって農作業地が狭まったなかでの急激な引揚が引き起こした人口過剰への対応として検討された再移民計画について琉球独立論と関連させて検討している。引揚者は一九五〇年の時点で日本本土から約一八万人余、台湾・南洋などから四万六千人弱で計二二万六〇〇〇人余に上るとされ、人の移動に伴う社会変動の大きさが想像されよう。[*18]

占領初期の「密貿易」については、沖縄―奄美―日本について、「非正規交易」（密貿易）による経済活動を重視して検討した三上絢子『米国軍政下の奄美・沖縄経済』（南方新社、二〇一三年）がある。[*19]さらに与那国島を中心に、宮古、糸満、口永良部との比較を通じて、琉球列島全体の私貿易（「密貿易」）を検討したのが、小池康仁『琉球列島の「密貿易」と境界線　１９４９―５１』（森話社、二〇一五年）である。

在本土沖縄人についての研究も進展している。[*20]戸邉秀明は[*21]、在日沖縄人団体である沖縄人連盟について在日朝鮮人団体との緊張関係から検討をおこない、さらに在日本沖縄人学生について分析している。山口覚『出郷者たちの都市空間　パーソナル・ネットワークと同郷者集団』（ミネルヴァ書房、二〇〇八年）は、兵庫県における沖縄出身者について、県人会の組織化や政治活動に踏み込んで分析を行っている。

一九五七年に始まる本土就職についても近年検討が進められている。まとまった成果として、岸政彦『同化と他者化　戦後沖縄の本土就職者たち』（ナカニシヤ出版、二〇一三年）がある。同書は、一九六〇年代の沖縄経済好況期において、経済的要因に還元できない「過剰移動」が生じたことを指摘している。本土就職が制度化されるなかで多くの若者が送り出された一方、その多くは沖縄にUターンしていくという実態について、経験者への聞き取りにより生活史の再構成を行い、本土との関係において「同化と他者化」という枠組で分析を行っている。[*22]

また、観光による一時的流入も、重要なテーマである。戦後初期に観光資源としてまず意識されたのは沖縄戦跡であった。[*23] 多田治『沖縄イメージの誕生　青い海のカルチュラル・スタディーズ』（東洋経済新報社、二〇〇四年）、同『沖縄イメージを旅する　柳田國男から移住ブームまで』（中公新書ラクレ、二〇〇八年）は、戦後の観光は一九五〇年代半ばの本土慰霊団受け入れから本格的に始まり、一九六〇年代には戦跡観光・舶来品ショッピング、そして売春観光へと拡大し、一九七五〜七六年の海洋博で「海」「亜熱帯」「文化」という「沖縄イメージの三種の神器」が確立する過程を論じている。それに対して、神田孝治『観光空間の生産と地理的想像力』（ナカニシヤ出版、二〇一二年）は、「亜熱帯」イメージは戦前、「文化」イメージは戦中、「海」イメージも米軍統治期の一九六〇年代には確立しており、海洋博はこれら既存イメージを強化・流布する役割を果たしたとする。

5　女性史、ジェンダー研究

沖縄戦では相対的に男性の戦死者が多く、戦後の再建において構成比が高くなった女性の果たした役割は大きい。だが、本土法の適用を受けず、強固な父系社会が維持されたなかにおいて、女性の権利は著しく制限されていた。軍事占領下における性暴力の問題も深刻であった。本土に先駆けて女性参政権が認められたことが強調されるが、その後の実態は日本復帰までに立法院議員となった女性が一人だけであったことに象徴的に表れている。近年の女性史、ジェンダー研究は、従来十分に深められてこなかった課題に深く切り込んでいる。[*24]

沖縄では一九七〇年に琉球政府立法院においてようやく売春防止法が成立するが全面実施には至らず、結局、一九七二年の日本復帰により本土法適用がなされるという状況であった。小野沢あかね[*25]は、一九五〇〜七〇年代におけるコザのAサインバーについて、女性従業員や経営者などからの貴重な聞き取り成果をもとにして、営業形態や労働実態などについての具体的な検討を行っている。菊地夏野『ポストコロニアリズムとジェンダー』（青弓社、二〇一〇年）は、米軍統治下における売買春管理や反売春運動などについて働く女性に注目しつつ検討している。[*26]

また、沖縄では戦後も旧民法が引き続き使用され、ようやく一九五七年に本土並みの改正が実現する。また、一九五六年に優生保護法が立法院で可決したが、米国民政府の布令によって無効とされ、日本復帰まで戦前の刑法堕胎罪と国民優生法が有効な状態であった。澤田佳世『戦後沖縄の生殖をめぐるポリティクス　米軍統治下の出生力転換と女たちの交渉』（大月書店、二〇一四年）は、そうした状況を作り出した米軍統治のポリティクスと沖縄の強固な父系継承主義を分析水準とし、出生力転換をもたらしていく女性たちの様々な「交渉」について検討している。

第四節　本書の問題意識と方法

以上、近年の研究動向について、いくつかのテーマに分けて整理してきた。まずはそれをふまえて、沖縄戦後史研究の今後の課題を提示したい。

「一九九五年」以降、研究が多様化し、アプローチが拡がった。住民の日常生活への深い考察が行われることで政治活動や民衆運動への主体化要因もより明確になった。復帰という選択自体を問い直す姿勢は、復帰志向の要因をより深く検討することを可能とした。人の移動についての研究は、沖縄本島中心史観の狭隘さを証明するものでもあり、奄美、宮古、八重山を含めた、あるいはさらにそれを超える視野による研究はますます重要になってくるであろう。さらに、女性史、ジェンダー研究は従来の男性中心の政治史や社会運動史の枠組みを根本的に問い直すものでもあるといえる。

とはいえ、「一九九五年」以前からの研究状況を振り返ると、政治史や経済史などは、いくつかの注目すべき研究が出始めてはいるものの、大きく立ち遅れた状況にある。それは例えば、最も基本的な琉球政府と米国民政府との日常的な業務関係や政策合意形成過程などについて、ほとんど検討が進んでいないということからも明白である。さらには、政治体制が異なるためやむを得ない面はあるが、研究が米軍統治期で区切られる傾向が強く、その前後の歴史との関係に十分議論が及ばない。そうした点はすでに越境が盛んな文化史、思想史や、最近の教育史の動向などから触発されるものも多いだろう。今後は、「一九九五年」以前に積み残されていた政治史、経済史などの検討を十分に行った上で、「一九九五年」以降に重ねられた成果をふまえ、全体史を再構築していく作業が必要となろう。

本書はそうした問題意識に基づくものである。具体的には、政治史、経済史の課題に関わって、沖縄保守勢力について政治結合・基地認識・経済構想という三部構成で検討を行っていく。

第一部「政治結合」では、保革対立軸が明確化する以前である、一九五〇年代初頭から一九六〇年代中頃にかけての沖縄保守勢力の変遷を具体的に検討することで、どのような論理で沖縄保守勢力が政治結合を図っていったのかを明らかにする。

第一章では、一九五二年に琉球政府主席の与党として琉球民主党が結成され、さらに一九五九年の保守合同によって沖縄自由民主党が結成されるまでの過程を検討し、政治力の結集がどのように模索されていたのかを明らかにする。第二章では、親米を前提とする保守勢力のなかでも米軍批判が公然化するなかで、一九六四年に沖縄自民党が分裂し、沖縄民主党として再合同する過程を検討する。

第二部「基地認識」では、保守勢力と革新勢力の基地問題についての立場の違いがどのように形成されていったのか、そしてそのなかでの「島ぐるみ」での一致点とはどのようなものだったのかを検討する。

第三章では、保革対立として二項対立的に捉えられがちな沖縄住民の基地問題への態度について検討し、一九五〇年代の島ぐるみ闘争は「『保守』的立場」によるものであること、そして、そこから重層的に「『革新』的立場」が成立していったことを歴史的に明らかにする。第四章では、石川・宮森小学校ジェット機墜落事件に対する補償問題に焦点をあて、米軍に対して超党派による「島ぐるみ」での補償要求が行われることで解決が図られていった過程を検討する。

第二部補論では、「島ぐるみ」での一致点ということに関わって、従来は保守勢力として一括して捉えられがちな戦没者の慰霊・顕彰や援護の問題について取り上げ、沖縄においては一九六〇年代後半に本土側の影響で保革対立軸が明確化するまで、「島ぐるみ」で取り組まれる問題であったこと、そしてその前提としてどのような沖縄戦認識の変遷があったのかを検討する。

第三部「経済構想」では、保革を超えた「島ぐるみ」で戦後沖縄の政財界が一貫して求め続けた「自立経済」

について、米軍統治期を通して経済計画に注目しつつ検討する。

第五章では、一九四〇年代末の「自立経済」論の初動段階から、沖縄保守勢力が中心となって一九五〇年代半ばに策定された「経済振興第一次五カ年計画」について検討し、そこに示された論理を明らかにする。第六章では、一九六〇年代に日本への復帰が具体化していくなかで、保革を超えて「自立経済」構想がどのように主張され、本土側の政財界との間でどのような確執が生じていったのかを検討する。

本書での検討によって、米軍統治期の全体史を再構築するために不可欠な、沖縄保守勢力の実態が明らかとなるはずである。

註

＊1 「沖縄戦後史研究」の対象範囲は、米軍統治期である一九四五～七二年を扱ったものとする。

＊2 なかでも不二出版による沖縄戦後史関連の復刻出版は特筆に値する。『うるま新報』全六巻（一九九九年）を皮切りに、これまで『沖縄新民報・自由沖縄』全二巻（二〇〇〇年）、『琉球新報』全二七巻（二〇〇三～〇七年）、『戦後初期沖縄解放運動資料集』全三巻（二〇〇四～〇五年、二〇一三年にＤＶＤ版全一枚・別冊一）、『占領期・琉球諸島新聞集成』全一六巻（二〇〇七～〇九年）、『守礼の光』ＤＶＤ版全五枚・別冊一（二〇一二年）、『今日の琉球』全二二巻・別冊一（二〇一三～一四年）、『琉球要覧』全一四巻（二〇一三～一四年）、『琉球統計年鑑』全一四巻（二〇一三～一四年）、『琉大文学』全五巻・付録一・別冊一（二〇一四年）、『沖縄文化』全八巻（二〇一四年）、『おきなわ』全六巻別冊一（二〇一五年）、『八重山文化』全三巻・別冊一（二〇一五年）、『占領下の奄美・琉球における教員団体関係史料集成』全七巻・別冊一（二〇一五～一六年）が刊行されている。

＊3 「本土」という表記は、琉球・沖縄の日本帰属が相対化されている近年の状況において、不用意ともいえるが以下では括弧を用いずに使用する。

＊4　屋嘉比収・近藤健一郎・新城郁夫・藤澤健一・鳥山淳編『沖縄・問いを立てる―1　沖縄に向き合う　まなざしと方法』（社会評論社、二〇〇八年）所収の編者による「［座談会］沖縄の現実と沖縄研究の現在をめぐって」は、同様の問題意識に基づく議論を展開している。同シリーズ（全六巻）は、一九九〇年代以降に研究の第一線に登場した編者によりまとめられたものであり、近年の沖縄に対する学問的関心がよく現れた構成となっている。

＊5　文学史、文化史、思想史などは基本的に取り上げていない。これらについては、最良の入門書として鹿野政直『沖縄の戦後思想を考える』（岩波書店、二〇一一年）を挙げておきたい。

＊6　これは厳密に「一九九五年」で区切れることを意味するのではなく、あくまでその前後における変化の象徴的表現である。

＊7　沖縄をめぐる研究状況については、戸邉秀明「沖縄」（友永健三・渡辺俊雄編『部落史研究からの発信　第三巻　現代編』解放出版社、二〇〇九年）も参考になる。また、復帰運動史研究については、拙著『沖縄の復帰運動と保革対立　沖縄地域社会の変容』（有志舎、二〇一二年）序章において研究史の検討を行っている。なお、序章では取り上げないが、ノンフィクションにも奥野修司『ナツコ　沖縄密貿易の女王』（文藝春秋、二〇〇五年）、軽部謙介『ドキュメント沖縄経済処分　密約とドル回収』（岩波書店、二〇一二年）を始めとして、多くの注目すべき作品があることを付記しておきたい。

＊8　沖縄経済については、復帰前後に策定された「長期経済開発計画」（琉球政府、一九七〇年）、「沖縄振興開発計画」（日本政府、一九七二年）などが重化学工業を重視していることに対し、宮本憲一などから公害を引き起こした本土の拠点開発の後追いであるとの批判がなされた（宮本憲一編『開発と自治の展望・沖縄』筑摩書房、一九七九年、など）。宮本らの主張は、米軍統治期に総体的な経済政策が存在していなかったことや、保守＝基地依存、革新＝基地撤去という対立の存在が前提とされている。だが、一九八〇年代の経済史研究でも言及されていたように、経済政策の立案主体となっていた沖縄保守勢力が米軍統治期に基地依存縮小や自立経済を求めていたことは無視し得ない事実である。一九五〇年代から掲げられていた重化学工業を重視した自立経済構想が、日本への復帰過程においてどのように挫折していくのか検討することが重要ではなかろうか。

＊9　この時期の主要な論集として、宮里政玄編『戦後沖縄の政治と法　一九四五―七二年』（東京大学出版会、一九七五年）、日本国際政治学会編『沖縄返還交渉の政治過程』（『国際政治』五二、有斐閣、一九七五年）などがある。

＊10　森は、「ひとびと＝民衆」を主人公とした通史として、森宣雄『沖縄戦後民衆史　ガマから辺野古まで』（岩波現代全書、

二〇一六年）を刊行している。

＊11　黒柳保則「一九四六年の米軍政下旧沖縄県地域における行政統合問題」（『沖縄法政研究』八、二〇〇五年）、同「『行政家』『政治家』『事業家』　宮古民政府知事としての具志堅宗精」（『沖縄法学』三七、二〇〇八年）、同「島嶼地域『琉球弧』における『自治』再編成という経験　米軍政下の旧沖縄県地域における行政統合問題についての総合的考察を中心に」（『沖縄法政研究』一三、二〇一〇年）、など。

＊12　米国側公文書に基づき、沖縄住民に対する米軍の広報宣伝活動を検討したものとして、吉本秀子『米国の沖縄占領と情報政策　軍事主義の矛盾とカモフラージュ』（春風社、二〇一五年）がある。

＊13　同書の序章には行政関連の先行研究が網羅されており大変有益である。

＊14　小松寛『戦後沖縄における帰属論争と民族意識　日本復帰と反復帰』（早稲田大学出版部、二〇一三年）は、帰属論争を「日本復帰」と「反復帰」の対立構造として捉えた上で、一次史料に基づき分析を深化させている。

＊15　戸邉秀明「一九五〇年代沖縄教職員会の地域『診断』　教育研究集会の問題構制を中心に」（『史観』一四七、二〇〇二年）、同「『戦後』沖縄における復帰運動の出発　教員層からみる戦場後／占領下の社会と運動」（『日本史研究』五四七、二〇〇八年）、同「沖縄『戦後』史における脱植民地化の課題　復帰運動が問う〈主権〉」（『歴史学研究』八八五、二〇一一年）、など。

＊16　沖縄―日本とは対照的な力学を意図した、米国側からの沖縄教育に対する介入を扱ったものとして、小川忠『戦後米国の沖縄文化戦略　琉球大学とミシガン・ミッション』（岩波書店、二〇一二年）がある。

＊17　浅野豊美「米国施政権下の琉球地域への引揚　折りたたまれた〈帝国〉と重層的分離」（『社会科学研究』二六―一、二〇〇六年）、同「南洋群島からの沖縄人引揚と再移住をめぐる戦前と戦後」（同編『南洋群島と帝国・国際秩序』慈学社、二〇〇七年）、同「折りたたまれた地域としての『琉球』　沖縄県人の再移民問題」（同編『戦後日本の賠償問題と東アジア地域再編』慈学社出版、二〇一三年）、など。

＊18　ただし、引揚者の戦後については、有力者個人の経験として取り上げられることはあるが、未だに十分な検討がなされていない。今後は、本土、台湾、南洋からの引揚者それぞれの集団的特性や、集団的記憶の問題などについての分析も必要であろう。また、引揚対象とならなかった地域の移民と戦後沖縄との関係についてもさらに検討されるべき課題であろう。

＊19　奄美については、鹿児島県地方自治研究所編『奄美戦後史　揺れる奄美、変容の諸相』（南方新社、二〇〇五年）が参考になる。

＊20　この分野に先鞭をつけたのは、冨山一郎『近代日本社会と「沖縄人」　「日本人」になるということ』（日本経済評論社、一九九〇年）である。

＊21　戸邉秀明「『在日沖縄人』、その名乗りが照らし出すもの」（同時代史学会編『占領とデモクラシーの同時代史』日本経済評論社、二〇〇四年）、同「越境者たちの復帰運動　一九五〇年代前半における在日本沖縄人学生の組織と意識」（『沖縄文化研究』三八、二〇一二年）、など。

＊22　さらに、相互交流のなかで、沖日米を越境して取り組まれた沖縄闘争を掘り起こし論じたものとして、大野光明『沖縄闘争の時代1960／70　分断を乗り越える思想と実践』（人文書院、二〇一四年）がある。

＊23　観光資源とされていく沖縄戦跡は、遺族にとっては当然ながら特別な場所であり、一方で記憶をめぐる抗争の場でもあった。そうした問題を扱ったものとして、北村毅『死者たちの戦後誌　沖縄戦跡をめぐる人びとの記憶』（御茶の水書房、二〇〇九年）、長志珠絵『占領期・占領空間と戦争の記憶』（有志舎、二〇一三年）、などがある。

＊24　近年の検討に先立つ重要な成果として、那覇市総務部女性室編『なは・女のあしあと　那覇女性史（戦後編）』（琉球新報社事業局出版部、二〇〇一年）がある。

＊25　小野沢あかね「米軍統治下Aサインバーの変遷に関する一考察　女性従業員の待遇を中心として」（『日本東洋文化論集　琉球大学法文学部紀要』一一、二〇〇五年）、同「戦後沖縄におけるAサインバー・ホステスのライフ・ヒストリー」（『日本東洋文化論集　琉球大学法文学部紀要』一二、二〇〇六年）、同「米軍統治下沖縄における性産業と女性たち　一九六〇〜七〇年代コザ市」（『年報日本現代史』一八、二〇一三年）、など。

＊26　女性史、ジェンダー研究とは若干離れるが、女性が働く場となる歓楽街が都市復興過程においてどのように形成され、どこから人が集まってきたのかについて、近年、地理学からの注目が集まっている。その成果の一つとして、加藤政洋『那覇　戦後の都市復興と歓楽街』（フォレスト、二〇一一年）がある。

第一部

政治結合

第一章　一九五〇年代における政治勢力の変遷
――琉球民主党から沖縄自由民主党まで――

はじめに

本章の目的は、これまで主に運動史叙述の中で整理されてきた、一九五〇年代における沖縄の政治勢力について再検討を行い、新たな変遷過程像を提示することである。より具体的には、親米保守政党である琉球民主党と沖縄自由民主党について、その結成過程と政治結合を可能にした論理を明らかにすることである。

まずは主な先行研究を挙げておく。新崎盛暉は琉球民主党を保守、沖縄社会大衆党（社大党）・沖縄人民党・沖縄社会党を革新と明確に区分し、比嘉幹郎は民主党を親米主義・現実主義・自由企業主義、社大党を社会民主主義の方向性を有する中道改革派として捉え、人民党や社会党とは区別するが、どちらの研究でも、一九五〇年代の社大党は、体系的思想がなく、左右に揺れながら、分裂を繰り返していくと論じる。[*1] 一方、我部政明は、こうした社大党の姿勢を沖縄住民の願望を集約して動くがゆえに、時代状況に応じて行動、姿勢は左右に傾くのだと、地域政党として肯定的に捉えている。[*2]

これらの研究は、それぞれ問題設定や解釈は異なるが、社大党の体系的思想欠如ゆえの左右の揺らぎを判断の前提としている。だが、米軍政下においては、人民党を含めて、特定のイデオロギーを打ち出すことはそもそも困難だったのであり、むしろ、体系的思想の模索過程自体を分析していくことが必要ではないか。

また、沖縄戦後史研究では、近年、保守側への検討が重視されるようになってきている。なかでも鳥山淳は、反共親米に基づき形成された沖縄保守勢力の米国援助による経済復興への期待という「現実主義」が島ぐるみ闘争で破綻、統治政策転換により日本側の関与が増大していく中で、保守勢力は日本からの経済援助を期待して「現実主義」の再構築をはかる過程を論証している。[*3] ただ、鳥山は、本章で扱うような社大党の役割について十分考慮していない。こうした点を加えることで、「現実主義」の再構築過程についても掘り下げて検討することが可能だと考える。

さらには、近年、森宣雄によって、一九五〇年代までの人民党について、新史料・証言を用いた詳細な検討がなされている。[*4] 本章の分析とも時期が重なっており、前提となる重要な先行研究である。社大党や民主党についても、実証レベルを同様に引き上げていく作業がまずは必要であろう。

以下、第一節では、社大党と民主党が成立する一九五〇～五二年頃までに関して、従来十分触れられてこなかった経済復興・財界形成過程と両党結成の関連などに力点を置いて検討する。第二節では、社大党と人民党による野党共闘の時期である一九五二～五六年頃に関して、社大党・人民党の緊張関係や、社大党・民主党を抱合しようとする新党運動に力点を置いて検討する。第三節では、那覇市長問題、民連ブームの時期でもある一九五七～五九年頃に関して、反瀬長派の結成や沖縄自民党結成に至る保守合同について、従来十分視野に入っていない財界や社大党の動向も含めて検討する。

第一節　社大党と民主党の成立

1　沖縄群島知事選をめぐる対立

社大党および民主党成立の契機となったのは、一九五〇年九月一七日執行の沖縄群島知事選をめぐる対立である。

当時、米国軍政府のもとで、沖縄群島における民政機構として置かれた沖縄民政府内には、志喜屋孝信知事・又吉康和副知事・比嘉秀平知事官房長・当間重剛行政法務部長・山城篤男社会部長ら主流派と、松岡政保工務部長・大宜味朝計公衆衛生部長・護得久朝章財政部長らの反主流派の対立が存在していた。

工務部は戦後復興に伴う膨大な特別予算を扱う部署であり、役所も本庁舎とは別に置かれていた。そのため、工務部の場所を指して「大典寺民政府」、一方の本庁舎は「天妃民政府」とも呼ばれた。六月三〇日に米国軍政府布告三七号によって、四群島知事・議員選挙の実施が決定されると、松岡工務部長がいち早く出馬の意志を示し、それに対抗する形で他の候補者が現れることになるが、まずは、次のような、松岡が台頭してくる前提を抑える必要がある。

沖縄戦によって米軍政下におかれた沖縄では、復興における住宅建設などは工務部管轄の構作隊によって行われた。一九四八年一一月に自由企業制が再開されると、各構作隊は解散し、建設業者として再組織化が図られ、一九四九年五月には二八社によって沖縄土木建築請負業組合が設立される。[*5] 顧問に松岡工務部長、相談役に工務部土木課長、建築課長と総務部労務課長の三名が就任しており、構作隊以来の密接な関係性が維持されたといえる。松岡にはこのような支持母体に加えて、沖縄民主同盟、社会党（後述の沖縄社会党とは別組織）の二政党が支持を表明する。

対立候補擁立の中心となったのは、沖縄民政府主流派であった当間・比嘉・山城に、桃原茂太琉球海運社長・平良辰雄農林省総裁を加えた「五人組」であり、平良が擁立されることとなる。戦中の県農会長、戦後の農連会長、農林省総裁として、平良は農村部に大きな影響力を持っていたことに加え、出身地が那覇・読谷・糸満・宜野湾・大宜味と分かれた五人組が地縁血縁での支持拡大を図ることで、松岡派に対抗しようとしたのである。

平良陣営には、大典寺民政府に批判的であった、沖縄青年連合会の幹部や、本土帰りの大卒エリート青年らの勉強会組織であった而立会のほか、満鉄を経て戦後に引揚げて沖縄連盟副会長となった後に帰郷していた稲嶺一郎なども加わる。その状況を後に社大党は次のようにまとめている。

青年連合会長崎間敏勝氏を始め同幹部知念忠太郎、東江誠忠、安座間磨志の四氏等は青年党を結成して選挙に臨もうとしたが頂度その折り他方では船越尚武、池宮城秀意、稲嶺一郎氏等も政党結成を進めていた為め前記青年幹部を初め西銘順治、森山紹栄、平良幸市氏等が之に加はり選挙中に社会民主党を結成して知事群島議員の公認候補を送らうとしたが四囲の事情により結成を延ばし選挙期間を見送る事となつた。[*6]

反松岡派の五人組による平良擁立の動きに、既成政党に飽き足らない青年層の新党結成活動が加わり、選挙戦を経て、社大党結成へと至るのである。

この「結党史」に名を連ねる西銘は、一九四七年二月に復員し、東京帝大法学部を卒業して外務省に勤めたが、一九四九年四月に帰郷して新聞社・沖縄ヘラルド社を設立し、社説を執筆しつつ、政治活動に奔走していた。当時、西銘は、「知事選挙をめぐって、社会、民主両党が松岡氏を推したことと、五氏が合同して平良氏を推したことは、沖縄の政治勢力を二分したことであ」る。「二大政党によるところの政治の運営を試みたらどうか。これが政局を安定させる道でもある。（中略）大衆としても（中略）保守、進歩の二大政党によって政権が交代されることを喜ぶのである」と論じている。[*7] そして、復員後、帰郷までの間に日本社会党に入党した経験を有する西銘は、「保守、進歩の二大政党」の具体像について、沖縄復興の問題を取り上げた中で次のように論じたのである。

政党のイデオロギー的性格を、明確にすることがどうしても必要になってくる。（中略）われわれが、今日、資本主義的生産機構の中に生きている限り、資本と労働の二大生産要素は、必然的に階級社会をわれわれに意識させるのである。（中略）占領下においては、階級政党の政策を掲げても、国民政党の色彩をおびざるを得ないのに、始めから国民政党の建て前をとることは、党の性格をますますヌエ的なものにするばかりである。[*8]

当該期の状況をふまえれば、西銘は工務部を基盤に建設業者を束ねる松岡陣営を「資本」の側に、自らを「労働」の側に位置づけて階級政党結成を主張したといえるだろう。

もう一つの既成政党であった人民党は大典寺民政府批判の急先鋒でもあり、当初、平良陣営につくかと思われたが、平良が民政府主流派に担がれていることへの批判、また、党内の主導権争いが重なる中で、独自候補として瀬長亀次郎が擁立され、[*9] 知事選は三つ巴となる。知事選の結果は、平良一五万八五二〇票、松岡六万九五九五票、瀬長一万四〇八一票となり、平良が松岡に倍以上の票差を付けて圧勝する。また、群島議会選は、その後の議席数に合わせると、社大党一五、共和党三、人民党一、無所属一となる。

2　社大党の結成

一〇月三一日、知事与党として社会大衆党が結成される。委員長は平良知事、書記長には群島議員選に落選して浪人となっていた兼次佐一（前人民党委員長）を招き入れ、平良幸市を副書記長とした。各部長には、知念（組織部）、東江（財政部）、森山（教養部）、崎間（遊説部）、西銘（青年部）ら青年層を起用した。またこのほか、常任委員（二〇名）には幹部役員に加えて比嘉秀平・桃原茂太・当間重民・冨名腰（船越）尚武など、中央委員（七一名）には常任委員に加えて山城篤男・久場政彦などが名を連ねた。[*10]

確かに社大党は群島知事選の平良陣営を基盤として結成されるのだが、注視すべきは加わらなかった人物である。まず、弟で当時那覇市長の重民は加わっているが、五人組で唯一当間重剛が参加していない。志喜屋前知事、又吉前副知事の名前もない。さらには稲嶺一郎も加わっていない。史料上の制約で詳細は不明だが、青年層が中心となることで社会民主主義的側面が強くなった社大党に対し、一定の距離をとったものと推測される。

綱領は西銘が持ち帰っていた日本社会党の綱領等をベースにしたが、既述の階級政党とするために「社会主義」を入れようと主張する西銘に対し、船越尚武が強く反対し、「農民、漁民、中小商工業者並に一般勤労階層の結合体」「ヒューマニズムの精神[*11]」などの表現に落ち着いたと先行研究では評される。

だが、綱領に加えて、結党時の「宣言[*12]」および翌年一〇月に機関紙で公表された「社会大衆党の性格[*13]」など、結成初期の文書を確認すると、民主党との分岐に繋がる特徴を二点見出すことが可能である。

まず、一点目として、「暴力行為や非合法手段」は明確に否定した上で、「革新的政策を具現する政党」として「改良漸進主義」を打ち出し、「綜合計画経済」、「傾斜生産方式」、さらには「公益事業の公営」などを掲げている。戦前の県振興計画課長であった平良知事や、西銘らの動向も前提とした場合、明確に革新主義的な方向性があったことが窺える。こうした点が、後に比嘉、船越らの離反の要因となったといえる。

二点目として、「国民的大衆政党」、「政治への大衆参加」を打ち出し、「政治ボス、官僚ボスの介入を全面的に拒否」するとして、松岡派だけでなく、前体制への批判を展開している。こうした点は、志喜屋と又吉が社大党と距離を置く要因となったといえる。

一一月四日、沖縄群島政府が発足するが、方針の具体化を図るためとして、平良知事は沖縄民政府時代の人事を一新し、三〇歳前後の党青年幹部を特別職副部長に登用する（工務部：西銘、経済部：知念、財政部：久場、弘報室長：崎間）。

一方、知事選で敗れた松岡陣営は、沖縄民主同盟が解党し、一〇月二八日に新たに共和党を結成する。ただ、松岡が旧民主同盟から受け継がれた独立論的傾向に距離を置いたため、総裁未決定のまま発足する。[*14]

3　民主党の結成

一九五一年に入ると、対日講和交渉をめぐって政党間で帰属論争が起こり、社大党・人民党によって初期復帰運動が展開される。三月一九日には沖縄群島議会において、賛成一七（社大党・人民党ら）、反対三（共和党）の圧倒的多数で「復帰要請決議」が採択され、四月二九日には社大党・人民党を中心に日本復帰促進期成会（会長：兼次佐一）が結成、五月から八月にかけて復帰署名運動が展開され、有権者の七二・一％分の署名を集め、講和会議に出発する直前の吉田首相宛に送付する。ただ、当初署名運動ははかどらず、六月二八日に社大党幹部が率いる沖青連を中心として日本復帰促進青年同志会（会長：知念忠太郎）を結成することで、どうにか七〇％を越える署名を集めることができたとされる。

この間、四月一日には琉球臨時中央政府が発足、行政主席に比嘉秀平、官房長に富名腰（船越）尚武が就任する。だが比嘉が党に諮らず主席を受諾したため、社大党内の青年幹部による強い批判を生む。四月一九日には、青年幹部七名（西銘、知念、森山、久場、崎間、東江、安座間）は党内に新進会を結成し、比嘉らへの批判を強めていく。それに対し、六月二〇日、比嘉は早期の復帰を「観念の遊戯に等しい非現実的な空論」と批判、[*15]党内の溝は深まっていく。

各群島政府が解消され、琉球政府が発足する一九五二年四月一日を前にして、三月一八日、社大党常任委において西銘は比嘉主席の即時除名を主張するが、平良知事が穏便にすまそうとする中で受け入れられず、逆に西銘が脱党願を提出、次の声明を出す。

進歩的階級政党として党本来の立党精神に立ち返るべきであるにも拘わらず社大党の最近の行き方は余りにかけ引きに終始している、もはや社大党は進歩的政党としての意義はなくまた私が止まるべき何等の意義も見出せない、政界再編成の時機が来たら進歩的な階級政党に参画して社会民主主義の政治的理想を実践して見たいと思つている[*16]

二七日には比嘉主席と新進会メンバーによる会談が行われるが決裂、そして、二九日の中央委で比嘉主席が「小生としては党の綱領政策に現れている国家社会主義的イデオロギーには同意し兼ねる」として離党届を提出、船越官房長と与儀達敏ら立法院議員四名も同調して離党し、除名されるに至る。比嘉に対する平良知事の答弁は、「社大党は社会主義政党とハッキリしたものでもなければその反対でもない」という曖昧なものであった。[*17]

復帰論を警戒して公選知事の四群島政府を解消し、新たに比嘉を琉球政府の任命主席に据えようとする米軍側の意図、および共産主義勢力への警戒などを大前提として考える必要があるが、「国家社会主義的」な側面を強く否定することによって、比嘉らは社大党から離脱するのである。
八月三一日には主席与党として琉球民主党が結成される。比嘉が総裁、与儀が幹事長となり、顧問には志喜屋、松岡、護得久が就任する。[*18]社大党を脱党した比嘉派と旧共和党、そして、政敵であった志喜屋と松岡・護得久、さらには奄美選出立法院議員などが加わる形で親米保守勢力が形成されたのである。琉球政府・民主党に対し、社大党は対決姿勢を明確にし、人民党とも共闘を図っていく。
加えて、この時期の政界再編を考える場合、財界形成の状況も考慮に入れる必要がある。自由企業制が再開し、まずは建設業界が勃興したことは既述した通りだが、『戦後沖縄経済史』によれば、戦後初期の企業勃興には①米国軍政府行政機関の一部民間移管、②米国軍政府主導、③ガリオア資金利用によるものがあり、一九四九年末以降、運輸、バス、食糧、石油、保険など各分野の主要企業が設立される。[*19]また、沖縄民政府や群島政府等の元吏員を経た企業家が多いことが戦後沖縄財界の特徴である。[*20]そして、民主党が結成されたこの時期には、政党への企業献金も始まる。[*21]
ただ、例えば、史料上確認できる一九五三年四月から五四年三月までの一年間の寄付金を見た場合、民主党三四万四三五〇B円に対し、社大党二二万五五四五B円となる。[*22]民主党の三分の二程度ではあるが、直前まで政権政党であった社大党への寄付金も依然として多い。このことからも当該期において、企業家を含む有資産層の支持政党が割れていたことが推察される。

第二節　革新と反共のはざま

1　野党共闘の内実

一九五三年四月一日に行われた立法院補選で野党共闘により当選した天願朝行が米国民政府の圧力で当選無効となる天願事件が起こり、社大党・人民党が植民地化反対共闘委員会を結成し、米軍に対する抵抗運動を展開したことはよく知られる。[*23] また、五月一日の第二回メーデーには社大党が正式参加している。[*24]

ただし、この時期の社大党と人民党が蜜月関係にあったかといえばそうではない。それが端的に表出したのが八月二六日に人民党から社大党宛に送られた「ぼかされた政策について」と題された質問状である。内容は、安里書記長の反共主義擁護の姿勢や、主席公選が実現すれば直接批判が及ばなくなり米軍にも好都合という「防波堤理論」などは問題であり、政策がぼかされることで野党連合が弱体化するおそれがある、四月補選の統一綱領の精神に戻るべきだ、というものであった。[*25] 質問状への回答はなされなかったが、社大党としては、反共主義を明確にした上で、米軍との全面対立は避けながら問題点は主張して自治拡張をはかり、日本復帰に繋げていくことが政策目標であり、人民党の全面闘争路線に完全に同調するつもりはなかったといえる。

沖縄の政情をさらに変えたのは、一二月二五日の奄美復帰である。米国は沖縄基地の無期限保持を改めて明言していく。一九五四年一月七日、大統領一般教書でそのことが謳われると、現地沖縄においても、復帰運動のみならず、軍用地問題など米軍の統治政策への抵抗がことごとく共産主義と結びつけられ弾圧を受けるようになる。一月二三日の民主党臨時党大会では、綱領から「復帰」の文言が削除され、島ぐるみ闘争後の一九五七年に

「祖国との一体化」が挿入されるまで、本土との関係を示すものは打ち出さなくなる。[*26]

奄美復帰はさらに民主党に大きな問題を生じさせる。党結成時には立法院三一議席中一九議席を占めたものの、その後の補選で連敗し、八議席中七議席を占めていた奄美が復帰したことによって、党勢がさらに縮小するのである。

三月の第二回立法院選は、定数が三一議席から二九議席へ、制度が中選挙区制から小選挙区制へと変更されて実施される。結果は、民主党一一、社大党一二、人民党二、無所属四となり、民主党は過半数を確保できなかった。この選挙では、社大党を離れて沖縄朝日新聞社に専念していた西銘が新進会メンバーらに促され、社大党に復党して立候補し当選を果たしている。[*27]

選挙後、民主党と社大・人民野党共闘はいずれも過半数を獲得できなかったことで、まずは議長・副議長が激しく争われる。無所属三名が民主党側に付いたことで一四議席ずつとなり、最終的に中立の立場をとる知念朝功が野党側に投票したことによって、四月五日、議長・副議長ともに野党側が獲得する。

直後の民主党全議員並に党幹部会は、今後の方針をめぐり大混乱となる。「この際行政主席以下退陣して行政も社大党及び人民党に、ゆずるべきではないか」という意見も出たが、結局は、「米国は民主々義を沖縄に教えた。然し米国そのまゝの民主々義で沖縄の実情に合わない面もある。（中略）沖縄人の体に合うように袖もズボンも短くし改造して着けさせせなければならない」[*28]という論理を掲げて米国民政府にさらなる野党共闘への圧力を要請する方針をとる。一〇日、民主党はオグデン民政副長官宛に書簡を送り、「社大党は軍に《ママ》協力者だと言われるが左記理由により決して軍之の協力者ではなく反米容共者であると思う」「人民党は左記理由により共産主義者だと思はれる」として、それぞれ理由を挙げたうえで、「民主党は自由民主々義の理念に徹し、益々一致団結して米国の世界平和政策に協力し住民の福祉繁栄のため全力をつくし人民党の共産主義政策と社大党の社会主義政策と斗っている。（中略）民主党は軍の犬という悪宣伝のため其の勢力は弱体化の一途をたどり近い将来に於いて衰亡するのではないかと憂慮される」[*29]と述べ、支援を要請した。

一方、社大党は四月一八日の第五回臨時党大会において「共産主義に反対」することを明示した新たな綱領を採択する。[*30]容共主義者というレッテルによる弾圧を避けようという警戒心が表れている。さらに、「支部結成並に拡大強化に関する指令及び趣意書に就いて」と題された四月二六日付の文書を見ると、「アメリカをして沖縄に正しい民主々義政治を施行せしめ、真の琉米理解の上に沖縄の繁栄を築き得る者は社大党以外にはないとの責任を痛感しているが故に我が党は極めて慎重を期しているのであります」[*31]と述べられている。与野党伯仲のなか、民主党のようにただ迎合するのではなく、批判すべきところは批判し、米国に「正しい民主々義政治を施行せしめ」るのだという意志が示されていた。

だが、社大党の懸念は現実となっていく。米国民政府は、「共産主義者達は社会大衆党と連合することにより立法院議長並に副議長に共産党の同調者を選出することに成功した」として、立法院を「共産主義の温床」と非難する。[*32]さらには後に「マルクス・メーデー」と称されるように、五月一日はカール・マルクスの誕生日であり世界の共産党員が示威運動を行う日だという誤謬を伴いながら、参加者は同調者であると圧力をかけ、主要企業が社員に不参加通達を出し、教職員会、社大党も不参加を表明する事態となる。[*33]さらに、一九日にオグデン民政副長官は所信において、「沖縄における共産主義の先頭は瀬長、大湾、兼次である」[*34]と名指しし、さらに六月には琉球政府に対し防共法制定を示唆、八月には「日本共産党の対琉要綱」を公表するなど反共弾圧を強化、一〇月の瀬長ほか五十余名が検挙された人民党事件へと至る。

2　新党運動

民主党結成以降も当間重剛はどの党にも属さず、占領下にあって、平良社大党と比嘉民主党が合同し政治力を結集することが重要であるという「当間構想」を主張していく。[*35] この構想は、民主党と社大・人民野党共闘が対立し、民主党が社大党を容共主義者と糾弾する中では容易に実現するものではなかった。

だが、一九五三年四月の土地収用令公布以降、軍用地問題が浮上し、さらに奄美復帰以降の弾圧強化により、住民側の政治力結集は喫緊の課題となっていく。そうしたなか、第二回立法院選後に第一次新党運動が起こる。

第一次新党運動は、与野党間の緩衝地帯として第三勢力を形成し、そこに民主・社大両党の有志を抱合しようとするもので、町村長出身の一年生議員を中心に展開される。民主党からは、天願雄治郎（前具志川村長、党副幹事長）、照屋善清（前南風原村長）、石嶺真誠（前玉城村長）、与那覇金一郎（前下地町長）、社大党からは、長嶺秋夫（前小禄村長）、比嘉宇太郎（前名護町長）、仲宗根厳（前美里村長）、そこに無所属の知念朝功、佐久川長吉、長田盛徳が加わり準備が進められた。[*36]

社大党幹部は当初静観していたが、第三勢力拡大によって党独自の活動が制約される恐れがあるとして、七月四日の議員総会において、長嶺らの独自行動を批判し、党議を前提とすることを申し合わせた。だが、長嶺はその後も与儀副主席や当間と会合を重ねるなど活動を継続する。その主張は、米軍から共産主義者と名指しされる社大党の兼次と、群島知事選以来の政敵である民主党の新里銀三（松岡派）を除く形で、社大党・民主党を合同させようというものであった。[*37]

こうした動向に対し、西銘ら新進会メンバーも、政治力結集のために過去を棚上げして新党運動協力に動く。

七月一四日の社大党議員協議会で中執委への兼次書記長辞任勧告が提案される。[*38] 兼次によれば、提起者は「西銘議員を中心とする、新進会のメンバーであった」という。[*39] この提案は実現せず、逆に八月三日、社大党中央委において、新党運動を続けた長嶺が除名され、[*40] 社大党側の動きは消滅、一方の民主党側も比嘉主席による収拾が図られ、第一次新党運動は失敗に終わる。

一九五五年一月一三日、社大党は、ハル民政長官に対して建議書を提出する。これは、政審会長であった西銘が起草し、党議を経て出されたものである。内容は多岐にわたるが、論点をいくつか抜粋すると次のようになる。[*41] ①すみやかに主席公選を実施し、布令布告を漸次民立法に切り替え、拒否権は最小限度にとどめること、②日本復帰は反米的ではなく、基地も適正補償を求めているのであり、党内に共産党同調者は存在しないこと、③人民党には共産主義者や同調者が含まれており、防共政策は、社大党や教職員会などに誤ったレッテルを貼るのではなく適切に行う必要があること、④自治体交付金などによる露骨な利益誘導がなされ、不公平な状態を呈していること、⑤社大党からの情報は主席・民主党によって遮られており、米国民政府に偏った情報のみが伝わることは失政の要因となること、である。反共親米を強調した上で、自治権拡大を要望し、民主党の迎合主義は結局米国にもプラスにならないとして、自党への「門戸開放」を求めたのである。だが、二月三日付の回答は焦点をぼかした形式的な内容であった。[*42]

二月六日の党大会において、書記長が兼次から平良幸市に交代する。この背後には、平良委員長の意向を受けた西銘による、知念・崎間・久場など新進会メンバーとの策動があったとされる。[*43] 反共の立場を明確にしたい平良委員長が、その障害の一つとなっている兼次を降ろそうとしたと思われる。

この間、さらに軍用地問題が大きな政治課題となるなか、米国に一丸となって対峙するためにも、民主・社大双方に政治力結集の動きがくすぶっていたが、七月になって、西銘が党の了解を前提に第二次新党運動を開始し、[*44]次の西銘構想を打ち出す。

①社大党が社会主義的な色彩を払色し、国民政党としての性格を確立する。そしてこれに民主党、無所属議員を加えて清新強力な新党を樹立し、政権交代の実現を促進する。／②新党は主席の任命制が続く限り、健全野党の線を貫く。／③日本復帰はその政策の中心に強く織り込む。[*45]

ところが、八月二一日になって、突如、平良委員長が政界引退を表明する。平良は第二回立法院選には出馬せず、党委員長には留任しながら、硫黄会社の経営を始めたがうまくいかず、事業に専念せざるをえなくなったことが理由とされた。[*46]九月二九日の中執委で平良の辞任が承認されると、[*47]一一月の党大会までは中執委の合議制がとられることとなり、動揺する党の安定が求められる中で、一〇月七日に中執委は「保守と革新の合同ありえぬ」との声明を出し、[*48]西銘構想の火消しにかかるが、その後も西銘は活動を継続する。「強力な財界の要望で裏打ちされてい[*49]」たことがその背景にあった。

一一月二日、中執委で「西銘政調会長が『軍政下という冷厳な現状から、主席公選など自治権の拡大を図るためには社会主義政党を標ぼうする党は国民政党として脱皮する必要があること』を説き、政治力結集！新党へ踏切ることを主張したのに対し、安里、兼次、中里氏反対派が反論」したが、「大勢の七、八割は『国民政党』という西銘氏の考えに共鳴をみせた」とされる。[*50]そもそも社大党が公式に社会主義を打ち出したことはないのだが、西銘としては、民主党からの攻撃や、人民党との共闘の中でついたイメージを脱却しようと主張したのだといえる。

同時に新党問題の検討を重ねていた民主党は、「四日の議員総会で、多数が新党に参加するということを確認[*51]」

する。さらに、五日の社大党中執委で西銘が脱党も辞さぬと再度新党問題を提起したが、立党精神は「国民的政党」であるという確認がなされ、以降、西銘の翻意を促す説得が続き、一一日には中執委において、西銘は新党運動断念を約束するに至る。[*52] その後も民主党側は、新党結成に向けてしばらく取組を続ける。単独行動の目立ってきた比嘉主席に対して、党首・主席分離論も議論されるが、結局、比嘉によって新党結成の動きは封殺され、第二次新党運動も消滅する。

一九五六年三月一一日の第三回立法院選（定数二九）の結果は、民主一六、社大八、人民一、無所属四となる。民主党は、「われわれはあく迄も米国の善意を信じ、対米協力の態勢を通じて自治権の拡大、商業経済の復興、軍用地問題などを解決すべきだ」（当山総務会長）と訴え、勝利する。民主党は、対米協力姿勢を大前提に、財界の支持を得つつ、地方に対しては徹底した利益誘導・引き締めを図る態勢を作り上げていた。一方、社大党は「小選挙区制、地方自治権の干渉、地方ボスとの連携による一連の政策によって官僚政治の見にくい姿を露骨に表わして、民主政治を逆行せしめつつある現任命政府与党に冷厳な大衆の審判を求める」（安里委員長）としたが、政策関与への門戸は閉ざされ、度重なる新党運動で屋台骨は揺らぎ、存在意義を十分に示すことができず、大きく後退した。[*53]

西銘は本籍地に選挙区を変更して二期目に臨んだが八〇票差で落選する。その後、稲嶺一郎の要請により、六月に再建された琉球造船の専務取締役に就任する。[*54] 新党運動で挫折した西銘は、政界から退き、財界への転身を図ろうとするが、次節でみていくように、再び政界に舞い戻る。

第三節　政界再編

1　那覇市長問題

土地を守る四原則（一括払い反対、適正補償要求、損害賠償請求、新規接収反対）を掲げた四者協代表の渡米折衝を受けて米国下院軍事委員会調査団が来沖した後、一九五六年六月九日に公表されたプライス勧告は、沖縄側の要求を全く容れず、反共基地としての沖縄の重要性を強調し一括払いを支持する内容であったため、いわゆる島ぐるみ闘争が高揚し、運動は本土側にも波及する。抵抗運動は、一部の保守指導層や基地関連業者から切り崩され、八月になると次第に下火となっていくが、一〇月二五日に比嘉主席が狭心症で急死したことで事態が新たな展開をみせる。

一つは、かねてから新党構想を模索していた当間重剛が一一月一日、第二代主席に任命されたことである。当間は「二頭政治」と呼ばれる民主党、社大党の双方と協調していく姿勢を示した。これにより、主席与党であることを権力源泉として地域有力者を包合していた民主党は大きく動揺する。また、一括払いを受入れその資金を経済復興に充てるべきとする意見を共有する、当間と財界が結びつきを強めていくことも重要である。[*55]

もう一つは、当間の那覇市長退任に伴い行われた一二月二五日の那覇市長選で人民党の瀬長亀次郎が当選したことである。当間は自らの後任として、前年に政界を引退していた盟友平良辰雄の擁立を目指すが拒否され、結局、仲井間宗一を擁立する。だが仲本為美も立候補を表明し、保守系候補を一本化できず、結果、瀬長一万六五九二票、仲井間一万四八四八票、仲本九八〇二票と保守票が割れ、瀬長の当選を許す結果となったのである。

この結果を受けて、二七日には「対瀬長非協力市議会多数派声明」、二八日には「那覇市部課長会議の総退陣声明」（翌年一月四日撤回）、「財界経済人の非協力声明」、「琉球建設協会の人民党同調者非雇用声明」等が出され、[*56]瀬長の市長就任を阻もうとする。

こうした動きに対し、一九五七年一月三日、社大党は「声明」を出し、「今回の一部人の動きにより合法的に行使された市民の権利が葬られるようなことがあれば、それこそ法の否定であり、権力独裁暗黒政治の出現であり、市の発展どころか、市民を混迷させ、ひいては琉球における民主主義の存廃にかかわる重大問題となる」[*57]と訴えた。

そして、レムニッツァー民政長官が四日、「瀬長亀次郎氏は合法的選挙による当選者であり、一応の就任は認めざるを得ない。『従って、これを退陣させるには民自体による合法的な手段によってなすべきである』との軍側の態度」を示し、「那覇市会の合法的な議会闘争後の不信任措置を示唆」する。[*58]市議会内部でも即時の不信任決議採択に躊躇する動きがあり、六月一七日になって那覇市議会は二四対六の大差で市長不信任案を可決、翌日、瀬長市長は市議会を解散する。

市長不信任案は、理由として「就任してから六ヵ月間、所謂資金は凍結されて都市計画事業は中止されている。（中略）市民生活の根本問題として都市復興事業に支障を来すことは市政担当の最高責任者として不適当だと謂える」[*59]ことを挙げている。当時の那覇市年間予算は約八〇〇〇万円だが、特別会計として見積もられた都市事業計画は総額三五億円であり、[*60]これを凍結された政財界の危機感を念頭に置く必要がある。

市議選に際して、米軍側の意向を汲む稲嶺一郎が中心となり、西銘にも話を持ち掛け、[*61]反瀬長派の組織化が図られる。焦点は反瀬長派が再度の不信任案可決に必要な三分の二の議席を確保できるかであった。稲嶺、西銘らは、泉正重前議長ら不信任賛成の二四議員などと会合を重ね、七月三日、那覇市政再建同盟を結成する。泉を委員長に据えた上で、組織の実働部隊となったのは、西銘（遊説部長）、知念（事務局長）、崎間（情報啓蒙部長）、安座間（会計部長）ら新進会メンバーであり、[*62]しかも知念、崎間はこの時点で未だ社大党幹部の地位にあった。一方、社大党那覇支部は市長不信任案に反対しており、市議選でも瀬長派に加わる姿勢を示していた。六日、中執委は党の態度を協議するが、「地方自治体の政治に介入しないとの基本態度から那覇市議選挙にも党としてはタッチせず、那覇支部に白紙委任することを決め」る一方、「知念忠太郎、崎間敏勝両氏に対して党に留るか、党外の他の政治団体に身を置くのかの回答を七日正午までに求めた[*63]」。知念と崎間は、「琉球の政治は今重大な課題を負わされている。それは民族主義の確立である。それは民族主義運動に便乗する共産主義勢力を隔離することによってのみ可能である[*64]」と声明し脱党する。一方、七日には人民党、社大党那覇支部を中心に民主主義擁護連絡協議会（民連）が結成される。社大党の姿勢に対しては、新聞社説が次のように批判している。

社大と人民両党の関係は、過去において、行政府与党だった民主党との対抗でたまたま協同戦線をとることもあったが、原則として「人民党と一線を画する」方針を鮮明にしてきた。（中略）同党は一応、地方自治にはタッチしないとの方針を再確認したが、しかし実際には那覇支部一任となり、既に市議選に対策している。そして党内対立の収拾で、那覇市の瀬長市長追放に熱をあげている党員には脱党を強要するが如き片手落な措置をとったのである。[*65]

社大党は人民党と一線を画してきたのであり、反瀬長派の母体となる再建同盟も、社大党内部から生まれてくる。それゆえに、長嶺民主党議員総会長は「再建同盟に就てはおもてだっての批判はない。一部では同盟は社大党の色が強いともいわれるが」と述べ、平良社大党書記長も「同盟のメンバーからすると、むしろ反民主党的な者が多いともいわれているが…」という見解を示したのである。[66]
八月四日に行われた那覇市議選（定数三〇）の結果は、再建同盟一七、民連一二、中間派一となり、民連が六議席から一二議席へと倍増し、再度の不信任案可決を防ぐ三分の一を確保した。社大党那覇支部からは民連候補として兼次佐一支部長と浦崎康華が当選する。

2 保守新党構想

市議選の結果は、米軍が期待した民側の合法的手段による瀬長市長退陣を不可能とし、強権発動を不可避とする。一方、市議選が「保守、革新の対決の様相を呈して激しく戦われ[67]」、革新側が三分の一以上を占めたことは、米軍および沖縄政財界に瀬長那覇市長当選に続く大きな衝撃を与え、来る市長選に加えて翌年の立法院選も控える中で、改めて、社大党も含めた新党構想が再燃する。

一〇月末には稲嶺一郎が、民主党幹事長、社大党書記長、無所属議員と相次いで会談し、保守結集に向けた動きが始まる。[68] 西銘も一一月に入って選挙資金調達のために、企業、財界有力者間を走り回る様子が日記から窺える。[69] 同時期の新聞記者座談会では、「今度の場合は、モーア《ママ》弁務官も保守結集を強く打ち出し、（中略）社大党、民主党、無所属が結集されると親米一辺倒ということにはいかなくなるが、親米一辺倒を割引しても人民党を押える」必要を述べる一方で、本来は「保守を二分しておいて政権交替をさせる」のが望ましいが「人民党が、保守結集によって勢い二大政党として浮かび上ってくる」のではないかという懸念を有していると語られている。[70] 米軍側のジレンマが窺える。

一一月二一日、ムーア高等弁務官は与儀民主党総裁、星幹事長に対して保守結集を要望、[71]二四日には布令が改正され、破廉恥罪を市町村選挙法に適用し、瀬長の再出馬を不可能としたうえ、首長再不信任議決を過半数で可能とする。二五日、那覇市議会は市長不信任案を可決、同日、高等弁務官は民主、社大、無所属の統一候補をあらためて要求、当間主席は前年に一度断られた平良辰雄の擁立に再び動く。[72]当間は那覇市議選以来、稲嶺に保守結集の主導権を握られていることをあまり快く思っていなかったとされ、[73]自ら平良を統一候補とすることによって、主導権を引き戻そうとしたといえる。さらに同時期、就任一年を迎えた当間は、官房長に知念朝功（一一月一日就任）、副主席に大田政作（一一月二一日就任）を据えるなど行政府人事を刷新することで、一層民主党との距離をとり、二頭政治を具現化していこうとする。

それに対して、二五日、社大党那覇支部は、「たとえ平良氏でも闘う」ことを明言、[74]兼次支部長は、「社大党は、先の大会で不当な那覇市への圧迫に反対し、民主主義を守ることを宣言した。（中略）この党の基本的態度に従って、不当な布令改正で圧迫してきた売国勢力と対決するために、革新政党、その他一切の革新勢力、さらに当間売国勢力に反対する人たちと団結して闘うつもりだ」[75]と述べるとともに、兼次が民連候補として浮上してくる。社大党本部は米国民政府からの保守結集要求と、革新勢力として先鋭化しようとする那覇支部との間にあって、立場の明確化を迫られる。

二八日、社大党議員総会は、平良の復党・公認を内定し、「那覇市政を混乱に陥れ、布令の改正をまねいた責任は当間派、民主党を含めた再建同盟、および民連側にあり来るべき選挙戦に臨む前にまず自らの責任を反省すべきである」とする。[76]瀬長当選直後には民主主義擁護声明を発し、那覇市議選においても不介入の姿勢を示した社大党本部を超越的立場に置き、平良を復党させて独自候補とすることによって、保守結集に加わることを拒否し、革新勢力に先鋭化しようとする那覇支部を引き留めようとしたのである。いわば、中間政党としての立場の模索といえる。

だが、民主党が支部長会議で社大が平良を公認しても推薦することを決定するなか、社大党那覇支部は強硬姿勢を崩さなかったため、二九日、社大党中執委は議員総会での平良内定を翻し、安里積千代を党公認で出馬させることに決定、民連に協力要請を行う。[*77] しかし、三〇日、民連総会は安里推薦を拒否し、兼次の出馬を確定する。[*78]

一二月三日の社大党中執委は大荒れとなる。兼次は「今回は一つの布令によって公選市長が追い出されたということが重大で、諸情勢から分析するとき党としても超党派的な立場に立って広く愛国民主勢力を結集して選挙に勝つことである。これは米国の無法な行動に反対の意志を表し、米国のとった措置が住民に受け入れられないことを世界に示すべきだ」と発言。それに対して、嵩原総務部長は「民連が革新の集りなら、こんなものは沖縄にない方がよい。民主主義は保守にもある　もっと広く純真な立場で民主主義を擁護すべき」と述べ、平良書記長は「保守結集には真向うから反対であり、また、あまりに抵抗だけでも困る。布令改正に反対して民族抵抗の線を堅持しながら混乱市政を収拾しなければならない。党独自で立つべきだ」と先の収拾案を繰り返した。[*79] 結局、那覇支部の兼次らは脱党。この事態に対して、平良辰雄は、「兼次君が脱党したことは私は当初から、社大党が人民党とはっきり一線を画するという意味からも、それを望んでいたので、社大党を本来の姿に戻すということからも良かったと思っている」[*80] と述べ、改めて社大党からの立候補の意思を示す。社大党は平良が自党公認候補であるという主導権を確保しながらも、民主党との提携へと傾き、民連と全面対立することで、人民党とも袂を分かつこととなる。

七日、社大党中執委・中央委で平良の復党が決定、これに反対した二名がさらに除名処分となる。[*81]八日、中執委が平良を那覇市長選公認候補に正式決定、[*82]民主党も一三日の議員総会及び一四日の緊急総務会で平良支持を決定する。[*83]

二四日、社大党中執委は声明を出し、改めて「高等弁務官の権力行使」は「自治を後退せしむるもの」であるとして瀬長追放を批判、さらに、「平良候補は初代沖縄群島知事として率先日本復帰を主唱し自主政治の確立、社会保障制度の基礎を築くために闘ったが、当時の民政府当局の意にそわず、中央政府樹立を名目として政治担当の地位から実質的に追放された」経験を有しており、「抵抗と収拾に当る最適任者である」として支持を求めた。[*84]那覇市長選は、どちらも社大党を支えた立役者である平良と兼次の一騎打ちとなるが、「基本的に両者の相違点といえば、兼次側が徹底して〝抵抗〟を指向、市政をそのための〝基地〟だという印象を与えるに比し、平良側は〝抵抗〟の線は捨てぬが現実の市政収拾、市民の福祉増進には協調政策をとるという態度」[*85]であり、大きな相違点はなかった。

一九五八年一月一二日に行われた那覇市長選の結果は、兼次三万五四九一票、平良三万四五〇七票となり、僅差で兼次が当選を果たす。米軍の強権発動への批判は、民連への支持に結びついたといえる。

当選後、兼次らを中心として、沖縄社会党結成準備が進められる。社大党の分裂に対して、日本社会党中執委は、二月五日、沖縄社会党結成準備会と社大党が「社会主義政党の精神をもって速かに統一政党を結成」するよう呼びかける。[*86]それに対し、「社大党安里委員長、平良書記長、嵩原総務部長は次のような見解を述べた。／日本社会党は、沖縄の問題について十分な認識をもっていないように考えられる。沖縄の政党は独立国の政党とは必ずしも同一ではない。社大党の立党精神は多分に革新的であることは事実だが、実際問題として沖縄では日本社会党のような社会主義政策をかかげ、階級政党として、それを実現することは不可能に近い」[*87]。一六日に結成された沖縄社会党は、社会主義政策を掲げ、階級政党として、民主的な社会主義革命を遂行することを謳う。日本社会党の呼びかけに対して、沖縄における社会主義政策、階級政党を掲げることの不可能性を反駁した社大党は、まさにそれらを掲げた沖縄社会党結成によって、自身の立場をより明確にしたということができる。

3 保守合同

三月一六日の第四回立法院選（定数二九）には、民連から現職一名を含む計一八名が出馬し、民主党・社大党を抜いて立候補者数では最大党派となる。また、勢いを失った民主党からの出馬を避ける保守系候補者が続出し無所属候補が二一名となる。結果は、民主七、社大九、民連五、無所属八となり、民主党は前回より九議席も減らし、社大党は一議席微増して第一党となった。四月には、保守系無所属六名が新政会を結成している。

先行研究において、この選挙は那覇市長選勝利の勢いを借りて、民連が一議席から五議席へと躍進したことが強調される。それはまさしく民連ブームといえるものであった。

だが、反民連側からは別の見方もできる。当間主席は、民連に対抗するために民主党・社大党と相談して候補者を絞らせ、選挙戦では民主、社大、無所属問わず支援し、稲嶺ら財界も個人に対する応援として党派に限らず選挙資金を回したという[*88]。その結果、一九名の候補者を出した民連を五議席に抑えることができたともいえるのである。

「選挙戦は民主、無所属の保守勢力に中間派の社大を含めたいわゆる『右』と、社会、人民の『左』の戦いであった」といわれ、「保守、革新の二大政党への素地が強められた」との評価が新聞社説[*89]でなされたが、二五対五の議席差を「二大政党への素地」とするのはやや言いすぎであろう。むしろ、民主・社大VS民連（人民・社会）の構図が明確になったことに加えて、前者が優位な構造が維持された点が重要だといえよう。選挙直後、安里社大党委員長は次のように述べている。

革新と反抗は違うものである。（中略）社大党は米国の非民主的行為に対しては、住民の側にたって断固たたかい、民主主義の立場から反省を求めるが、一方住民の犠牲の上にたって、住民を反米の具に供することを慎しむ。米国が沖縄に現存する以上、住民が米国に対抗する力につらなることはわれらの自治を阻害することにしかならないので、そうすることを避けなければならぬ。[*90]

前年の那覇市長選と立法院選でつくられた民主・社大協調路線によって、軍用地問題の解決も図られていく。当間主席は行政府の人事刷新をさらに図り、行政府内にも当間派を作り上げていく。既に前年末に行政府入りしていた大田副主席、知念官房長に加えて、二月三日には西銘順治が経済局長に、また、後述の沖縄経営者協会初代専務理事を経て、一一月一日には崎間敏勝が法務局長に就任する。元社大党新進会の中心メンバーが、那覇市長問題を経て行政府入りするのである。

また、年々増加する労働争議や革新勢力の伸長という中で、三月に日経連の桜田武総理事が来沖し助言を行ったことを受けて、七月一八日、沖縄経営者協会が、会員企業二八社で結成される。[*91] 商工会議所や各種業界団体は既に存在していたが、労働運動対策、労務対策を課題とし、本土財界との密接な結びつきを持った沖縄経営者協会の発足により、革新勢力に対抗して保守勢力を全面支援していく、戦後の沖縄財界が名実共に形作られたということができるだろう。財界、そして米軍からは保守合同が強く求められるようになる。一一月三日に軍民間で軍用地問題の最終合意が図られた後の一三日、ブース高等弁務官は当間主席と各党代表に対し、立法院第一党から主席を任命するという「第一党方式」を示唆する。[*92] 翌年一一月の任期切れ前に保守合同を実現させることを暗に求めたのである。

一九五九年七月一一日、松岡政保（民主党総裁）と山川泰邦（新政会）の会談が行われ、保守合同構想が再燃していく。[*93] これまでの新党構想とは異なり、第一党方式を前提とした保守系からの働きかけとして始まっていく。

一四日、社大党中執委は「いまの保守合同の動きは政治力結集の美名に隠れた多数派工作でしかないのでこれにくみせず、党はあくまで自党の政策にしたがって行動する」ことを決定、さらに、一五日には平良書記長が「今回の多数派工作は次期主席任命という問題をひかえているだけに極めて策謀的匂いがする」[*94] と談話を発表、その後も民主党・新政会は呼びかけを行うが、社大党は一貫して距離を置く。そのため、民主党・新政会に行政府の当間派が加わるか否かが焦点となり、調整が進められる。当間派内部では知念官房長が合同に反対していたが七月末に辞意を表明し、以降、三派による交渉が進められる。

保守合同への前提としては、当間主席を支持する財界主流派の動きが重要である。六月二三日には財界有力者八名と当間主席、大田副主席が会合し、財界側は保守合同の全面支持と新党結成資金準備を明言する。[*95] このことをふまえれば、当間派のゆさぶりは、新党結成の大前提となる資金を握りながら、自派に有利な形での合同を求めたものといえよう。

その後も交渉は難航するが、九月一日、ブース高等弁務官が金門クラブに於いて、保守新党と社大党による「二大政党制には賛成である」[*96] と表明した中で、二日、民主党議員総会で保守合同が決定、三派から二名ずつ参加して新党結成準備委員会（民主党：与儀・長嶺、新政会：山川・新垣安助、行政府：大田・西銘）が作られて準備が進められ、一〇月五日、沖縄自由民主党が結成される。総裁は次期主席のために空席とし、それまでは松岡（民主党）、新垣（新政会）、西銘（行政府）という、各派から一名ずつによる合議制とされた。二一日、大田政作が第三代行政主席に任命され、一九六〇年二月の党大会で沖縄自民党総裁となる。

立党宣言には、政治――さらなる自治の要求、経済――基地経済の問題性と自立経済の必要性、文化――誇るべき琉球伝統の発揚、の目標が掲げられ、そのために政治力を結集し、進歩的国民政党を結成したと述べられている。[*97] 政治・経済・文化のそれぞれの主張には、米軍に対しても主張すべきは主張し、琉球アイデンティティを強調するという、それまでの民主党とは異なる新たな保守勢力としての姿勢が示されていたといえよう。

おわりに

改めて、一九五〇年代の新たな変遷過程像として提示した内容を整理しておこう。

一九五〇年の沖縄群島知事選には、戦後復興でいちはやく立ち上がった建設資本（松岡派）と、農民や労働者（平良派）の対立という側面があった。平良派が結成した社大党の特質として、革新主義的な方向性と前民政府への批判性が挙げられるが、これらは、比嘉派が新進会メンバーとの対立の末に脱党し、松岡派と合流して民主党が作られていく要因ともなる。民主党は主席与党として、形成されつつあった財界との関係も強めていくが、前政権与党である社大党への支持も依然として少なくなかった。（第一節）

民主党と対峙した社大党と人民党の野党共闘は、米軍の反共主義政策のもとで、危うさを帯びたものであった。米軍が反共弾圧を強化すると、社大党は人民党と一線を画すが、米軍に対し迎合的であった民主党による

「容共」のレッテル貼りによって、厳しい立場に立たされる。一方、軍用地問題が深刻化し、政治力結集による米軍への対峙が求められる中で、対立を避けて社大党と民主党を合同しようとする新党運動が相ついで生まれ挫折を繰り返す。（第二節）

一九五六年、民主党、社大党のどちらにも属さず、政治力結集を主張してきた当間重剛が主席になったことと、瀬長那覇市長誕生によって、政界は大きく再編されていく。反瀬長派による保守結集が謳われ、新進会メンバーが社大党を離脱、のちに行政府内の当間派を形成していく。一方、社大党那覇支部の兼次派も社大党を離脱、沖縄社会党を結成する。さらに当間主席の二頭政治によって民主党は求心力を低下させ、保守系無所属議員が新政会を形成する。第一党方式を受けて、主席任期切れを前に、新たな保守新党構想が生じるが社大党は拒否。財界の支持・資金提供のもとで、民主党・新政会・行政府当間派の三派が保守合同によって沖縄自民党を結成する。（第三節）

沖縄自民党の立党宣言には、新党運動以来、当間や西銘らによって掲げられてきた政治力結集の目的が反映されているように思われる。この二年後になるが、西銘は「転身の動機」と題した文章の中で、沖縄自民党とかつて所属した社大党について次のように述べている。

資本主義は修正されつつある。政治はたえず前進する。社大党と自民党との政策の間には何も異なるものはないではないか。（中略）社会主義に対する理念は、自民党内にあっても取り入れ、前向きの政治をするようにつねに心がけている。（中略）社大党に望むことはいい意味での二大政党として、共通の問題を話し合う広場を持ちあらゆる階層を含めての福祉増進をはかり政治を前進させようと、ということである。[*98]

西銘が社大党結成時に有していた階級政党へのこだわりは、米軍の圧政に対して政治力結集を重視するようになる中で影を潜める。社大党での新党運動に挫折した後は、社大党も含めた保守合同による政治力結集を掲げる当間、稲嶺らのもとで、最前線で活動を展開し、行政府入りした後は当間派幹部として準備委員会に加わり沖縄自民党結成に貢献した。立党宣言が掲げた政治力結集による進歩的国民政党の実現は、西銘が五〇年代半ばから希求しつづけたものでもあった。そして、その活動には常に社大党内に結成した新進会のメンバーが存在していた。転換期における西銘および新進会メンバーの動向をみると、社大党や合同論の推移がよくみてとれる。

以上の点をふまえた場合、一九五九年の保守合同による沖縄自民党結成は、単に三派の保守勢力が合同したということではなく、一九五〇年の沖縄群島知事選以来の社大党における政党存立理念をめぐる路線対立の帰結として考えることが可能であろう。また、そこには沖縄財界の形成と意志の明確化過程が前提として存在した。そして、新進会メンバーと兼次ら那覇支部が離脱した後の社大党は、保守合同には加わらず、第一党方式のもとで、自民党との二大政党路線をめざす。だが、一九六〇年の立法院選で社大党は惨敗を喫する。労組活動が活発化するなど、沖縄においても保守対革新の対立が次第に明確化していく中で、社大党は再び自党の革新色を強めていくことになるのである。[*99]

次章では引き続き、一九六〇年代の変遷過程について検討していくこととしよう。

註

＊1　中野好夫・新崎盛暉『沖縄戦後史』（岩波新書、一九七六年）、新崎盛暉『戦後沖縄史』（日本評論社、一九七六年）、比嘉幹郎『沖縄　政治と政党』（中公新書、一九六五年）、同「政党の結成と性格」（宮里政玄編『戦後沖縄の政治と法　一九四五―七二年』東京大学出版会、一九七五年）。

＊2　我部政明「戦後沖縄の政治」（東江平之・宮城悦二郎・保坂廣志編『沖縄を考える』大田昌秀先生退官記念事業会、一九九〇

年）。

＊3　鳥山淳「破綻する〈現実主義〉―『島ぐるみ闘争』へと転化する一つの潮流―」（『沖縄文化研究』三〇、二〇〇四年）、同「占領と現実主義」（同編『沖縄・問いを立てる―5　イモとハダシ　占領と現在』社会評論社、二〇〇九年）。

＊4　森宣雄『地のなかの革命　沖縄戦後史における存在の解放』（現代企画室、二〇一〇年）。

＊5　『沖縄県建設業協会40年史』（沖縄県建設業協会、一九九〇年）、二一頁。

＊6　「社会大衆党連絡事項」第二号、一九五一年一〇月二〇日（沖縄県公文書館所蔵社大党文書0000072555「一九五〇年以降月報綴」）。

＊7　「政党再編成の機熟す（一九五〇年七月二三日）」（西銘順治『わが想いわが沖縄　上』月刊沖縄社、一九六一年、一〇七頁）。

＊8　「新政党の性格（一九五〇年八月一七日）」（同前、一一一～一一二頁）。

＊9　前掲『地のなかの革命　沖縄戦後史における存在の解放』。

＊10　「社会大衆党月報」第一号、一九五〇年一二月一〇日（前掲「一九五〇年以降　月報綴」）。

＊11　那覇市市民文化部歴史資料室編『那覇市史　資料篇第三巻五』（那覇市、二〇〇五年）、六七～六八頁。

＊12　前掲『那覇市史　資料篇第三巻五』、六六～六七頁。

＊13　前掲「社会大衆党連絡事項」第二号。

＊14　沖縄県公文書館所蔵琉球政府文書R00000472B「共和党に関する書類」。

＊15　『うるま新報』一九五一年六月二一日。

＊16　『琉球新報』一九五二年三月二一日。

＊17　『沖縄社会大衆党史』（沖縄社会大衆党、一九八一年）、三二頁。

＊18　沖縄県公文書館所蔵琉球政府文書R00000471B「琉球民主党に関する件」。

＊19　琉球銀行調査部編『戦後沖縄経済史』（琉球銀行、一九八四年）、二〇九～二一二頁。

＊20　上間隆則「企業と経営風土」（島袋嘉昌編『戦後沖縄の企業経営』中央経済社、一九八二年、四一～四二頁）。例えば、『沖縄経済を担う人々』（琉球新報社、一九六二年）に掲載されている全一一五名中、一九二〇年以前生まれの八三名を取り出し

てみると、沖縄民政府・群島政府等の元吏員は三四名、元群島議会・立法院の議員は四名であり、特に有力企業に占める割合が高い。

＊21 当山正喜『政治の舞台裏』（沖縄あき書房、一九八七年）、一七六頁。
＊22 沖縄県公文書館所蔵琉球政府文書 R00000468B「琉球社会大衆党に関する綴」、同 R00000470B「琉球民主党に関する綴」。
＊23 島袋邦「住民の政治的動向」（前掲『戦後沖縄の政治と法 一九四五―七二年』）、一三九〜一四一頁。
＊24 前掲『戦後沖縄史』、一二〇〜一二二頁。
＊25 沖縄県公文書館所蔵社大党文書 0000074224「公文書綴（受領ノ部）」、『沖縄年鑑 一九五九年度』（沖縄タイムス社、一九五九年）、五六頁。
＊26 前掲「政党の結成と性格」、二六三頁。
＊27 琉球新報社編『戦後政治を生きて 西銘順治日記』（琉球新報社、一九九八年）、一〇四〜一〇五頁。
＊28 「民主党の議会対策」（沖縄県公文書館 USCAR 文書、鳥山淳・国場幸太郎編『戦後初期沖縄解放運動資料集 第一巻』不二出版、二〇〇五年、四一〇〜四一一頁）。
＊29 「各政党の性格に関する件」（同前、四一二〜四一四頁）。
＊30 前掲「琉球社会大衆党に関する綴」。
＊31 沖縄県公文書館所蔵社大党文書 0000072655「一九五四年 発翰文書」。
＊32 『沖縄タイムス』一九五四年四月二五日（中野好夫編『戦後資料 沖縄』日本評論社、一九六九年、九四頁）。
＊33 前掲『戦後沖縄史』、一二二〜一二三頁。
＊34 「防共問題に関するオグデン所信（一九五四年五月一九日）」『琉球労働運動史』（前掲『戦後資料 沖縄』、九四頁）。
＊35 前掲『沖縄年鑑 一九五九年度』、六二〜六三頁。
＊36 前掲『沖縄年鑑 一九五九年度』、六三頁。
＊37 前掲「政党の結成と性格」、二四一頁。
＊38 『琉球新報』一九五四年七月一九日。

＊39　兼次佐一『真実の落書』（一九七六年）、二七三頁。
＊40　『琉球新報』一九五四年八月四日。
＊41　「アメリカの琉球統治に関する社大党の見解」（西銘順治『わが想いわが沖縄　下』月刊沖縄社、一九六二年、一二七～一四一頁）。
＊42　『琉球新報』一九五五年二月一二日。
＊43　西銘順治「高潔な政治家」（『土着の人　平良幸市小伝』、一九九四年）、二四五頁。
＊44　前掲「政党の結成と性格」、二四一～二四二頁。
＊45　前掲『沖縄年鑑　一九五九年度』六四頁。
＊46　平良辰雄『戦後の政界裏面史』（南報社、一九六三年）、二九二頁。
＊47　『琉球新報』一九五五年九月三〇日。
＊48　『琉球新報』一九五五年一〇月八日。
＊49　『琉球新報』一九五五年一一月四日。
＊50　『琉球新報』一九五五年一一月四日。
＊51　『琉球新報』一九五五年一一月六日。
＊52　『琉球新報』一九五五年一一月六日、前掲『戦後政治を生きて　西銘順治日記』一三八～一四〇頁。
＊53　『沖縄タイムス』一九五六年二月二六日（『沖縄戦後選挙史』三、沖縄県町村会、三三九～三四〇頁）。
＊54　前掲『戦後政治を生きて　西銘順治日記』、一四七頁。
＊55　前掲『沖縄戦後史』、九六頁。
＊56　前掲『戦後資料　沖縄』、二五一頁。
＊57　『沖縄タイムス』一九五七年一月四日。
＊58　『沖縄タイムス』一九五七年一月五日。
＊59　『沖縄タイムス』一九五七年六月一七日夕刊。

＊60　那覇市企画部文化振興課編『那覇市史　資料篇第三巻二』（那覇市、一九八七年）、七一一〜七一二頁。
＊61　前掲『戦後政治を生きて　西銘順治日記』、一五八頁。
＊62　沖縄県公文書館所蔵琉球政府文書 R00000465B「政党に関する書類」。
＊63　『沖縄タイムス』一九五七年七月七日夕刊。
＊64　『沖縄タイムス』一九五七年七月八日。
＊65　『沖縄タイムス』一九五七年七月一三日。
＊66　『沖縄タイムス』一九五七年七月二二日。
＊67　『沖縄タイムス』一九五七年八月六日。
＊68　『沖縄タイムス』一九五七年一一月三日夕刊。
＊69　前掲『戦後政治を生きて　西銘順治日記』、一六三〜一六四頁。
＊70　『沖縄タイムス』一九五七年一一月一七日。
＊71　『沖縄タイムス』一九五七年一一月二二日。
＊72　『沖縄タイムス』一九五七年一一月二六日。
＊73　『沖縄タイムス』一九五七年八月一三日。
＊74　『沖縄タイムス』一九五七年一一月二六日夕刊。
＊75　『沖縄タイムス』一九五七年一一月二六日。
＊76　『沖縄タイムス』一九五七年一一月二九日夕刊。
＊77　『沖縄タイムス』一九五七年一一月三〇日。
＊78　『沖縄タイムス』一九五七年一二月一日。
＊79　『沖縄タイムス』一九五七年一二月四日。
＊80　『沖縄タイムス』一九五七年一二月六日。
＊81　『沖縄タイムス』一九五七年一二月八日。

＊82 『沖縄タイムス』一九五七年一二月九日。
＊83 『沖縄タイムス』一九五七年一二月一五日。
＊84 『沖縄タイムス』一九五七年一二月二五日。
＊85 『沖縄タイムス』一九五七年一二月二六日。
＊86 『琉球新報』一九五八年二月六日（前掲『戦後資料　沖縄』、二七一頁）。
＊87 『沖縄タイムス』一九五八年二月七日。
＊88 当間重剛『当間重剛回想録』（一九六九年）、三〇〇～三〇七頁。
＊89 『沖縄タイムス』一九五八年三月一八日（前掲『沖縄戦後選挙史』三、三五七頁）。
＊90 『琉球新報』一九五八年三月一八日。
＊91 『沖縄経協三十年の歩みと将来』（沖縄県経営者協会、一九八九年）、三一～三三頁。
＊92 宮里政玄『日米関係と沖縄　一九四五―一九七二』（岩波書店、二〇〇〇年）、一八八～一八九頁。
＊93 『沖縄タイムス』一九五九年七月一三日夕刊。
＊94 『沖縄タイムス』一九五九年七月一六日。
＊95 『琉球新報』一九五九年七月二二日。
＊96 『沖縄タイムス』一九五九年九月二日。
＊97 『戦後六十年沖縄の政情　自由民主党沖縄県連史』（自由民主党沖縄県支部連合会、二〇〇五年）、二九～三〇頁。
＊98 西銘順治「『社大から転進』の頃の思い出」『月刊沖縄』一九六一年一一月号（佐久田繁編『西銘順治研究　改訂普及版』月刊沖縄社、一九九〇年、三八～三九頁）。
＊99 拙著『沖縄の復帰運動と保革対立　沖縄地域社会の変容』（有志舎、二〇一二年）、第四章。

第二章　一九六〇年代における政治勢力の変遷
――沖縄自由民主党の分裂と再編――

はじめに

一九六〇年代前半の沖縄は、占領政策の転換と経済安定に伴う保守勢力の安定期とされ、一方の革新勢力による諸運動は、一九六〇年に復帰協が結成されるものの、本土側の社共対立の影響もあって混迷期とされてきた。だが、拙論においてこれまで明らかにしてきたように、同時期の沖縄の保革対立は明確でなく、復帰運動や主席公選要求運動などにおいても保守勢力を含めた「島ぐるみ」での動きが追求されていた。[*1]また、すでに第一章で検討したように、一九五九年の沖縄自民党結成も、単なる保守系の合同ではなく、政治力結集による米軍への発言力強化を求めた「新党構想」の成果であり、瀬長亀次郎那覇市長誕生以降の政界再編で、西銘順治ら社大党新進会メンバーが保守系に加わる中で成立したものであった。[*2]一九六〇年代前半における沖縄の複雑に入り組んだ政治活動や諸運動についても、保革対立を自明とせず検討する必要がある。それにより、その後の保革対立軸の確立過程もより明確となるはずである。

本章では、沖縄保守勢力の動向が主な分析対象となる。一九六四年に沖縄自民党が分裂し、沖縄民主党として再合同する前後において、政治活動や諸運動に対する方針がどのようなものであったのか。具体的には沖縄自民党外にあった稲嶺一郎や、那覇市長となった西銘順治など、その後、保守勢力の中心となる人物に注目しつつ検討する。

当該期の政治状況については、近年、沖縄戦後史研究が進展してきた中でもほとんど検討がなされていない。そうした中にあって、前提とすべきは依然として新崎盛暉や比嘉幹郎の研究だといえる。新崎は、保守政党は「特権的利益」の享受者であり、保守再合同にいたる動きは「地方政治家のみじめな派閥争い」であると断じている。[*3] 一方、比嘉は、「派閥抗争と対米闘争の両者が複雑にからみあって自民党分裂をもたらした」のであり、「キャラウェイ施政に対する反大田派の反撥は、大田主席の対米従属姿勢批判」となって表れた点を重視している。[*4] ただ、比嘉の分析は既成政党中心のため、本章で取りあげる稲嶺の動向については触れられていない。

以上をふまえ、第一節では、一九六二年立法院選とその後の主席指名の動向を検討し、大田主席に対して党内批判派が影響力を高めていく過程を検討する。第二節では、批判派が大田主席だけでなく高等弁務官批判をも展開する中で党が分裂し再編される過程を分析する。第三節では、一九六一年に那覇市長に当選した西銘順治が、市政を通じて政治基盤を確立し、一九六五年の再選後、主席選定をめぐる党内対立の中で台頭する過程を明らかにする。

第一節　一九六二年立法院選――主席指名制への対応――

1　保守側の動向

(1)　ケネディ新政策への対応

一九六二年二月一日に開会した立法院定例議会は、国連の植民地解放宣言を取り入れた二・一決議で幕を開けた。同決議は沖縄自民党が圧倒的多数を占める立法院において全会一致で可決されたのであり、政治力結集による米軍への発言力強化という沖縄自民党の結党精神[*5]を示したものでもあったといえる。

三月一九日、ケネディ新政策が発表され、「琉球諸島が日本本土の一部であることを認め」、プライス法改正を議会に要請し、日本政府との協議などを掲げた大統領声明とともに大統領行政命令が改正された。これは、前年六月の池田・ケネディ会談とそれに基づき一〇月に来沖したケイセン調査団の勧告をうけてなされたものである。行政命令改正の要点として大統領声明に挙げられたのは、以下の六点である。

1　立法院が琉球政府の行政主席を指名することを定める。
2　高等弁務官の拒否権について、それの限定された目的を強調するよう、書き改める。
3　立法院議員の任期を二年から三年に延長する。
4　立法院が選挙区の数と区域を変更することを認める。
5　民政官は文民でなければならないことを定める。
6　琉球におけるある種の米国人に対する刑事裁判権についての規定に若干の技術的変更を加える。[*6]

それを受けて、七月一七日には、最初の文民民政官としてマキューンが就任したほか、琉球政府への機能の委任として、いくつかの布令は民立法化される。[*7] しかし、ケネディ新政策は期待通りに実行されていくわけではない。周知の通り、キャラウェイ高等弁務官はその後「キャラウェイ旋風」と言われた直接統治を展開していく。

六月三〇日、定例議会が終了すると、秋の立法院選に向けて政局が動き出す。行政命令改正によって、行政主席は立法院の指名に基づき高等弁務官が任命することになったが、沖縄自民党は「ケイセン調査団に対して主席公選を要請したが、現実には指名制となったのでこの点幾分の不満がある」ものの、「指名制は院の意思が積極的に主席任命に反映されることになるのでこの点数段の前進をきたしているとして」受け入れた。それに対して、「社大、人民、社会の野党側は」、「いくら院が指名しても弁務官がイヤなら拒絶できる仕組みとなって」おり、「主席が民政府の代行機関という点では変わりなく真に自主的に行政を運営していくには主席は公選でなければならない」として、「はっきり拒絶の意思を明らかにしてい」た。[*8]

また、選挙区の数と区域が変更可能となったことを受けて、沖縄自民党は会期中に急遽、従来の二九選挙区を三二選挙区とする公職選挙法案を策定し、野党が反対するなかで可決した。しかし、署名期限前日の八月二四日、米国民政府は「承認しない」旨を正式に指示し、大田主席はそれに従い署名公布をせず、廃案となる。[*9]

三一日には、長嶺立法院議長が、「公職選挙法」など七つの重要法案が廃案となったことに対して「現在行なわれている法案の事前事後調整についての義務づけは行政命令、政府章典にはなく、現実には慣行で行なわれている。(中略)すべての立法案を調整することは、自治の理念に反し、結果的に自治後退を招くことになり好ましくない(中略)このように廃案が出たことに失望している」などの見解を発表する[*10](その後さらに一法案が廃案となる)。この議長見解は波紋を呼び、事前事後調整について、沖縄自民党内は、「行政府側は行政命令違反ではないという考え方に固まっており、議員は大部分が長嶺議長談話の線を支持している」と二分されることになる。[*11]

ともかく、公職選挙法の廃案で従来通りの二九選挙区が確定し、九月一日には沖縄自民党は選対本部を設置し、「①復帰にそなえ、県並み水準の確保と自治拡大、内部体制を強化する②経済拡大達成のため基本施設の整備拡張をはかる」など七項目の基本綱領を確認する。[*12]

そうした中で、一〇日、キャラウェイ高等弁務官は、沖縄自民党幹部との会見において、「廃案は主席自らの判断にもとづいてビートしたものである」と言明する。[*13] 一二日、大田主席も「八件の法案に署名しなかったのは諸般の事情を考え、民政府、関係者の意見も参考にして行政主席としての権能にもとづいて行なった」との所見を述べた。[*14] 高等弁務官に梯子を外される形で、大田主席は非署名の責任を一身に背負う。一三日、米国連邦議会上院軍事委員会で二五〇〇万ドルのプライス法改正原案が半分以下の一二〇〇万ドルで修正可決されたことは、大田主席にとってさらなる打撃となる。[*15]

しかし、立法院選が近づく中で、「大田主席の責任追及」については、「党内での公認争いとも微妙にからみ合っているだけに、選挙を控えてこの問題を取り上げることを避けようという空気が強くなって」いき、[*16] 選挙後まで一端収束するのである。

(2) 経済懇話会の結成

前回の立法院選では、「自民、社大の両党が政権の座をかけた第一党方式のもとで激しく対立したため、財界もかつてない強力な結束で自民党を支援した」が、今回の選挙に際しては、「財界幹部のあいだにも自民党に対する批判的な考え方が強まりつつあ」り、「ある幹部は『こんどの選挙では、自民、社大の両党に同様に援助して、フェアにたたかわせたい』と話している」という状況であった。[*17]

そうした財界の沖縄自民党離れの背景には、政界とも関係の深い稲嶺一郎（琉球石油社長）、松岡政保（松岡配電社長）と大田主席との対立があった。

稲嶺については、いわゆる「沖石問題」[*18]によって、その対立は先鋭化していた。市場を独占する琉球石油に対抗する沖縄石油設立認可問題は一九五三年頃から存在していたが、大田主席はそれを強く推進したのである。結局、キャラウェイ高等弁務官の干渉によって、一九六一年九月一八日に申請却下となり収束した。立法院選にあたり、稲嶺は独自候補の擁立を行うなど反大田路線を明確にし、新党結成の動きも取りざたされていく。[*19]

また松岡も、電力料金値下げ問題をめぐり、大田行政府との対立が顕わとなっていく。値下げを要求された五配電会社（沖縄、松岡、中央、比謝川、東部）の料金引き下げ申請に対して、米国民政府はさらなる引き下げを要求する。松岡配電を例に挙げると、六・三八％の引き下げ申請に対し、琉球政府との調整で一一・五％となり、さらに米国民政府が二〇％を要求したのである。米国民政府は他配電会社に対しても二〇～二五％程度の大幅な値下げを要求した。[*20] そうしたなか、七月一三日の「配電協会の緊急理事会で、松岡政保氏（自民党顧問、松岡配電社長）、嘉陽宗一氏（自民党青年部長、現議員、中部配電社長）らが『もし電力料金問題が、行政訴訟に持ち込まれるようになれば、スジを通す意味から離党しなければならないだろう……』と語ったといわれ、党幹部がこの問題処理をめぐって窮地に追い込まれ」る状況となっていくのである。[*21] その後、八月一五日に琉球政府は「五配電会社に各社一律二〇％の引き下げを命令、初の〝公定料金〟が誕生」し、「二月以来もみ続けてきた電力料金問題も電気事業法第二十一条の強権発動による〝公定料金〟の設定でいちおうピリオドを打ったかっこう」となったが、[22]それに対して、九月一三日、五配電会社は「政府の電力料金変更処分命令は違法行為であると政府に異議申し立てを行なった」のである。[23]

公職選挙法案、電力問題などについての対民政府折衝の不手際から、「自民党内にも自治権の大幅後退や大田主席の弱腰を批判する声が高ま」るなか、[24]主席就任後に形成された大田派に対して、松岡派が反主流派となる状況が表れる。そこに「自民党とのつながりの薄くなった当間系」[25]と稲嶺派の動きが加わることで政局は混迷の度合いを深めていくのである。

一方、財界全体としては、琉球商工会議所、沖縄経営者協会が軸となり、経済懇話会設立世話人会が第一回（九月七日）・第二回（二一日）と開かれる。[26]しかし、財界の有力者でもある稲嶺や松岡などが大田行政府と対立するなか、沖縄経営者協会が「会員百二十社を対象に」行った「総選挙に対するアンケート」でも、沖縄自民党の「法案処理、議員の能力、経済政策などについては、ほとんどが批判的な立ち場をとっているようである」とされていた。[27]

一〇月四日、「経済人の政治的活動組織」として経済懇話会が結成される。「この経済懇話会は、極端な急進主義が革命主義を排撃し、『国民のための』『国民による』民主々義の発展のために、政治と経済を密接に結びつけようとの趣旨で結成されたもので、今後は、部門別にそれぞれ調査研究を行ない、経済政策はどうあるべきかを政府に建議、もしくは要望する」とされた。[28]しかし、「選挙献金の窓口を統一するというねらいがあった」ものの、「選挙献金の自粛を申しあわせたにとどま」り、「財界の中にも大田主席擁護と批判派の二つがあり、完全な統一行動をとるに至らなかった」のである。[29]

2　革新側の動向

⑴　革新共闘への模索

立法院定例議会終了後、革新側も立法院選に向けて動き出す。当初、前年一二月の那覇市長選で共闘した「社大、人民、社会の革新三派」は、立法院選でも共闘すると思われたが、社大党の安里積千代が七月一日執行の参議院選挙全国区に出馬したことに人民、社会両党が反対したことなどから微妙な情勢となっていた。[*30] そうした中で鍵となったのは、労組等の動向である。

七月一三日、官公労、全逓労、沖交労、全沖労連、教職員会、沖青協などの幹部によって組織された「水曜会」が社大、人民、社会三政党の代表を招いて話し合いを行う。「革新三政党がバラバラに選挙戦に臨むと自民党に漁夫の利を得させるばかりであり、復帰勢力にもヒビが入るとして、社大、人民、社会三党の統一綱領による統一候補を打ち出そうとし」たのである。しかし、社大党が「態度を保留したため結論はもちこ」された。[*31]

水曜会と革新三政党は会合を重ね、二六日、立法院選に向けて共闘体制を組むこと、統一綱領作成を行うことで一致する。統一綱領は「まず人民、社会の統一綱領案を社大党が十分検討し、その上で三政党から二人ずつ水曜会から二人の計八人で起草委員会を作って」まとめることとなった。[*32]

八月一三日、綱領起草委員会全体会議は、「①現状固定化をねらうケネディ政策をはねかえし、祖国復帰をかちとる②沖縄の原水爆基地を撤去させ世界平和をかちとる③主席の任命制に反対し、主席公選をかちとる④すべての植民地制度を廃止し、民主主義をかちとる」の四項目を大綱とする統一綱領を最終決定する。[*33]

しかし、その後の候補者選定の段階に至ると、再び三党は対立する。一六日に社大党が地盤協定に固執する方針を打ち出し、「那覇市長選方式」での統一路線による完全共闘をめざす人民、社会両党と対立し、共闘問題は足踏み状態となる。[*34]そして二六日、総選挙統一共闘全体会議において、完全共闘への協議は決裂するに至る。[*35]ただ、二七日、社大党は声明を出して、地盤協定の可能性を留保した。[*36]

⑵　革新共闘民主団体会議の結成

完全共闘には失敗したものの、「同士打ちをさけ、野党側が結束して自民党に当たろうという機運が盛り上が」るなか、「原水協、復帰協の民主団体は九月七日に革新民主団体共闘会議を発足させ野党三派のバックアップをしようということになった」。[*37]

だが、発足は延び延びとなっていく。そうした中で準備会の「正式メンバーは、全沖労、自治労、全沖農の三団体で、教職員会もオブザーバーの形で出席しているが、同会が民主団体共闘会議に参加するかどうかが未決定であり、その出方が注目されている」[*38]と報じられたように、教職員会の去就が焦点となっていく。

一四日には中央公明選挙推進協議会が結成される。「これまで公明選挙運動といっても沖青連、婦連や教職員会などの民間団体が主体となって推進してきたが、ことしは、中央選挙管理委員会に選挙費用として五万八千ドルも確保されているので、（中略）徹底した運動を考えている。（中略）こんどの地方、中央選挙には政府が音頭をとって公明選挙を推進する」という構想のもとに組織されたものであり、[*39]会長も中央選挙管理委員長とされた。[*40]

その後、政党間の地盤協定は折り合いがつかず、一五日に社大党中央執行委員会が共闘打切りを決定する。[*41]そうした中で、一六日、共闘会議第五回結成準備会が開かれ、「一七日の結成大会を、三政党を含めないで予定どおり開くという最終態度を決定」する。[*42]しかし、社大党が共闘打切りの態度を示す中で各組織の意思統一がはかれず、再度延期される。[*43]

そして、二一日、立法院総選挙革新共闘民主団体会議がようやく結成される。「さしあたり▽全沖労連（浜端春栄委員長）▽自治労（岸本忠三郎委員長）▽全沖農（又吉一郎議長）の三団体で発足し、闘争が進むにつれ、教職員会、軍労連、連合会に加盟してない各労組および青年、学生、婦人の各団体によびかける」とされた。[*44] 教職員会が組織としての中立という建て前を崩さなかったのに対して、沖青協は一〇月七日の定期総会で加盟を決定する。[*45]

しかし、オブザーバー参加ながらも、一〇月一日には、教職員会中央委員会は執行部提案に基づき「教職員会の運動目標が共闘会議の運動方針に合致するため、自主性を堅持しながら共闘会議を支援していく」ことを決定する。「屋良会長は共闘会議を支持していく理由として『沖縄の現情勢が軍事基地優先政策をおしすすめている以上、どうしても野党勢力をおしひろげ、現状を是正していくことが大切だ』とのべた」。[*46] 教職員会は、機関紙『教育新聞』の号外『月刊情報』において、研究討議資料として立法院選を取り上げ、組織内への共闘会議支援の周知徹底を図ろうとする。[*47]

だがそうした執行部に対し、一六日には、那覇地区教職員会校長部会で「教育の中立性から問題がある」として反対決議が出される。[*48] この決議は教職員会内外に波紋を呼び、中央事務局は「支援はあくまで各会員が個人の立ち場から自主的に行なうもので強制しないだけに那覇地区校長部が協力できないならやむを得ない。ただ残念なのはこれを地区校長部の名において決議し中央事務局へ正式な意思表示を行なった」ことであると応じた。[*49] ほぼ全ての教職員が加盟する社団法人である教職員会において、政治姿勢を明確化することは容易ではなく、一九六二年立法院選の段階では不十分なものに終わったといえる。

3　主席指名問題

(1)　選挙戦

一九六二年立法院選は、保革双方が内部対立をかかえつつも、「労組の組織を結集した立法院総選挙革新共闘民主団体会議と、経営者を代表する経済懇話会などの圧力団体が誕生、政党も公認候補の決定にはこれらの圧力団体の意見を尊重する傾向が強くな」る。[*50]

一〇月二二日、総選挙が告示され、立候補届け出が始まる。最終的な立候補者数は、定数二九に対し、自民二八、社大一六、人民七、社会一、無所属九となる。総選挙の争点は、立法院による主席指名も含めた、ケネディ新政策の是非であった。

そうした中で、稲嶺一郎は「無所属候補を推して主席指名を受ける意向を明らかにし」[*51]、積極的な選挙工作を展開する。「自民党本部支部から集団脱党を出したほか、社大党関係にもこれに呼応する動きが出るなど、政党組織をゆさぶ」り、前那覇市長兼次佐一（一八区：那覇中部）のほか、仲宗根梶雄（四区：伊江・本部）、山里永吉（一七区：那覇北部）の三名がそれぞれ稲嶺直系として無所属で立候補する。稲嶺は「人民、社会両党および同系を除く全野党に支援体制をとっ」たほか、「公認からもれた自民党あるいは同党系候補者との接近もみられる」状況であったとされる。[*52]

大田主席率いる沖縄自民党は、「前回の総選挙の際は、経済界が一致して自民党を推し、経営者協会が中心になって選挙献金を行ない、総額十余万ドルの資金が動いたといわれる」のに対し、今回の選挙は「経済界の選挙献金引き締めで、資金が予定どおり集まらず、序盤戦は資金難でかなり苦しい戦いを進め」たとされる。沖石問題や電力料金問題による財界内の不統一、さらにはキャラウェイ旋風によって「銀行布令公布後、融資条件が規制され、さいきんでは大手会社でも資金ぐりが窮屈となって」おり、「ほとんどの主要業種団体が選挙献金の引き締めの態度をと」る状況にあったためである。[*53]

大田主席は、八月に二週間上京した際に本土からの支援を訴えることで、そうした状況を打開しようとする。立法院選は「本土政府および政界筋でも単に沖縄における地方選挙ということでなくこんごの対米外交に与える影響をおもんばかりに自からの問題として大きな関心を呼んで」おり、「大田主席はこの説得で〝立法院選挙は現状維持で乗り切れる〟という自信を得たが、その裏には選挙資金として五万ドル（千八百万日円）が現ナマでとどけられることをはじめ、波状的に自民党所属の国会議員を送り込み、本土と沖縄自民党の一体感をアオることと、宣伝文書の大量持ち込みなどが約束されたという話があ」ったとされる。実際、「山中貞則、野原正勝の両衆院議員を沖縄に派遣したのを手はじめに塩見参院議員らを第二陣に、小平沖縄特別委員長らを第三陣として送り込むという具合に選挙工作も本格化して」いくのである。[*54] 対する革新側が「総評からは八十万円の資金支出、全労からはそれに見合うていど、だいたい三分の一ぐらいの額を支出する約束をとりつけた」[*55]とされることと比較すれば、その資金力の差は歴然である。

(2) 選挙結果

立法院選（一一月一一日）の結果は、自民一七、社大七、人民一、社会一、無所属三となる。沖縄自民党は前回から五議席減らしたものの過半数を維持した。社大党は、安里積千代委員長と平良良松会計長が返り咲くなど二議席を増やした。さらには沖縄社会党が立法院に初めて議席を獲得している。

「大田主席再任の最大の脅威と見られていた稲嶺派」[*56]は、無所属直系の三候補がいずれも沖縄自民党候補に惜敗するなど、勢力を伸ばすことができなかった。とはいえ、その他の候補にも影響は及んでおり、大田主席の権力基盤は安定したわけではない。「大田体制の二本の柱といわれる新里幹事長と山川副議長は当選し」たものの、当銘政調会長など「主席の威光に便乗して当選を目論んだグループの落選」が起こった。それにかわる吉元栄真（前幹事長）や星克（前政調会長）など「実力者の元議員の返り咲き」によって「長嶺議長とともに、党内にかなりの協力者を持ち、場合によっては主流派批判も行なうことができる実力者層」が形成され、「党内における大田総裁の指導力は極度に弱まっている」とみられたのである。[*57]

大田主流派は「新里幹事長ら七、八人」にすぎず、「のこり十人内外」が批判派であった。そうした中で、「『次期主席についても、対米対本土折衝に当たっても強力な政治力を有する人を条件に指名するべきである』と強硬に主張し」、さらには、「大田主席を中心に（中略）側近政治的な弊害を伴ってきたことに対し、『自民党は私党ではない』とする声が吉元氏を中心とする批判派の間では高ま」り、「長嶺秋夫立法院議長、瀬長浩副主席、神村孝太郎電電公社総裁」など他の主席候補者が挙がるようになるのである。[*58]

(3) 主席指名

野党側はあくまで主席公選を主張し、立法院での主席指名を拒否する姿勢を示していたが、一一月二〇日、大田主席が立法院と協議せずに臨時議会招集日を一二月八日と告示したことで、[*59]政局はさらに混乱する。一一月二一日、「社大党は委員長談話のかたちで、『大田主席の行政主席指名を目的とする臨時議会招集は越権行為であり、場合によってはこの不当招集による臨時議会をボイコットする』と声明」を出す。[*60]それに対して、沖縄自民党側は主席による議会招集は合法であるとしながらも、「議員団には、指名を機会に発言力を強化しようという空気が強く、これが成功すれば、自民党内での主席の地位は従来とはかなり変わったものになるともいわれ」た中で、[*61]一二月四日の議員総会において、大田主席に対して、主席指名の条件として、対米追従姿勢の転換などに加えて党議員団三分の二以上が不信任を決議した場合の退陣を要求した。[*62]翌五日の議員総会で大田主席は「『不信任決議の際に退陣することは当然のことだ』とのべ（中略）原則的にこれを了承した」。[*63]こうした一連の事態は、主席指名制を一つの契機として、民選である立法院議員側の立場が強まったことを示すといえる。七日には、新里建運局長と松岡配電協会長が「電力料金問題は円満解決したと共同声明を発表し」、「予定されていた配電協会の行政訴訟もとりやめ」となり、[*64]主席指名を前に「奇妙な決着」[*65]がはかられた。

一二月八日、立法院臨時議会が召集される。復帰協・原水協・共闘会議共催の主席指名拒否・公選要求県民大会が開かれ、「かつてない〝請願労働者〟の組織動員と、警官隊の院内導入」がなされるなか、沖縄自民党は「野党総退場のまま大田政作氏の主席指名を採決、続いて主席公選決議案をこれまた野党退場のまま決議」する。[*66]ここで注目されるのは、野党側だけなく、「自由民主党も院外団を約六百人も動員し（中略）傍聴席は自民党で独占された」ことに対して、地元紙が「自民党が野党の動員に対し、院外団を動員したということは、野党側の戦術を是として認めたことになり、この辺からも議会乱入が慢性化しそうな気配がうかがえてくる」と批判的に論評したことである。[*67]沖縄における保革対立は次第に変質しつつあったといえる。

第二節　保守再編

1　沖縄自民党の分裂

(1)　高等弁務官批判の公然化

キャラウェイ高等弁務官は、予算案や法案の事前事後調整を強化し、一九六一年から毎年出された琉球政府・沖縄自民党の減税案や既述のように公職選挙法など重要法案を拒否したほか、金融機関や農連への手入れ、外資導入の強行、琉球政府人事への介入などを実施していく。いわゆる「キャラウェイ旋風」である[*68]。

そして、一九六三年三月五日、金門クラブ月例会においてキャラウェイ高等弁務官が行った演説が波紋を呼ぶこととなる。いわゆる「自治神話論」である。特に自治権に対する次のような見解に沖縄側の批判が集中することとなる。

> もし現実に直面して考えてみた場合、琉球における自治権、または政治的一部の権能しか付与されていない地域における自治権というのは不可能なことである。このことは一州、一地方、一県の政府があり得ないと同じように日米《ママ》平和条約第三条によって設定された米合衆国民政府（USCAR）の下でもあり得ない。現段階では自治権は神話であり従って存在しない。それは皆さん琉球人が再び独立国になることを欲して各自自由な意思から出た決定でなければ存在しないだろう[*69]。

さらには、行政、立法、司法に対してそれぞれ批判したうえで、自治権要求者は、「人民扇動者」「山師的政治家」「詐欺的実業家」であるなどと断じたのである。直ちに沖縄各界から批判が出されるが、当初、沖縄自民党は慎重な姿勢を示していた。それでも党内批判派は「高等弁務官の演説には論理的な矛盾と現実飛躍があると指摘」していた。[*70]

一二日には社大党の見解が出され、高等弁務官の自治権理解に対する強い批判が展開されたのを受けて、立場の明確化を迫られた沖縄自民党は、党内批判派の意見を大きく容れた上で、[*71] 一六日に沖縄自民党議員団としての見解を発表する。「地方公共団体は固有の自治権を有するものであって、国といえどもこの固有の自治権を侵すことは許されないとする自治権に対する歴史的発生的観念は民主主義国家にとって特に重要視されなければならない。（中略）地方公共団体としての沖縄がもつ固有の自治権までも米国の留保に委ねることは住民感情として耐えがたいものがある。われわれはケネディ声明の線にそった日本本土への復帰にそなえて琉球政府に固有の自治権を付与されることを望んでやまない」。そしてさらに踏み込んで、「現在の政治制度――例えば事前調整のあり方――にも種々改善しなければならない面があり、その意味では民政府にも責任はあるといわなければならない」。「沖縄住民の建設的批判精神を通じて創造精神を発揮することのできる最高度の自治権を有する政府の確立こそいそぐべきであろう」とも述べた。[*72]

さらには、琉球電電公社総裁人事をめぐって、主流派と反主流派の対立が深刻化する。五月一八日、大田主席は与党一八名中八名の反対を押し切って神村孝太郎総裁を更迭して新里善福を起用したためである。一二月二〇日の沖縄自民党総務会では、反主流派が一九六四年度の所得税減税、地方財政強化の問題をめぐり、対米追従であるとして大田主席と党執行部の政治姿勢を批判した。[*73]

そうした度重なる対立のなか、一九六四年三月二〇日に沖縄自民党名義で出されたのが、『ケネディ新政策の評価と将来の課題』と題したパンフレットである。これは反主流派の中村晄兆の執筆によるものであった。[*74] 新政策についていては一定の評価を示しつつも、「自治権の拡大については、高等弁務官のいわゆる自治権神話説を頂点として、むしろ自治後退という印象を住民に与えている」、「民政官の文官制は、事実上全く期待はずれになってしまった」、「渡航の自由、出版の自由、裁判管轄権については、新政策以前よりも改善されたと認められる点は何も存在しない」など、厳しい評価をした上で、「1 行政運営に関する事項」「2 日琉関係の改善事項」「3 米琉関係の改善事項」について、数値や写真等を用いて具体的な要望を行ったものである。[*75]

そして、四月二二日、ジョンソン大統領がキャラウェイ中将の退役とその後任にワトソン中将の任命を承認し、その期日を八月一日とすることが発表される。[*76] キャラウェイの事実上の更迭が決まったことで、大田主席に対する反主流派の動きはさらに活発化していく。

(2) 刷新派の脱党

五月一二日にはサンマ課税改正布令(高等弁務官布令第一七号「物品税法」改正第三号)、一四日には宮古水道管理局布令(高等弁務官布令第五四号「宮古島用水管理局の設立」)が相次いで出され、直接統治への反発が再燃するなか、沖縄自民党反主流派は一四日夜に会合を行い、刷新派として公然と行動を開始する。[*77] 一六日には、刷新派を仲本為美、松岡政保ら党顧問が激励したほか、当間重剛も全面協力の構えと報じられる。[*78] 刷新派はその後、「政府、与党連絡会議もボイコット、独自の立ち場で予算審議をはじめ立法活動に臨むことにな」る。[*79] 二五日の予算委員会では、刷新派の中村晄兆が瀬長浩副主席を責め立て、「自治は前進はしてない後退といってもよいが、自治が棚上げになったというのが妥当である」、「民主的手続きをとると時間がかかるというときに布令が出た」、「最高の権力者である弁務官が自治より住民福祉ということに力を入れている。これの意義を認めたい」

という、自治の後退を肯定した発言を引き出す。[*80]

そうしたなか、党顧問の松岡政保、仲本為美、与儀達敏や西銘順治那覇市長が事態の収拾にのり出す。[*81] 特に西銘は、大田主席、新里幹事長と会談して、キャラウェイ退任と同時の八月一日退陣を促すが、大田主席は態度を明らかにしなかった。[*82]

六月一三日、ついに沖縄自民党総務会において対立は決定的となり、立法院議員一一名と西銘那覇市長が沖縄自民党を脱党するに至る。「脱党理由書」には、「自治権神話説」を表明する「高等弁務官の直接統治」に対して、大田主席が「自治の基本理念を忘れ行政執行者の立ち場から後退し続け（中略）責任をとるという政治感覚がない以上、われわれとしては、これ以上自由民主党にとどまり、大田行政主席と行動をともにすることはわれわれの政治的良心がこれを許さない。／われわれは、決して現実追随主義者であってはならない」と述べられていた[*83]（二三日、刷新派は院内交渉団体「民政クラブ」として届出）。

そうした事態に対して、一六日、大田主席がキャラウェイ高等弁務官に辞表を提出する。しかし、保守結集によって次期主席が決まるまで認められないとして、解職発令が出されない中で、大田主席は職務を続けることになり、問題は長期化していく。

大田主席の辞表提出を受け、次期主席の選任方法が問題となる。二六日には、復帰協主催の主席公選・自治権獲得県民大会に民政クラブを代表して中村晄兆が参加して意見発表を行っている。[*84] 二九日の立法院連合審査会では、民政クラブの上原重蔵が「『あくまで主席公選を進める考えであり、後任主席推薦も考えなければ、いかなる形の指名も拒否する』とはじめて民政クラブとしての態度を明らかにし[*85]」、一方、沖縄自民党も七月三日の常任総務会で「今回に限り立法院の主席指名に応ぜず、党が推薦者を出すこともしないことに決定」する。[*86] 二七日には立法院本会議で大田行政主席の即時退任要求決議が賛成二一（民政ク、社大、社会、人民、無所属）、反対五（自民）で可決される。[*87] そうした中で、三一日、キャラウェイ高等弁務官は退任し、翌八月一日、ワトソン新高等弁務官が着任する。

(3) 大田主席の思惑

大田主席は八月一四日から二四日まで、全国戦没者追悼式に参列するために上京する。「野党各派は反対、今後大田主席を住民代表としてみとめないとの共同声明を出した」[*88]。「大田主席は、自民党事務局でまとめた『沖縄の政情について』というパンフレットを携行、これを本土自民党や在京郷土出身者に配る」。そこでは、「結党当時の派閥的な要素が税法改正問題を契機に複雑な様相を示した。同時に一部議員の中には、主席が与党議員との接触がうすいということに不満をもつものもいたが、これが自治停滞への不満に結びつき、野党の巧みなかけ引きやその他の不平組のつきあげ、さらにいつものことながら政権への野心家や高等弁務官に対するふんまんを抱いている者が動きだし『その勢力の拡大をはかった』とのべ、民政クラブの脱党を党内の派閥争いとしてとらえて」いた。それに対して民政クラブ側は「単なる派閥抗争や野党の扇動によるとみているところに政治感覚の古さがあると指摘し」、「布令、指令の連発、金融機関、農連の軍手入れなどによる高等弁務官の直接統治に対する住民の強い不満を全然感じとっていない。こういう政治感覚、情勢分析の甘さが、現在の政局を混乱させた」として反発、沖縄自民党と民政クラブの対立は一層深まることになる。[*89]

大田は上京中、本土自民党幹部らと会談を重ね、沖縄自民党への支持および民政クラブの新党結成を支持しないことを求めたが、本土自民党は一方への明確な支持を避けたとされる。[*90]

こうした大田主席の動向に対し、二五日、民政クラブは新党結成準備委員会を開き、「『民意尊重に基づく清新強力な政治の結集』『祖国復帰をめざす自治の拡大』『行政主席大田政作君の即時退任と主席公選の促進』など五つのスローガンのもとで、議員団が作成した立党宣言（中略）、綱領、党の性格、政綱の草案を出席者全員が承認、来月二十五日ごろ開会予定の結党大会ではかることを決めた[*91]」。

すでに辞表を提出していた大田主席の高姿勢は、八月一七日に行われた椎名外務大臣との会談記録[*92]にも表れている。大田主席は、「ケネディー新政策の推進については、外務省としても、米国との折衝等の面で今後とも御協力を御願いいたしたい」。また、「自治権の拡大をはばんでゐるのは、主席の任命制よりも事前調整と高等弁務官の『書簡政治』だと思う。今後は高等弁務官の書簡は単なる忠告であり、必ずしもこれに従はなくてもよいものと了解することにしたい」というように、主席続投に意欲を示すような発言を行っている。その前提には、「自民党脱退派の議員は、議会が閉会したのを機会に、一人二人とぼつぼつ復党して政局は平静に帰るものと期待している」といった認識があったからだといえる。

大田主席が楽観的に観測した前提としては、米国民政府の態度があったと思われる。米国民政府渉外局文書[*93]からは、次のような認識を米国民政府が有していたことがわかる。数の上では優位にある民政クラブには四グループ（当間派、松岡派、長嶺派、稲嶺派）があり、内部対立が激しいと認識していた。そして、あくまでも沖縄自民党を軸とした再合同がベストであり、万一、民政クラブの路線で再合同した場合、沖縄自民党が社大党のような抵抗政党になるのではないかという懸念を有していたのである。多数派である民政クラブ優位に早期決着がはかられず、長期化した背景には、このような米国民政府側の姿勢があったものと思われる。それが大田主席の姿勢にも反映したのではなかろうか。また、民政クラブのそうした内部事情が主席指名の際に大きく反映されることなる。

２　保守再合同

⑴　本土側の介入

ワトソン高等弁務官と日本政府・自民党側から民政クラブに対して保守結集への圧力がかけられるなか、九月八日、民政クラブは沖縄自民党と協議を行い、従来の主張を覆して後任主席指名に応ずることで一致する。[*94] 後任候補として、沖縄自民党からは、小波蔵政光（副主席）、渡名喜守定（琉球漁業社長）、民政クラブからは、当間重剛（前主席）、長嶺秋夫（立法院議長）、稲嶺一郎（琉球石油社長）、松岡政保（松岡配電社長）の名前が挙がり、主席・総裁分離案も浮上した。[*95]

そうした中で注目されるのは、同時に事態収拾にあたっていた本土自民党の意向である。「①辞表を提出した大田主席が、そのポストにいつまでもとどまることは、かえって政局収拾を困難にする②後任の主席はあらゆる点から考慮して、当間重剛氏が適任である」と判断し、一一日に小坂善太郎を訪沖させ、その実現をはかろうとする。興味深いのは、「後任主席は、人格、識見、経験それに米側との協力関係などから考慮して当間重剛、西銘順治（現那覇市長）の両氏が適任とみられるが、西銘氏は、明年の那覇市長戦《ママ》の後任難からやや難点がある」とされていたことである。本土側からは次期主席候補に挙がるほど西銘の評価が高まっていたことがわかる。[*96]

来沖した小坂元外相は、沖縄自民党と民政クラブに対して、本土自民党支部としての合同を提案する。両派は前向きな姿勢を見せたものの、高等弁務官は本土の関与で沖縄の自治が失われるとして否定的であり、沖縄財界も保守合同は求めるが経済政策が本土に決定されるとして批判的であったため、この段階での支部化が実現することはなかった。[97]

(2) 沖縄民主党の結成

一〇月八日、民政クラブは従来の方針通り、新党として自由党を結成する。総裁を置かずに長嶺秋夫、吉元栄真、西銘順治の三名を総裁代行としたほか、桑江朝幸幹事長、中村晄兆政調会長、伊芸徳一組織委員長、上原重蔵総務会長などの人事を決定する。[98] 大会では稲嶺一郎が来賓代表として祝辞を述べ、政党活動に加わる第一歩を印している。

そして、八日から九日にかけてワトソン高等弁務官の斡旋による自由党、沖縄自民党の密室会談によって松岡政保を次期主席に指名することが決まる。当初、沖縄自民党は仲井間宗一、自由党は当間重剛、稲嶺一郎を推すが調整はまったくつかず、[99] 最終調整において、自由党は「十一議員のうち大半の議員は最後まで当間重剛氏を推した」が、「党内の松岡派といわれる四議員が自民党に同調したために数の上で押され」、改めて沖縄自民党が推した松岡が選ばれたのである。[100] 米国民政府としては、本土との結びつきが強い当間を避け、自由党の路線を退けるという最善の形で松岡政保が選出されたことになる。

一〇月一日、一一日と主席公選要求・指名阻止県民大会を重ねた復帰協は、二〇日、第九回臨時総会を開き、二九日に召集される主席指名議会を阻止するために組織内に主席指名闘争本部を設置して、加盟団体の動員による実力阻止を行うことを決定、[101] 二七日には第三回県民大会を開催するなど、[102] 指名阻止闘争を展開していく。

二九日に召集された臨時議会において、復帰協のデモ隊と立法院議長の要請で出動した警官隊との衝突が起こり、負傷者が出る中で、沖縄自民党、自由党は本会議開会強行を断念し、流会となる。[103] 続く三〇日も流会となり、迎えた三一日、デモ隊が本会議場に乱入し警官隊とぶつかり合う事態の中で、沖縄自民党、自由党の両議員一八名のみで松岡政保の指名を強行する。[*104] 松岡は、主席就任にあたって「最後の任命主席でありたい」と述べた。[*105]

そして、一二月二六日には沖縄自民党と自由党は再合同し、沖縄民主党が誕生する。役員は党総裁に松岡政保が選ばれたほか、「顧問団には松岡総裁の指命で稲嶺一郎、仲本為美、大浜国浩、与儀達敏の四氏が決まった[*106]」。ここにおいて、ようやく稲嶺一郎が政党に加わる。

第三節　西銘那覇市長の台頭

1　西銘那覇市政

(1)　施政方針

一九六一年一二月の那覇市長選は、革新共闘候補の宮里栄輝（社大党）と西銘順治（沖縄自民党）、そして現職の兼次佐一を含めた事実上三つ巴の戦いとなった。当時四〇歳の西銘は知名度不足が不安視され、保守系の支持も現職兼次と割れるなか、どうにか薄氷の勝利を収める。[*107]

一九六二年一月、西銘は那覇市長に就任すると、助役・部長らに辞職を勧告し、人事を一新する。さらには市長選で反対の立場にあった課長クラス七名への辞職勧告を行ったため、市議会や市職労が反対するなど問題となるが、格下げをしない人事異動で収拾がはかられた。[*108]

西銘市長は広報での「就任のあいさつ」において、那覇市では人口集中によって住宅不足、水不足、ジン芥・

し尿処理、道路交通、雇用問題などの都市問題が生じていることを指摘した上で、「那覇市においてすでに策定済の都市計画基本構想（マスタープラン）と、政府首都建設委員会において策定をみている首都建設計画、さらに都市を若がえらせるための都市再開発構想と、この三つの観点から、那覇市が明るく住みよい都市として、常に都市の適正規模があらゆる面で維持できるよう基本計画を企画調整し、諸事業の年度別実施計画にもとづいて一つ一つ解決していきたい」と述べた。[*109]

もう一つ重要な点は、建設部長に花城直政を据えたことである。花城は東京高等工学校土木工学科を卒業後、台湾にわたり、花蓮港庁、花蓮県政府で都市計画に従事する。戦後に引き揚げ、一九四八年五月から沖縄民政府工務部建築計画課に努め、コザ・ビジネスセンター計画などに従事した後、一九五〇年那覇市に移る。以降、当間重民、又吉康和、当間重剛三市長のもとで都市計画課長として那覇都市計画案策定に携わる。計画案策定にあたっては、一九五三年一～二月と一九五五年八月の二回にわたり恩師石川栄耀を招聘し指導を受けた。一九五七年には瀬長亀次郎那覇市長誕生を受けて市役所を辞め、沖縄土地整理株式会社の専務となっていた。[*110]すなわち那覇都市計画策定の中心人物であった花城を建設部長として呼び戻したのである。

一九六二年三月、西銘市長は定例議会での施政大綱演説において、改めて都市計画事業の重要性を述べた中で、那覇市の単独予算のみでは不可能であり、日米琉政府からの援助が必須であること、そしてケネディ路線の登場によって希望が見出されることを述べている。また、「大きなポイント」として「市街地改造計画即ちスラム街改造」を掲げており、「単に不良住宅街を解消するというだけでなく都市両開発の一環として今後の那覇市政の重点施策に折込んでいく考えであり」、総合実態調査を行い、その結果に基づき「市街地改造計画を策定し年次的に実施して行く考え」を示した。[*111]就任後、西銘市長は真っ先にガーブ川と不良住宅地区の視察を行っている。[*112] ガーブ川改修は多年の懸案であり、前兼次市政の最終年度にようやく予算計上が行われ、改修工事の目途がたった段階であった。[*113]

加えて、西銘市長が沖縄自民党の有力幹部であり、それによる琉球政府、日本政府、さらには米国民政府との結び付きというものも大きな資源として前提とされていたといえる。五月三日、西銘市長は上京し、日本政府に対して戦災復興特別都市計画法を那覇市に適用することによる都市復興のほか、民生事業、衛生事業など総額九三〇万ドルの大幅援助を要請している。[*114]

(2) 市政の展開

市長就任後初の予算編成となった一九六三年度は総額約三二四万ドル、前年度の約二四八万ドルから三割強増額の大型予算となった。なかでも都市計画事業費を約二八万ドル（前年度約四万四〇〇〇ドル、約六・四倍）計上したこと、そして、歳入面でも政府補助金（琉球政府補助金・委託金、米国民政府補助金を含む）約三八万五〇〇〇ドル（前年度約六万五〇〇〇ドル、約五・九倍）を計上したことなどが注目された。[*115]

日米琉政府の援助を得て、一九六二年九月にはガーブ川改修と水上店舗新築工事が開始、一九六三年度から不良住宅解消事業も始まる。[*116] 一九六三年九月二六日には「一九六五年度の事業計画について検討した結果、まちづくりの諸事業を琉球政府との共同負担方式で実施することを決定し」たとして、西銘市長は行政主席宛に事業計画書を提出し、総額三〇二万ドルのうち二一六万ドルの財政援助を琉球政府に対して要請している。[*117]

一九六四年六月、市議会での施政方針演説において西銘市長は、①都市計画の修正、②まちづくり体制、③市民精神の高揚、という一九六五年度の施政三原則を掲げる。[*118] 一一月一八日にはそれに基づき、那覇市都市計画委員会の委員が任命され、都市計画修正案の諮問が行われた。一九名の陣容は学識経験者八名、市議会議員五名、市職員六名となっており、委員長には大宜見朝計（学識経験者・医師）、副委員長には花城直政（市職員・建設部長）が委員の互選によって決められた。[*119]

「都市計画マスタープランによると、まちづくりに必要な資金総額は、一、九五六年から二〇年間で八千六百万ドルとなっているが、九年目をおわった六四年度までに、一千二百万ドルが執行されただけで、執行率はわずかに十四パーセントである」[*120]という状況の中で、市予算だけでは限界があり、また日米琉政府の援助も計画に対して十分なものとはいえず、一九五六年に策定されたマスタープランは全体としては失敗に終わったと言わざるを得ない。ただ、西銘市政において、目に見える成果が表れてくることに注目する必要がある。

一九六五年三月、ガーブ側改修工事のうち、農連市場裏の平和橋からむつみ橋下流沖映横までの九九一mが完成し、同月には、スラム街解消事業の第一号となる樋川の市営住宅建設が着工される。[*121]五月には、一九六三年七月に着工した沖縄初の公営住宅である久場川団地が完成している。[*122]三川事件と呼ばれた一期目の重要懸案、すなわち、樋川（不良住宅解消）、久場川（公営団地建設）、ガーブ川（河川改修）[*123]はいずれも当事者住民との衝突など紆余曲折を経ながら一定の成果を挙げつつあった。一九六五年九月には、鉄筋コンクリート造り地下一階地上五階塔屋九階の新庁舎が竣工する。[*124]さらには、一九六五年度から七ヵ年計画で下水道事業も着工される。[*125]

「那覇市長の政治的地位は主席についで、いわば二番目だ。主席公選ができない現在では、民選首長としてはトップである」[*126]ともいわれた中で、西銘は高等弁務官との面談を含めた米国民政府側との度重なる交渉を経験していく。一九六三年六月には、ハワイで開催された全米市長会議にオブザーバー参加し、ケネディ大統領とも挨拶の機会を得ている。[*127]こうした機会を経る中で、西銘は着実に経験を積み、その政治的立場を高めていったのである。一九六五年八月、佐藤首相が来沖した際には、西銘市長は日本政府の那覇市に対する積極的な財政援助を要請した。日米琉政府との結びつきと、住民にとってより身近な目に見える成果は、一二月の市長選において西銘に有利に働いたといえる。

2 西銘再選

(1) 立法院選

一九六五年立法院選では、民主党は佐藤来沖を追い風として、さらなる本土との連帯、利益誘導を打ち出していく。一方、野党三党は共闘に向けて調整をはかるが三選挙区で折り合いがつかず、完全共闘はまたも失敗に終わる。立法院選の重要な争点となったのは主席公選問題であり、五人有志会の活動や、四政党（民主、社大、人民、社会）を含む四六団体の代表により主席公選推進懇談会が組織されるなど、超党派による主席公選要求への取り組みが行われた。しかし、選挙戦の最中に開催された主席公選要求県民大会では、民主党代表への演説妨害が起こり、民主党は運動を脱退している。立法院選（一一月一四日）の結果は民主一八、社大八、社会二、人民一、無所属三となり、民主党が勝利する。しかし、定数が三増加した中で、民主党は前回から一議席伸ばしたのみで、与野党がより拮抗する結果となる。さらには、那覇市が属する八選挙区のうち野党が五議席を獲得しており、得票数も野党側が圧倒していた。*128

(2) 那覇市長選

立法院選の投票日まで一〇日と迫った一一月四日に那覇市長選が告示される。*129 民主党はすでに前月末に現職西銘順治の公認を決定していたが、立法院選後、社大党も一一月一八日の中執委で平良良松を公認候補に決定し、社会、人民両党に共闘を申し入れる。[130] 二〇日、社大、社会、人民の立法院選挙共闘連絡協議会は幹事会を開いて立法院選の総括と反省を行い、「那ハ市長選挙は立法院選挙と表裏一体をなすものであり早急に取組むべきであるとの意見が一致し」、平良良松を統一候補とすることを決定する。[131] 立法院選の那覇地区で圧勝した勢いに乗じて那覇市長選に臨もうとしたのである。それに対して、西銘側は、「市長選と立法院選は異質のものであり、立法院選での票の動向がそのまま市長選に流れることはありえない」として、「就任当時の六二年度に三百万ドル台だった予算規模が、わずか四年で約二・五倍の八百万ドルにノシ上がったこと」など四年間の実績と二期目に向けた具体的な市政方針を打ち出していく。[132]

二三日には改めて社大、人民、社会の野党三党が那覇市長選挙対策準備会を開き、那覇市政革新共闘会議を結成することと、立法院選の野党共闘の統一綱領を含めた一〇項目の統一市政綱領を決定する。[133] 二七日、野党三党をはじめ県労協、全沖労連など労組、民主団体による那覇市政革新共闘会議が結成される。[134] 教職員会は、教職員会幹部を中心に那覇市政革新共闘教員同志会を別途結成し、共闘会議に加わる。[135] 選挙戦では同年七月一八日の市議選で一万二六五二票を獲得していた公明会の動静が注目されたが、[136]「市長選では、特定の候補者を支持することはやらず、会員各自の自由意思にまかせる」という方針がとられた。[137]

同時に問題だったのは、立法院選後の一一月三〇日に松岡主席の任期が切れるため、再度主席選出を行う必要があったことである。立法院選において民主党は公約として主席公選を掲げていた。一一月二四日に民主党幹部がワトソン高等弁務官と会見した際にも「あくまで主席公選を要求し、現行の指名制度には応じないとの態度」を示した。[138] その動向が那覇市長選に影響することを危惧する米軍側は「ワシントンで検討している」として、次期主席選出を先送りし、その間、松岡主席が留任することとなる。市長選さなかの一二月一六日には復帰協主催の任命主席退陣・主席公選要求県民大会が開催され、「復帰問題やベトナム戦争と那覇市長選挙は別問題であるという西銘市長を許してはならない」と主張されるなど、那覇市長選と主席公選問題を結びつけようとする動きも展開される。[*139]

那覇市長選には、積極的な本土からの支援も行われている。吉元民主党幹事長が上京して「『もはや尋常の手段では勝てない』として強い支援態勢を要請した」のに対し、佐藤首相は一一月二六日、政府・与党連絡会議で「沖縄の那覇市長選挙は重大なので強力に支援すべきだ」と指示を行い、「資金、文書、人員の三本柱」での「強力な援護態勢をしく」準備が進められる。[*140] しかし、一二月三日、慰霊祭出席のため来沖していた臼井自民党沖縄問題特別対策委員長に対して「西銘市長は『那覇市長選は重要な選挙ではあるが、あくまでも市政が重点であり、本土の各党派がこの選挙で入り乱れては市長選本来の目的がそらされるおそれもあるので、議員団の派遣は見合わせてほしい』と正式に申し入れ」了承される。[*141]「那覇市の場合、約四割が浮動票[*142]」ともいわれた中で、復帰や主席公選などでの対立を避けて、市政の実行力に焦点化しようとする作戦をとったのである。

一二月一九日の投票結果は西銘順治五万三七六七票、平良良松五万一九八三票となり、一七八四票差で接戦の末、「『二期連続当選した那覇市長はいない』『市庁舎を新築した市長は次期選挙では敗れる』とのジンクスを打ち破って」現職西銘が当選する。[*143]「立法院選挙で、野党側が那覇地区で圧勝した」中で、「これをみごと巻き返したのはやはり、党の政策そのものよりも、西銘氏の実績、具体的な政策、そして個人的魅力などが大きくものをいったわけで、西銘氏がいう『立法院選と市長選は異質のもの』ということが結果的には実証された」のである。[*144] 逆風のなか再選を果たしたことで、西銘は民主党における政治的立場を一層向上させたといえる。

3 主席間接選挙

(1) 間接選挙制

那覇市長選後の一二月二一日、行政命令改正が発表され、行政主席の選任方法が「立法院議員による選挙制」に改められる。[*145] これは与野党含め直接公選を求める沖縄側の要求に対するさらなる譲歩ではあった。民主党が「一歩前進」であるとして評価した一方、野党側はあくまでも主席公選を目指して前回の主席指名と同様、院外動員による阻止闘争を展開していく。[*146]

ただ興味深いのは、こうした対立の中にあっても、三〇日の立法院本会議において、「行政主席の直接選挙および自治権の拡大に関する要請決議案」「被選挙権をはく奪している布令の廃止を要求する決議案」を全会一致で議決していることである。一方で野党側から提案された「松岡主席の退任を要求する決議案」は多数決により否決されている。[*147]

(2) 主席候補決定

松岡主席の立法院での再任をめぐり、民主党内の派閥争いが再燃する。一九六六年二月七日の議員総会でようやく「立法措置をせず、院の議決だけによって行なうとの最終態度を決定し」、「大統領行政命令が改正になって以来、もんできた主席選挙の手続き問題は、いちおうの結論をみた」ものの、「執行部が〝主席と総裁の一体化の原則〟をタテに、松岡主席の再選をねらっているのに対し、党内には異論をとなえるものもあ」った。[*148] 批判派は「①さきの総選挙における総裁としての松岡主席の貢献度が低いこと②一九七〇年の日米安保条約改定を機に、沖縄問題を解決しなければならないが、松岡主席がこれにどう対処するか、の基本姿勢が確立されていないこと③松岡主席は就任のさい『最後の任命主席でありたい』と述べ、さらに総選挙では主席選任問題について『ずばり直接選挙あるのみ』と述べたが、直接選挙が実現しなかったのだから、総裁としての政治責任をとるべきである④民主党が新体制を前進したものと評価するなら、これに伴って主席も更迭しない限り、民意を引きつけることはできない」などと主張し、稲嶺一郎（党顧問）の擁立をはかろうとしたのである。[*149]

しかし結局、一六日の議員総会で松岡を次期主席候補に決定する。[*150] その舞台裏では、どのようなかけ引きが展開していたのか。日本政府が那覇日本政府南方連絡事務所を通して収集していた情報から内情を知ることが出来る。[*151] それによれば、七日の議員総会の時点において、「松岡派五名、稲嶺支持八名、浮動六名に分けられる」状況にあり、稲嶺が優勢であった。しかし、「沖縄財界一般は松岡候補の対抗馬であった稲嶺一郎氏（琉石本社々長）に対し頗る批判的であ」り、「この財界の声は、米国民政府ネピア副民政官に達し、USCARから西銘市長に対し松岡現主席を支持するよう働きかけがあった。したがって、西銘市長としては稲嶺氏と密接な関係にあり、もともとアンチ松岡であったが、自ら調整役を買って松岡支持に傾かざるをえなかった」のである。院外から「西銘市長は中間派の説得工作に出た」ことで、浮動票が松岡に流れて松岡再任が決まる。

意図したか否かは不明だが、市長再選で政治的地位を盤石なものとしていた西銘は、続いて松岡主席再任のキーマンとなり、松岡への恩を売り、稲嶺の線を消すことで、自らの次期総裁、主席選候補への道を開いたといえる。

おわりに

最後に本章で明らかとなったことを述べておきたい。

まず、沖縄自民党から沖縄民主党へと再編される過程での「対米闘争」の側面の重要性である。大田主席への対米従属批判は、高等弁務官への直接的な批判へと発展していった。

また、第一次保守合同（沖縄自民党結成）が西銘順治ら社大党新進会メンバーが保守系に加わる中で成立したのと同様、第二次保守合同（沖縄民主党結成）も稲嶺派の抱合過程としてあったということができる。

そして、西銘那覇市政の歴史的位置についてである。日米琉政府との関係を活かしつつ限られた予算の範囲内で着実に都市計画を推進した西銘は、事実上の公選トップであった那覇市長に初めて連続当選する。そして、一九六八年主席公選の際には、保守側候補の筆頭に挙げられるまでになるのである。沖縄戦後史の中で、一九六〇年代に西銘が那覇市政を担う中で政治的立場を上昇させたことは重要な意味を持つといえる。

註

＊1　拙著『沖縄の復帰運動と保革対立　沖縄地域社会の変容』（有志舎、二〇一二年）。
＊2　本書第一章参照。
＊3　新崎盛暉『戦後沖縄史』（日本評論社、一九七六年）、二三三〜二三五頁。
＊4　比嘉幹郎『沖縄　政治と政党』（中公新書、一九六五年）、五〇〜五一頁。自由民主党沖縄県連史編纂委員会編『戦後六十年沖縄の政情　自由民主党沖縄県連史』（自由民主党沖縄県支部連合会、二〇〇五年）が出されているが、編纂委員会・専門部

会会長は比嘉幹郎であり、第二次保守合同や稲嶺一郎の扱いは同様である。

＊5　本書第一章参照。

＊6　南方同胞援護会編『沖縄問題基本資料集』（南方同胞援護会、一九六八年）、二〇〇〜二〇三頁。

＊7　消防組織法（一九六二年六月一五日）、海難審判法（一九六二年七月一六日）、公有水面埋立法（一九六二年八月一一日）（沖縄県公文書館所蔵琉球政府文書R00000600B「施政権に関する書類 自治権関係 米政府政策」）。

＊8　『琉球新報』一九六二年七月九日。

＊9　『沖縄タイムス』一九六二年八月二六日。

＊10　『沖縄タイムス』一九六二年九月一日。

＊11　『沖縄タイムス』一九六二年九月六日。

＊12　『琉球新報』一九六二年九月二日。このほか、③農漁業の生産増大と農漁業の所得引き上げ④工業化の促進と商業その他関連産業の育成による経済発展⑤教育、文化施設の強化⑥社会保障の強化と医療公衆衛生の拡充⑦労働福祉の向上と移民の促進。

＊13　『沖縄タイムス』一九六二年九月一一日。

＊14　『沖縄タイムス』一九六二年九月一三日。

＊15　『沖縄タイムス』一九六二年九月一五日。

＊16　『沖縄タイムス』一九六二年九月一九日。

＊17　『沖縄タイムス』一九六二年七月一〇日。

＊18　詳細については、『琉球石油社史　35年の歩み』（琉球石油、一九八六年）、第一章第二節参照。

＊19　「総選挙実質的な序盤戦　記者座談会（4）」（『琉球新報』一九六二年七月一五日）。

＊20　『沖縄タイムス』一九六二年七月二二日。

＊21　『沖縄タイムス』一九六二年七月一五日。

＊22　『沖縄タイムス』一九六二年八月一六日。

＊23 『沖縄タイムス』一九六二年九月一四日。

＊24 『沖縄タイムス』一九六二年八月二日。

＊25 『沖縄タイムス』一九六二年七月二日。

＊26 『沖縄タイムス』一九六二年九月二九日。

＊27 『沖縄タイムス』一九六二年一〇月二日。

＊28 『琉球新報』一九六二年一〇月五日。

＊29 沖縄タイムス社編『沖縄年鑑1964』（沖縄タイムス社、一九六四年）、三五頁。

＊30 『琉球新報』一九六二年七月二日。

＊31 『琉球新報』一九六二年七月一四日。

＊32 『琉球新報』一九六二年七月二七日。

＊33 『琉球新報』一九六二年八月一四日。

＊34 『琉球新報』一九六二年八月一八日。

＊35 『琉球新報』一九六二年八月二七日。

＊36 『琉球新報』一九六二年八月二八日。

＊37 『琉球新報』一九六二年八月三一日。

＊38 『沖縄タイムス』一九六二年九月八日。

＊39 『沖縄タイムス』一九六二年八月二〇日。

＊40 沖縄県公文書館所蔵 USCAR 文書 U81100343B「Election. Legislator (11 Nov 1962).」。加盟組織は、各地区（北部・中部・南部・宮古・八重山）市町村選挙管理委員会連合会のほか、沖縄青年《ママ》団協議会（「保留」と追記）、沖縄婦人連合会、沖縄タイムス社、琉球新報社、琉球放送、ラジオ沖縄、沖縄教職員会（「保留」と追記）、学識経験者、中央選挙管理委員会、琉球放送テレビ、沖縄テレビ、となっている（別表名簿順）。

＊41 『琉球新報』一九六二年九月一六日。共闘会議は地盤共闘の斡旋を続けるが、結局一三区（宜野湾、浦添）、一五区（真和志

北部)、一六区(真和志南部)での調整がつかず不完全に終わる(『琉球新報』一九六二年一〇月一四日)。その後、一九区(那覇北部)も社大党が候補を擁立したため対立した。

＊42 『琉球新報』一九六二年九月一七日。
＊43 『琉球新報』一九六二年九月一八日。
＊44 『琉球新報』一九六二年九月二二日。
＊45 『琉球新報』一九六二年一〇月八日。
＊46 『琉球新報』一九六二年一〇月二日。
＊47 『教育新聞号外　月刊情報』沖縄教職員会、一九六二年一〇月一〇日。
＊48 『琉球新報』一九六二年一〇月一八日。
＊49 『琉球新報』一九六二年一〇月一九日。
＊50 『沖縄タイムス』一九六二年一〇月八日。
＊51 『沖縄タイムス』一九六二年一一月一日。
＊52 『沖縄タイムス』一九六二年一〇月二四日。
＊53 『沖縄タイムス』一九六二年一〇月二六日。
＊54 「立法院選、本土の動き(上)　保守陣営」(『沖縄タイムス』一九六二年一一月二日夕刊)。
＊55 「立法院選、本土の動き(下)　革新陣営」(『沖縄タイムス』一九六二年一一月三日夕刊)。
＊56 『琉球新報』一九六二年一一月二〇日。
＊57 『沖縄タイムス』一九六二年一一月一三日。
＊58 『沖縄タイムス』一九六二年一一月一七日。
＊59 『沖縄タイムス』一九六二年一一月二一日。
＊60 『沖縄タイムス』一九六二年一一月二二日。
＊61 『沖縄タイムス』一九六二年一一月二六日。

＊62 『沖縄タイムス』一九六二年一二月五日。具体的要求は以下の通り。「一、従来のような高等弁務官追従ムードを打破し、自治の拡大または確立をはかるべきである。／一、行政府は、住民代表である立法院の意思を最大限に尊重すべきである。／一、住民に対し責任のもてる行政運営を行なうため、行政府人事を刷新すべきである。／一、経済界その他からも建設的意見を広く聞き、これをできるだけ政治に反映させるべきである。／一、立法院—行政府—民政府の緊密な連絡を保ちつつ、広く話し合いの政治を推進する。／一、この要望事項を履行しない場合、あるいはその他の問題でも党議員団の三分の二以上（所属議員十八人中十二人以上）が不信任を決議した場合、主席は直ちに退陣すべきである」。

＊63 『沖縄タイムス』一九六二年一二月五日夕刊。

＊64 『琉球新報』一九六二年一二月八日。

＊65 『琉球新報』一九六二年一二月一〇日。

＊66 『琉球新報』一九六二年一二月九日。

＊67 『琉球新報』一九六二年一二月一〇日。以下の報道も状況を知る上で興味深い。「この日立法院の議長室や、議場のまわりに、労組員以外の若い青年たちが集まったが、警備陣の話によると、那覇派の暴力団の幹部約十人と、そのほか五十人で『どうしてやってきたのかわからない』と警官も首をかしげていた」（『沖縄タイムス』一九六二年一二月九日）。

＊68 前掲『戦後六十年沖縄の政情　自由民主党沖縄県連史』、三三一〜三三二頁。

＊69 『沖縄タイムス』一九六三年三月七日。

＊70 『沖縄タイムス』一九六三年三月八日。

＊71 『沖縄タイムス』一九六三年三月一八日。

＊72 『琉球新報』一九六三年三月一七日。

＊73 前掲『戦後六十年沖縄の政情　自由民主党沖縄県連史』、三三三頁。

＊74 前掲『沖縄　政治と政党』、三九頁。

＊75 『ケネディ新政策の評価と将来の課題』（沖縄自由民主党、一九六四年）。

＊76 前掲『沖縄　政治と政党』、四〇頁。

＊77　『琉球新報』一九六四年五月一六日。
＊78　『琉球新報』一九六四年 五月一六日夕刊。
＊79　『沖縄タイムス』一九六四年五月一六日夕刊。
＊80　『琉球新報』一九六四年五月二五日夕刊。
＊81　沖縄タイムス社編『沖縄年鑑1965』（沖縄タイムス社、一九六五年）、二九頁。
＊82　「自民党分裂のてんまつ　本社記者座談会（1）」（『琉球新報』一九六四年六月一五日）。「西銘氏は、当間氏をもう一度かつぎ出そうとしていた」とされる（「自民党分裂のてんまつ　本社記者座談会（2）」『琉球新報』一九六四年六月一六日）。
＊83　『琉球新報』一九六四年六月一四日。
＊84　『琉球新報』一九六四年六月二七日。
＊85　『琉球新報』一九六四年六月三〇日。
＊86　『琉球新報』一九六四年七月四日。
＊87　『琉球新報』一九六四年七月二六日。
＊88　前掲『沖縄年鑑1965』、三〇頁。
＊89　『沖縄タイムス』一九六四年八月一六日。
＊90　『琉球新報』一九六四年八月二七日。
＊91　『琉球新報』一九六四年八月二六日。
＊92　外務省外交資料館所蔵 0120-2001-02513［CD-R, H22-009］「39・8・17椎名外相・大田行政主席」
＊93　沖縄県公文書館所蔵 USCAR 文書 U81100633B「Political Activities（Aug-24 Sept 1964）, 1964. CE Nomination, etc.」。
＊94　『琉球新報』一九六四年九月九日。
＊95　『沖縄タイムス』一九六四年九月九日。
＊96　『琉球新報』一九六四年九月一一日。
＊97　前掲拙著『沖縄の復帰運動と保革対立　沖縄地域社会の変容』、一七一〜一七二頁。

＊98『琉球新報』一九六四年一〇月九日。
＊99『琉球新報』一九六四年一〇月九日夕刊。
＊100『沖縄タイムス』一九六四年一〇月一九日。
＊101『琉球新報』一九六四年一〇月二一日。
＊102『琉球新報』一九六四年一〇月二八日。
＊103『琉球新報』一九六四年一〇月三〇日。
＊104『琉球新報』一九六四年一〇月三一日夕刊。その後、復帰協のデモ隊（請願隊）から二七名が送検され、うち一八名が翌年二月に起訴される。復帰協は不当弾圧として弁護団を結成し、裁判闘争が展開される（沖縄県祖国復帰闘争史編纂委員会編『沖縄県祖国復帰闘争史　資料編』沖縄時事出版、一九八二年、参照）。ただ、後述のように、その後も復帰要求と同様、主席公選要求自体は立法院に議席を有する全政党が共通に掲げ続けたのであり、立法院内での抗争をもって保革対立軸の成立とは言い難い。本土側の影響下に保革対立軸が成立するのは、一九六七年の基地問題をめぐる対立の明確化以降といえる。
＊105『沖縄タイムス』一九六四年一一月一日。
＊106『沖縄タイムス』一九六四年一二月二七日。
＊107 前掲拙著『沖縄の復帰運動と保革対立　沖縄地域社会の変容』、一五三〜一五六頁。
＊108 那覇市議会事務局議会史編さん室編『那覇市議会史　第一巻　通史編』（那覇市議会、二〇一一年）、三四七頁。さらにいえば、市職労が組合史において「組合にとっては初めての本格的な組織破壊攻撃だった」（那覇市職労結成二〇周年記念記念誌編集委員会編『那覇市職員労働組合二〇年の歩み』那覇市職員労働組合、一九七六年、一〇四頁）と評したように、一選目直後から、西銘市長と市職労との対立は大きなものがあったが、一九六五年一二月の二選目の後には、市職労委員長ら組合役員・活動家二二名に解雇通告を行い、一二名を免職処分としている。この解雇問題は長期化して訴訟闘争となるが、その中で市職労が分裂し、一九六六年四月に「那覇市役所労働組合」が結成されている。最終的には一九六七年四月に西銘市長が一二名の免職処分を取り消し戒告処分とすることで解決される（前掲『那覇市議会史　第一巻　通史編』、三八一〜三八二頁）。
＊109『広報市民の友』一三八、那覇市役所、一九六二年二月一日。

＊110　佐野浩祥・津々見崇「那覇の戦災復興における都市計画家・石川栄耀の役割―花城直政との関係に着目して―」（『土木史研究　講演集』三一、二〇一一年）、『広報市民の友』一三八、一九六二年二月一日、などによる。
＊111　『広報市民の友』一四〇、一九六二年四月一日。
＊112　琉球新報社編『戦後政治を生きて　西銘順治日記』（琉球新報社、一九九八年）、一八四頁。
＊113　兼次佐一『真実の落書』（一九七六年）、三五四～三六五頁。
＊114　『広報市民の友』一四一、一九六二年五月一日。
＊115　『広報市民の友』一四四、一九六二年八月一日。
＊116　前掲『戦後政治を生きて　西銘順治日記』、一八四頁、一八九頁。
＊117　『広報市民の友』一六一、一九六四年一月一五日。
＊118　『広報市民の友』一六六、一九六四年六月一五日。③については、一九六四年一月一日に「那覇市民憲章」が制定されている（『広報市民の友』一六〇、一九六三年一二月二五日）。
＊119　『広報市民の友』一七一、一九六四年一一月三〇日。
＊120　『広報市民の友』一七三、一九六五年一月三〇日、新春座談会での司会新里博一（那覇市企画部長）の発言。結局、西銘市長時代に進んだのは二一・六％までであった（『広報市民の友』二二一、一九六九年四月一五日）。
＊121　『広報市民の友』一七六、一九六五年四月一五日。
＊122　前掲『戦後政治を生きて　西銘順治日記』、一九五頁。
＊123　前掲『戦後政治を生きて　西銘順治日記』、一八八頁。
＊124　『広報市民の友』一八一、一九六五年九月一五日。
＊125　『広報市民の友』一八二、一九六五年一〇月一五日。
＊126　「那覇市長のイス〈1〉」（『琉球新報』一九六五年一一月二二日）。
＊127　前掲『戦後政治を生きて　西銘順治日記』、一九六～一九七頁。
＊128　前掲拙著『沖縄の復帰運動と保革対立　沖縄地域社会の変容』、一七六～一七九頁。

＊129 『沖縄タイムス』一九六五年一一月四日。
＊130 『沖縄タイムス』一九六五年一一月一九日。
＊131 沖縄県公文書館所蔵沖縄社会大衆党文書0000072656「那覇市長選挙関係綴 1965年12月19日執行」。
＊132 『琉球新報』一九六五年一一月一九日。
＊133 『沖縄タイムス』一九六五年一一月二四日。
＊134 『沖縄タイムス』一九六五年一一月二八日。共闘会議加盟組織は以下の通り。社大党、人民党、社会党、県労協、全軍労、官公労、自治労、全逓、沖交労、沖バス労、銀バス労、港運労、全日海、沖せん労、琉石労、琉球生命労、琉大労、山形屋労、カルテックス労、全沖労連、マスコミ共闘、沖青協、教職員同志会（前掲「那覇市長選挙関係綴 1965年12月19日執行」）。
＊135 前掲「那覇市長選挙関係綴 1965年12月19日執行」。
＊136 『沖縄タイムス』一九六五年一一月二五日。
＊137 『琉球新報』一九六五年一一月二六日。
＊138 『琉球新報』一九六五年一一月二五日。
＊139 『琉球新報』一九六五年一二月一七日。
＊140 『琉球新報』一九六五年一一月二七日。
＊141 『琉球新報』一九六五年一二月三日夕刊。
＊142 『琉球新報』一九六五年一二月一三日。
＊143 『琉球新報』一九六五年一二月二〇日夕刊。
＊144 『琉球新報』一九六五年一二月二一日。
＊145 『沖縄タイムス』一九六五年一二月二一日夕刊。
＊146 『琉球新報』一九六五年一二月二一日夕刊。
＊147 『沖縄タイムス』一九六五年一二月三一日。

＊148『沖縄タイムス』一九六六年二月八日。

＊149『沖縄タイムス』一九六六年二月一四日。

＊150『沖縄タイムス』一九六六年二月一七日。

＊151「政経情報（その7）41・2・8」、「政経情報（その12）41・2・19」（外務省外交史料館所蔵 0120-2001-02558 [CD-R, H22-009]「政経情報」所収）。

第二部

基地認識

第三章　戦後沖縄における「基地問題」の形成過程

はじめに

本章の目的は、保革対立として二項対立的に捉えられがちな沖縄住民の「基地問題」への態度について、その形成過程に着目して内在的に再考し、重層的に捉えなおすことである。それによって、米軍統治期における沖縄の保守と革新が「基地問題」について「島ぐるみ」で共闘しうる一致点とは何だったのかを明らかにする。

まずは、先行研究について確認しておきたい。一九四五〜七二年の米軍統治期については、復帰後の一九七〇年代中頃に総括的研究がなされ[*1]、以降はその枠組みをベースに研究が重ねられてきた。近年の研究としては、日米沖間の基地問題[*2]、本土側の土地闘争[*3]、新史料・証言を用いた人民党研究[*4]、などが挙げられる。

それでは、その枠組みとはなにか。それは、一九五〇年代から一貫して保革二項対立軸が存在し、諸運動は革新勢力が担ってきたということが前提とされているということである。一九五〇年代については、土地闘争や瀬長那覇市長問題、民連ブームが米国の統治政策転換をもたらしたことに高評価を与える一方で、妥協的に軍用地問題を終結させた民主党、社大党には批判的となる。また、一九六〇年代については、沖縄県祖国復帰協議会

（復帰協）を一貫した革新勢力と捉えた上で、一九六七年以降に「質的転換」をすることが高く評価される。

それに対し、私はこれまで、一九五〇年代から一貫した保革対立軸で捉える方法は一九六〇年代後半以降の図式を遡及しており、実体を反映してはいないこと、具体的には、一九六〇年代後半まで沖縄において保革対立軸は自明ではなく、初期の復帰協＝革新勢力ではないこと、日本政府と結びついた沖縄保守勢力との対応関係のなかで復帰協は革新化し、沖縄での保革対立軸が形成されていったことを実証分析によって明らかにしてきた。[*5]

従来、基地問題については、経済問題を重視する保守と即時基地撤去を掲げる革新の対立を前提として捉えられてきた側面が強いように思われる。本章では、戦後沖縄における「基地問題」の形成過程について、「保守」「革新」という従来対立的に捉えられる言葉を用いながら、改めて考えてみたい。それぞれに括弧が付いているのは、従来の意味とは若干異なる意味づけを与えたいという意図による（煩雑になるため、特に意図を強調する場合を除いて、以下では括弧を付けない）。その上で、本章では、「『保守』的立場」、「『革新』的立場」という概念を用いて検討を行っていきたい。

「保守」的立場……「現実主義」的に米軍基地を受忍するが、拡張には反対し、経済的援助および適正補償、適正運用を要求していく立場

「革新」的立場……「『保守』的立場」にとどまらず、米軍基地被害の問題性を重視し、基地自体への反対、撤去を志向していく立場

両者の立場は単純に二分できるものではない。後者は前者の発展過程として同一線上に成立するものである。ゆえに、二つの立場は同一人物、同一組織のなかでも共存しうるし、状況に応じては表明する態度が変化しうるものとして捉えておきたい。

二つの立場が現れ重層化していく過程というのは、現在につながる基地問題の形成過程そのものである。本来重層構造にあって単純に二分できないものが、復帰過程のなかで政治的立場の明確化を要求され、保守対革新の対立へと腑分けされていく。投票行為などによって二項対立的な意志表示が求められるからである。だが、保守・革新の色分けがなされた後も、沖縄においては、現在まで、二つの立場は共存しうるものとして存在しているのではないだろうか。

ところで、これまでの沖縄戦後史研究は運動史が主流であったため、(いわゆる)革新勢力の検討が中心であったが、近年、ようやく保守勢力についても注目がなされるようになってきている。そうした動向と本章との関連についても確認しておきたい。

鳥山淳は、沖縄保守勢力の形成と破綻、再構築の過程について「現実主義」をキーワードに論じている。反共親米に基づき形成された沖縄保守勢力の米国援助による経済復興への期待という「現実主義」は島ぐるみ闘争で破綻する。統治政策転換により日本側の関与が増大していくなかで、保守勢力は日本からの経済援助を期待して「現実主義」の再構築をはかる。[*6]本章は、「現実主義」を用いた鳥山の議論を前提としつつ、「基地問題」における「『保守』的立場」の形成過程として、その再構築を捉えなおしたものであるということができる。ただ、本書第三部で詳述するように、米国援助の捉え方には異論がある。

また、吉次公介は保守勢力研究の必要性を指摘し、「米軍基地に対する『受容』と『抵抗』の交錯」として保守・革新を捉えようとしている。[*7]重要な論点ではあるが、「受容」=保守勢力、「抵抗」=革新勢力と固定的かつ二項対立的に捉えたとしたら、そこには実態との乖離が生じてしまうだろう。本章では、一九六〇年代中頃までの「保守」・「革新」を分化させずに検討していくこととしたい。

本章は、まず、第一節において、一九五〇年代における土地闘争を契機とした「『保守』的立場」の形成について、土地連と教職員会を軸にして検討していく。そして、第二節において、一九六〇年代における「『革新』的立場」の形成とそれに伴う「基地問題」の対立過程について、教職員会とその関連団体を軸にして検討していくこととする。教職員会は復帰運動をはじめとして戦後沖縄のあらゆる社会運動の中心を担った組織であり、既述の枠組みでいえば、革新勢力として論じられてきた。教職員会の動向を中心に検討することは、従来の枠組みを再検討するためにも最も有効な方法だと考える。

第一節　土地闘争を契機とした「『保守』的立場」の形成

1　米軍基地による問題発生の初期形態

(1)　軍用地問題の発生——土地連の活動——

戦後沖縄における軍用地問題の発生過程については、沖縄米軍基地が問題として浮上する端緒であり、これまでも数多くの論究がなされてきた。先行研究において運動主体として重視されてきたのは、新規接収に抗する伊江島の阿波根昌鴻に代表されるような地元住民や、それを支援する瀬長亀次郎、兼次佐一など革新的な政治家、土地闘争が高揚する時期の土地を守る協議会などである。それらはもちろん重要な研究対象ではあるが、こうした傾向のなかで、軍用地問題が浮上する以前からの軍用地補償要求を掲げた活動の延長上に結成された土地連の結成経緯や活動については、その中心となった桑江朝幸が軍用地問題の中で沖縄保守政界の中心人物となっていくこともあってか、先行研究ではあまり重視されていない。だが、土地連が軍用地問題・土地闘争においても重要な位置を占めていることはいうまでもない。

沖縄戦下、生き延びることが出来た住民は各地に設けられた収容所に収容されるが、その最中に土地を接収された住民は、解放後に帰るべき場所を失った。やむなく移動して各地に仮住まいした住民は、その補償もない上に、移住地で借地料を請求されることになる。こうした事態に対して、一九五一年四月頃から「軍用地料の支払いを請求し、かつ小禄、宜野湾、嘉手納、読谷、石川と各地をひとりで回り歩いて、軍用地料請求の署名運動を展開」したり、新聞への投書や群島議会への陳情書を提出するなどの運動を始めたのが桑江朝幸である。軍政下において、米軍からの圧力を恐れて容易に支持が拡がらない中で、同年一一月二九日には『沖縄タイムス』に「軍用地所有者の各位に告ぐ」と題した広告を掲載し、一二月一日に軍用地住民部落代表者協議会（ただし五八名の参加にとどまる）を開くなど、地道な運動を展開していく。[*8]

桑江の運動は、同時期における帰属問題とも密接に結びついていた。[*9]桑江は当時、少数派となっても独立論を提唱し続けていた沖縄民主同盟→共和党の幹部であった。桑江の軍用地補償要求運動と独立論との結び付きは突飛なものではなく、むしろ当時においては、次の新聞社説に示されるような、「一般理解」（ただし、当時の米軍と新聞との関係に注意する必要がある）に基づいたものであったといえる。

そこで問題は沖縄が日本帰属になった場合のことであるが、この協定によって当然現在米軍が使用している土地は無償で提供せねばならぬことになる。沖縄地区だけ土地使用料を払うということはアメリカとしても決してやらないであろう。そうなれば沖縄の米軍使用地の所有者が大変なことになるだけでなしに、沖縄の経済というものが全然成り立たない。

と言って、これに対し日本政府が保障するということも不可能事にぞくする。[*10]

即ち日本帰属の場合、日本政府による軍用地補償は難しく、沖縄経済も成り立たなくなる。こうした理解を前提に、独立して直接米軍に補償を要求する、というのが当時における独立論の論理であった。帰属問題と沖縄経済との関係をこのように捉えていた桑江を含む共和党グループは、一九五二年四月に成立する琉球政府の主席与党として形成される琉球民主党に合流していくが、島ぐるみ闘争によって破綻するまで、反共親米保守路線によって沖縄経済復興を模索していくこととなる。[*11]

軍用地問題が浮上する契機となったのは、一九五三年四月三日、米国民政府による布令第一〇九号「土地収用令」の公布である。一九五二年四月二八日に対日講和条約が発効し、「戦時」でなくなったことによって、軍用地は適正な契約が必要となるが、各地における賃貸借契約の交渉は難航する。結果、オグデン民政副長官は、侵略を防ぐ要塞建設のため基地建設計画を続行する旨を言明し、米軍は軍用地の強制収用を決定するのである。以降、一九五三年四月中には真和志村安謝、銘苅において強制収用が実施される。それに対し、五月五日、立法院は「琉球における米国軍使用地に関する要請」を決議し、立法院議員や各市町村長・議会議長など地域支配層の協議によって、六月一六日、市町村土地特別委員会連合会（土地連）が発足し、その会長に三六歳の桑江朝幸が担がれるのである。以前から地道に活動を展開して来た桑江こそ適任とされたのである。[*12]

一九五三年一二月には小禄村具志でも強制収用が行われ、さらに、一九五四年三月一七日、米国民政府が「軍用地料一括払いの方針」を発表したことにより、軍用地問題はさらに深刻化する。四月三〇日、立法院は「軍用地処理に関する請願」を全会一致で採択し、「土地を守る四原則」（一括払い反対、適正補償要求、損害賠償請求、新規接収反対）を打ち出すとともに、行政府・立法院・沖縄市町村長会・土地連によって四者協議会が発足する（のち沖縄市町村議長会が加わり五者協議会となる）。

この間、一九五三年一二月五日には米国民政府布告第二六号「軍用地域内に於ける不動産の使用に対する補償」が公布され、一九五四年七月六日には土地収用委員会において軍用地料に関する初の訴願審理が開廷される。桑江ら土地連は「法律に即応しながら是正すべきものは是正させていくべきであり、訴願に踏み切るべきであるという考え方」であったが、それに対し、立法院議員の瀬長亀次郎（人民党）、当山真志（民主党）らは真っ向から反対し激論になったという。特に、瀬長の指導によって「具志部落は『訴願はしない、布告第二六号は認めない、闘争する』ということになった」が、全体としては土地連の考え方に沿って、約九三％の地主が訴願することとなる。桑江は後に当時の考えについて次のように語っている。

私が一番苦しかったのは、地主に対して無理に賃貸料を取るなといえなかったことですね。地主はそれほど貧しい生活をしていたんですから。しかし、その生活を何とか維持させながら訴願によって問題解決を図り、賃貸料の値上げによって不満をいくらかでも解消し、生活費を補填しようじゃないかというのが私の考えだったんです。[*13]

訴願をめぐって、立法院議員が党派を問わず反対し、特に瀬長らはあくまで闘争を求める中で、土地連がその主張を曲げず、大多数の地主がそれに従ったことをここでは確認しておきたい。

一九五五年三月には伊江村真謝で強制収用が行われるなか、五月には四者協代表六名（比嘉秀平・主席、瀬長浩・経済企画室長、大山朝常・社大党立法院議員、長嶺秋夫・民主党立法院議員、新里銀三・民主党立法院議員、桑江朝幸・土地連会長）が渡米折衝を行う。当時の桑江に対する評価として、次の新聞記事は興味深い。

最近まで民政府はもとより琉球政府からも煙たい存在として桑江会長らも敬遠されがちであったが、今ではよき仲介者、世話役として随分親しまれているようだ。[*14]

渡米折衝は米国民政府・オグデン民政副長官が協力姿勢を示す中で実現したものだが、それは次のような認識に基づくものであった。

米国議会は沖縄における軍の土地使用の賃貸料支払のため既に予算を通過させており従って副長官としての私はこれを執行しなければならない。しかし議会はその決定事項が適当でないと認めた場合は検討してこれを訂正することと思う。[*15]

即ち、「民主主義」的な手続きを踏んだことを示す必要性から容認したにすぎなかったのである。それはともかく、沖縄側は、出先の米国民政府だけでなく、米国本国に対し、公式のルートに沿った形で補償要求を展開していくのである。

一九五五年七月には宜野湾村伊佐浜で強制収用が実施、同月には伊江島農民による「乞食行進」が行われている。当初は、沖縄側でも当事者以外の反応は鈍く、一部の政治家や教職員会、青年団、学生などが動いていただけであったが、徐々に問題意識が広がっていったといえる。

渡米折衝に応じる形で、一〇月から一一月にかけて米国下院軍事委員会プライス議員を委員長とする調査団が来沖する。「民主主義」国家の議会代表団による適正な判断に期待が高まるが、翌年に沖縄側の期待は完全に裏切られることとなる。

(2) 基地環境への危惧――教職員会――

戦後初期から、米軍基地が子どもに与える悪影響への危惧は教職員にとって重大な問題として意識されていた。一九五三年一二月には、教職員会を中心に、ＰＴＡ連合会、沖婦連、沖青連、校長協会により、「不健全な基地環境の悪影響」から子どもたちを守るために、沖縄子どもを守る会が結成される。[*16] また、一九五五年一月の第一回教育研究大会では、中部地区における「街娼」とその風俗が与える子供たちへの影響が問題として取り上げられている。[*17]

こうした危惧にもかかわらず、重大な事件が発生してしまう。一九五五年九月三日に石川市で起きた由美子ちゃん事件である。米兵に六歳の幼稚園児が拉致強姦され、翌日、塵捨場で無残な状態で発見される。被害者が幼児であることと事件の残忍性、そして一週間後には再び九歳の小学生が強姦されるというなか、住民の怒りは膨れ上がり、石川をはじめ越来、前原、北谷、嘉手納、宜野湾など各地域の基地の街で、由美子ちゃん事件と子どもを守る大会が開催される。

一四日、教職員会は米国民政府、琉球政府、ライカム、上訴裁判所に対して次のような声明文と要請書を提出する。声明文では、「由美子ちゃん事件とS子ちゃんの米兵による打続くら致、強姦、暴行事件は、沖縄社会でかつて見ない残虐無道な行為として八十万住民を恐怖の底に陥し入れている。全琉十八万余の幼い学童の教育と生命をあずかり、また同じく幼い子供を持つ世の親としてわれわれ沖縄五千教職員は深い悲しみと、こみあげる憤りをおさえることが出来ない。われわれはこの恐しい事実を前にして、教育者として父兄として、われわれの子供を罪悪と生命の危険から守り、こんごかかる惨禍を繰返さぬために一九五五年度第二回沖縄教職員会総会の名において、これを声明し米軍の猛省と琉球政府の奮起を促すとともに、つぎのことを強く要請する」とした上で、要請書において、「この種事件は人種国籍の如何を問わず、いささかの酌量の余地なく死刑をもつて処罰すること」、「この事件に関する裁判には沖縄人の法の権威者をばい席させ、住民に公開すること」、「米軍はこの際、徹底的に軍紀を粛正してもらうこと」、「沖縄人に関係する事件は民裁判に移してもらうこと」の四項目を挙げている。[18]土地闘争以前における米軍圧政下のなかでも、米兵が子どもに対して起した凶悪事件に対し、教職員会は徹底的に抗議、追究する姿勢を示したのである。

九月一七日には由美子ちゃん事件教員大会が開催され、沖縄でも人権協会を結成することが企画される。[19]同年一月に『朝日新聞』が自由人権協会報告書の内容を掲載して大きな反響を呼んだ「朝日報道」をその前提として確認しておこう。この企画はすぐに実現には至らなかったものの、九月二四日に琉球弁護士会総会において、人権擁護委員会を組織することが決議され、一〇月一五日には発足している。[20]占領下の沖縄における人権擁護の重要な一歩であった。ただし、由美子ちゃん事件の犯人については、一二月六日に軍事裁判で死刑判決が出されたものの、四五年重労働に減刑となり、さらに本国送還以降はうやむやとなってしまう。

軍用地問題をめぐっても、伊佐浜などの強制収用反対運動において教員は大きな役割を果たした。その要因としては、地域では戦前以来依然として教員の社会的地位が高かったというだけではなく、教員の多くが校区内に居住し関係が密接ななか、青年教員は青年団・婦人会において実際に汗水を流す中で厚い信頼を得ていたこと、校長が率先して平日動員を促した例も見られる、といったことが挙げられる。[21]

2 島ぐるみ闘争

島ぐるみ闘争といえば、華々しく基地反対闘争を行ったというようなイメージが独り歩きしがちである。だが、土地を守る四原則は、基地そのものへの反対を掲げたものではない。米軍圧政下において住民が一致して抵抗しうるギリギリの異議申し立てがそこに示されていたのであり、だからこそ「島ぐるみ」の団結が可能となったことに注意する必要がある。

例えば、軍用地問題が顕在化してきた一九五四年時点において、屋良朝苗はオグデン民政副長官に対して復帰運動への理解を求める書簡の中で次のように述べている。

沖縄が、世界共産主義の侵略に対する自由諸国の防衛基地として、戦略的に重要であることは、住民もよく理解しており、住民は、この目的のために、米国の基地建設工事には貴重な土地と労力を提供して協力して来た。また、基地の存在が、現在の国際情勢下において、住民の生活を支えるものの一つとなっておることも、われわれは認めております。従って、われわれは、米国の沖縄に於ける基地の維持には、理念的にも経済的にも、反対する立場にはない[*22]

また、桑江朝幸も同時期に次のように述べている。

吾々連合会は結成当初より作戦基地としての沖縄の性質と作戦に必要なる施設とその用地は止むを得ずごく少ない貴重な財産ではあるが、貸与せねばならない立場にある事を理解し琉球政府としてもそれを断り得る力を有さないとする行動の原則を再確認している事は世人の認めるところである[*23]。

教職員会を代表する屋良と、土地連を代表する桑江が、共に米軍基地存続に理解を示した上で、それぞれ復帰運動、軍用地補償要求運動を展開しようとしていた。これは彼らの運動の限界というよりも、米軍の圧政下において活動するためにはこうした協力的態度が大前提であったということを確認しておきたい。沖縄側代表団を派遣し沖米間の渡米折衝によって解決をはかるという試みもこうした姿勢の延長線上にあったといえる。だが、こうした姿勢は一九五六年の島ぐるみ闘争のなかで大きく転換する。即ち、対米国から対日本へのシフトチェンジである。対米折衝から日本政府・国民への働きかけへと要求方法の力点が変化していく。

一九五六年六月九日、前年の現地調査を受けた「プライス勧告」が発表されるが、その内容は沖縄基地の重要性を改めて強調し、沖縄側の要求であった土地を守る四原則を取り上げず、「一括払い」を支持するものであったため、これを契機として沖縄において島ぐるみ闘争が展開され、本土にも波及していく。六月一一日、立法院は米国上下両院宛「プライス勧告に反対し四原則を堅持する」要請文を決議、一四日には四者協などにより四原則貫徹本部が結成され、プライス勧告粉砕闘争の実施要項が決定される。同一四日、土地連総会において、行政府・立法院・市町村長・議員・軍用土地連合会役員の総辞職などが提起されるなか、一五日には比嘉主席がプライス勧告阻止を達成できなかった場合の辞職を表明したのをはじめ、四者協構成機関の自発的な総辞職表明へと発展していくのである。こうした初動段階の取り組みのなかで、「本土との連携つよまる」「陳情運動から民族運動へ[*24]」といった状況が生まれてくる。

六月二〇日、全沖縄六四市町村のうち五六市町村においてプライス勧告反対、軍用地四原則貫徹住民大会が開催、六月二三日には民主党、社大党、人民党、教職員会、沖青連、土地連、市町村長会など一六団体によって軍用地問題解決促進連絡協議会が結成される。そして、六月二五日には同住民大会が那覇市とコザ市で開催され、本土への第一次代表団（安里積千代・社大党委員長、新里善福・民主党幹事長、知念朝功・無所属議員代表、翁長助静・市町村長会代表）が選出される。前年の米国への代表団による渡米折衝が「プライス勧告」という形で裏切られた結果、その折衝相手の軸は日本へと変化する。ただし、それ以前にも講和前の軍用地補償を本土と折衝していたり、その後も米国民政府との折衝関係が存続することは指摘しておく。

こうした動向の中で、六月一五日に屋良朝苗は「土地と教育を守るために立ち上がらなければならないと思う。国土を寸土といえども実質的に売り渡すことは出来ない[*25]」と述べ、教職員会は住民大会に「△各地区教職員会連合分会は主催団体に加わり全員参加する。／△大会の意見発表には積極的に意見を発表する。／△プラカードのぼりの準備をする」／△児童生徒を通して各父兄に住民大会について知らし、住民多数の参加を呼びかける等を各学校へ伝達する」ことを決定、「先ず国土と教育を守る為に今こそ民族運動の先頭に立とうと五千会員につぎのような檄をとばす」。

われわれの愛する郷土は、今や正義と人道に反し、平和にむかわんとする世界の情勢に抗し、国際法にも違反するといわれる行為をもつてその土地をうばいとられようとしている。／八十万同胞の自己を犠牲にした十年の誠意ある協力にもかかわらず、プライス勧告は「自由諸国家を守る」という美名と「強烈な民族斗争がない」というあなどりのもとに、民族の生きる最後の手段として打ち立てた四原則を弊履の如く踏みにじり、一括払いの名を借りて土地を買上げ実質的に絶対所有権をうばいとろうとする理不尽な挙に出ようとしている。／民族の憤激これにまさるものがあるであろうか。／既に行政府、立法院、市町村長会、軍用土地連合会の四者協議会では総辞職決意の声明とともに、あくまで四原則を死守する態度を決定し、これを民政副長官に表明している。これと共に本会を始め各種団体も重大な決意のもとに、全住民共斗の態度を声明した。／歴史始つて以来の重大関頭にたち事態は既に八十万県民に対し、一人の裏切りも日和見も許されぬ状態にまで追い込まれている。そして正義と人道にのつとつた八十万県民の正しい抵抗は、時々刻々世界の国々につたえられ重大な反響をまき起しつつある。我々はもはや漁師の俎上にのせられた魚ではない、尊い人間性と民族意識に目ざめた八十万の人間のかたまりである。我々五千教師は今こそ民族的良心を結集して我々の国土と教育を守りぬこう。／我々の行動は今や祖国八千万同胞と世界の良心に固く結びついている。／我々は民族の意識と行動を結集しプライス勧告阻止のため総力をあげて全同胞と共に徹底的に斗う態勢をかためよう。[*26]

教職員会は沖縄の土地を一括払いで売り渡すことは、日本の国土を売り渡すことであるとして、復帰運動を行う上で教育を守ることと同様に土地を守ることが重要であるという認識を示し、土地闘争の第一線に加わっていくのである。

本土側においても、七月四日の沖縄問題解決国民総決起大会（東京）をはじめとして、全国各地で六月後半から七月にかけて集会が行われる。[*27] 七月一八日には軍用地問題解決促進連絡協議会を発展解消して沖縄土地を守る協議会（土地協）が結成され、会長に屋良朝苗教職員会会長が選任される。

だが、「島ぐるみ」の統一は、米軍側の圧力と懐柔の中で、比嘉主席や当間重剛那覇市長（後、第二代行政主席）など保守勢力指導者層から崩れ、闘争の鎮静化が図られていくこととなる。七月二八日に那覇で開催された四原則貫徹県民大会は民主党が不参加のなか、比嘉主席・当間市長への退陣要求を決議し、第二次代表団として瀬長亀次郎、兼次佐一を選出する。こうしたなか、八月七日には、米軍が翌日からのコザ地区への「オフ・リミッツ」を発表して基地依存地区の経済封鎖を図り、結果、九日にコザ市オフリミッツ対策委員会が本土訪問中の「瀬長、兼次両氏をコザ市民代表と認めぬ」と発表するに至る。また、同九日には、琉球大学への財政援助打ち切りを通告する。土地闘争において琉大学生が先鋭的な役割を担うが、その反米デモを理由として米国民政府は琉大に圧力をかけたのである。結果、第二次琉大事件（六名除籍処分、一名謹慎処分）が起こる。

米軍からの圧力が強まり、沖縄側の統一が崩れていく中においても、教職員会は次のように断固として四原則堅持の姿勢を示し続けた。

所謂四原則の要求は沖縄県民としてギリギリ最低のものであることは、苟も公正なる判断力を有する限りの人々にとつても絶対異論はおこらない。（中略）われわれの最低要求は斯の如く絶対に正当なものであるという自信を皆人ともに持たねばならない（中略）一握りの買弁者共を除く大部分の県民を乞食においこみ、奴隷の境遇に叩きこむ、この飽くなき土地収奪の前に、われわれは敢然として、立ち向わねばならない。（中略）この正当なる要求のために教職員われわれ堅くスクラムを組み、身体をはつて強力に抵抗せねばならないのである。／裏切りだけではなく傍観や逃避も許さるべきではない。[*28]

ただし、そうした中においても「われわれは反感や憎悪の感情を抱いてアメリカと戦はうとするものであってはならない[*29]」という注意喚起を怠ってはいない。米国と対立するのではなく、米国側にとっても異論の起こり得ない正当かつ「ギリギリ最低」の要求として、島ぐるみ闘争は取り組まれていたのである。

3　軍用地問題の収束――「『保守』的立場」の確立――

(1)「一括払い」拒否の貫徹――土地連――

一九五六年九月二〇日、各市町村の土地を守る会および土地連、教職員会、民主党、社大党、人民党、沖青連、沖婦連などによって沖縄土地を守る会総連合が結成され、それを受けて一一月三〇日には土地協が組織を一元化するとして解散される。沖縄土地を守る会総連合の三三名の理事のうち、二五名を各市町村の土地を守る会代表である市町村長もしくは市町村議会議長が占めており、市町村長会と市町村議会議長会によって土地連を抑え込む形となった同組織によって、土地闘争は非大衆運動化していったとされる。[*30]この間、一〇月二日には比嘉主席が急死、その後を受けて、一一月一日、「一括払い」容認の姿勢により批判を受けていた当間重剛那覇市長が第二代主席となっている。

これ以降に関して、従来から論じられるのは次のような経過である。軍用地問題については、人民党、社会党が四原則堅持を主張するなかで、民主党、社大党の妥協と米軍側の譲歩とによって、一九五八年に四原則が破られる形で収束する。その一方で、この間、当間那覇市長の主席就任に伴う一二月二五日の那覇市長選挙で瀬長亀次郎（人民党）が当選、以降の米軍および沖縄保守政財界からの弾圧・抑圧、瀬長支持派による民主主義擁護連絡協議会（民連）結成、瀬長市長追放後の一九五八年一月那覇市長選挙における兼次佐一（民連）の当選および三月の立法院選における民連躍進などの「民連ブーム」、という新たな運動が展開され、米国は統治政策の転換を余儀なくされる、というものである。こうした経過はもちろん重要なのだが、それにより同時期の軍用地問題自体に関する経過が捨象されてしまっていることはやはり問題ではないだろうか。この点について、土地連を軸にしながら確認していきたい。

当間主席や財界などは「一括払い」を受け入れることによって、多額の資金を沖縄経済に流入させ経済成長を図ろうとする。瀬長那覇市長当選以降の保守、財界からの露骨な攻撃と、軍用地問題を収束させて、「一括払い」を受領し経済発展を目指そうとする動きは同時に起こるのである。そうした中で、土地連は「桑江会長が一括払い反対運動をする一方で、当間主席は賛成論を打ち出すし、また経済界からは〝桑江の山師〟といわれて、つまらんことは早くやめて一括払いを受領すればいい。これだけの資金があれば琉球経済を潤すことができるのにといって非難される」事態となる。[*31] さらには、米軍が銀行に有利な条件を付けて「一括払い」への勧誘を促進させたり、日本外務省の「覆面部隊から二、三回となしに、懐柔されたり脅迫されたり」、保守系理論家からの説得を受けたりということが行われる。[*32] このように日米両政府を背後に置きながら、戦後沖縄の旧来型親米保守勢力が「一括払い」賛成を求めて圧力をかけたのに対して、土地連は「一括払い」堅持を軸に抵抗していく。結果、沖米間で軍用地問題が収束するまでの間に地主の四七・三％が「一括払い」で受領していたとされる。[*33] この数値の評価は難しいところだが、半数以下にとどまったのは土地連の運動の成果と言ってよいであろう。

一九五七年一月のレムニッツァー民政長官声明によって、改めて一括払いと新規接収実施が示される。二月二三日、布令第一六四号「米合衆国土地収用令」が公布され、「一括払い」の圧力がさらに強まると、土地連は打開策として、「一括払い」中止、毎年適正地料支払、新規接収は不毛地に限る、損害への適正補償などを要点とする「土地問題解決実践具体案」を作成し、立法院に提出する。九月二六日、社大党、人民党が反対するなか、民主党と無所属議員の賛成によって同案は採択される。一九五八年四月一一日、ムーア高等弁務官は「一括払い」が再検討されていることを表明する。五月二〇日、住民代表とのワシントンでの会談を要望する旨が、ブース高等弁務官から伝えられると、立法院は前年に採択されていた「土地問題解決実践具体案」を基礎に修正を加え、民主党・社大党・新政会（保守系無所属議員）の賛成、人民党・社会党の反対のなか、五月三〇日、一括払い反対、賃貸借契約による毎年払い、適正地料・適正補償などからなる「軍用地問題解決折衝基本方針」が決定される。[*34]

当間主席、安里立法院議長（社大党）ら派米折衝団は六月一〇日に出発し、一九五八年七月七日、軍用地問題に関する米琉共同声明が発表される。沖縄側は、軍用地政策には強く反対するが、共産主義の侵略に対する沖縄基地の重要性は理解しており、軍用地問題の満足な解決が得られたら、沖縄の政治問題は完全に解消すると確約。米国側も、これまでの一方的な強硬政策を改め、軍用地の再検討に際して沖縄側の意見を考慮し、沖縄側の指導者と協議していく事を約束する。以降、現地折衝となり、一一月三日の最終会議後、米琉共同声明が発表され、「一括払い」方式は廃止となり、地料の適正補償が明記される。土地を守る四原則（一括払い反対、適正補償要求、損害賠償請求、新規接収反対）のうち、「損害賠償請求」、「新規接収反対」は未解決なままであることから人民党、社会党が猛反発する中で、軍用地問題の闘争は一応の終焉を迎える。

以上のように、土地を守る四原則を堅持することはできなかったが、琉球政府設立、民主党結成以来の親米保守勢力が賛成した「一括払い」が撤回される上で、土地連による対抗運動が果たした役割は無視できない。「一括払い」をめぐる土地連の運動は適正に評価されるべきであろう。また、こうした保守勢力の方針転換は、「一括払い」に賛成するようなそれ以前の親米保守勢力とは異なる、本土と連携しながら、訴えるべきことは訴えていく、適正補償を求めていく、という「『保守』的立場」を有する新たな保守勢力の確立を示すものといえる。

(2) 教職員会の「『保守』的立場」

一九五六年八月の第二次琉大事件に対する声明の中で、教職員会は次のように主張している。

そもそも四原則貫徹の運動は、プライス勧告によつて八十万県民の最低限の要求が踏みにじられようとするに至つて行政府、立法院等をはじめとする五者協の強い決意の表明がありこれが契機となり、自然発生的に盛り上り全住民総立上り、の運動になつたもので、この重大関頭に立つて若い学生たちが本運動に参加したのは、自然の成り行きと考えられる。／この純真な動機による彼等若い学徒の言動の一端を捉え、大学理事会が直ちに彼等に対し最悪の処置をとつたことは真に遺憾なことといわねばならない。(中略)われわれは教職にあるものとしてこれら学生の将来をあやまらしめぬためにも、また琉球大学をわれわれの大学として真の発展を期するためにも、この度の処置は再考慮を払われることが賢明な策と信ずる。[*35]

さらには、機関紙において、琉大事件に関連させてオフ・リミッツについても次のように論じ、こうした事態に対する教職員の自覚を促している。

何としても不明朗であるこの処分に関連して更に不快千万なものに特飲街オフリミッツに依る一連の動きがある。元々特飲街の名を以て呼ばれる環境地帯は文明社会においては表に出して話せる筋合のものではない、この特飲街と大学の独立自治をとり換えたという印象は全く残念で仕方がない基地経済の悲しい現実に徒らに国を覆うものではないが、パンパン層のオヤジ達が得たり賢しの大きい顔で得々として御礼の新聞広告を掲げるなどの図は世界中どこを探してもあるものではない。（中略）この恐るべき傾向に立ち向つて、社会の正しい道義を建て直すのは何といつても教育者われわれの責任ではなかろうか。[*36]

第二次琉大事件で除籍処分となった六人は、「教職員会が中心になって引き取り、本土の大学に転校させた。米軍の圧力に、われわれは無言の抵抗でこたえた[*37]」とされる。除籍処分とされた一人である嶺井政和は、日本大学を経て、帰沖後、教職員会に就職している。また、教職員会は本土の大学転入後も「救援金」を送金していた。[*38]

一九五六年九月一六日、教職員会は軍用地問題対策委員会を二班に分け、軍用地問題の実態調査を実施している。[*39]第一班の担当は「伊佐浜・銘苅・具志」であり、屋良会長をはじめ、中央委員、専門部役員など一〇名が参加する。第二班の担当は「伊江村」であり、新里清篤事務局長をはじめ、こちらも中央委員、専門部役員など六名が参加する。

従来、琉大事件とオフ・リミッツを境として、こうした取り組みはほとんど注目されることがないが、土地連の活動と同様、捉えなおされる必要があるだろう。

ところで、当時、那覇日本政府南方連絡事務所が行った聴取によれば、屋良は土地協会長として「譲歩限界線」を次のように考えていたとされる。

(一)、土地協としては従来四原則貫徹の線一本槍で進んできただけに、ここで譲歩線を打出すことは考えていない。
(二)、三年乃至五年毎の分割払いで、使用権を認める、と云う線ならば受諾に問題ないが、仮令二十年毎にしても長期地役権の設定と云うことは土地協としては応じ難い。
(三)、しかし土地協は要するに地主関係者擁護の後援団体とも云うべきものであり、軍用地連等の地主団体で有期限の長期地役権の設定その他最小限の譲歩案で良いと云うのならば土地協もこれに従うことに異存はない。
(四)、地料、支払方式その他の細いことについては自分としては何等定見を有たない。[*40]

屋良は原則論を堅持しつつ、土地協はあくまで後援団体であって、地主団体が最小限の譲歩を行うことについては、「現実主義」的な対応を考えていたといえる。こうした姿勢は、次のような認識を前提としなければ、誤解する恐れがあるだろう。

本土のように、まがりなりにも独立して主権を回復したところとは、基地反対闘争においてもまったく質を異にしなければならなかった。沖縄の施政権をにぎっているアメリカは、沖縄における絶対権力者である。土地強制接収に対する抵抗は、その絶対権力者と立ち向うことであった。それは、文字どおり死をかけた闘いだったのである。[*41]

九月二〇日に結成された沖縄土地を守る会総連合についても、「『土地を守る会』は海のものとも山のものともわからないので△教職員会としてはあくまで土地協を中心に運動を展開することを再確認」[*42]しており、当初は警戒的である。だが、その後、一一月三〇日に土地協が解散した際には、土地協の声明書において次のように組織一元化を受け入れる姿勢が示されている。

我々がその実現のために、たゆまざる努力を続けて来た県民組織（沖縄土地を守る総連合）が幾多のウ余曲折を経て去る九月二十日結成され、十一月十日強力なる事務局の設置をみ、真に全県民を一丸とする組織として活動が開始された。このことはプライス勧告発表以来、全県民の熱望して止まなかつたことであり、軍用地問題の正しい解決のために斉しく喜びとするものである。[*43]

教職員会は、ほぼ全ての教職員が加盟しているという組織力、全琉に学校が存在するというネットワークを存分に活かしながら、その後も基地被害への継続的調査を行っていく。一九五八年五月に実施された爆音調査は、各小中高校からのボトムアップによる情報収集に基づく詳細な調査であり、翌月、それに基づき米国民政府に対して要望書が提出されている。調査によって「一二八校からの報告があり、うち四九校が被害をうけていることが分つた。なかでも演習地や飛行場近くの学校がひどく、日に十数回授業を中止しなければならないようなところもある」とした上で、射撃演習・飛行機の爆音や硝子破損のほか、不良化問題など、さまざまな被害内容について報告がまとめられている。[*44]教職員会のこのような活動は、「現実主義」的に米軍基地を受忍しつつも、適正補償、適正運用を要求していくという意味で、「『保守』的立場」の一つの表れとして捉えることができると考える。

だが、第二節第二項以降でみていくように、一九五九年六月三〇日に発生した石川・宮森小学校ジェット機墜落事件によって、教職員会における「『保守』的立場」の限界が露呈していく。一九五八年の爆音調査においても、Z機の騒音被害、危険性については指摘されていたが、「『保守』的立場」ではそうした事故を未然に防ぐことは不可能なことであった。そのため、一九五五年の由美子ちゃん事件の際に萌芽としてあった人権擁護という観点から、米軍政下沖縄の現状が捉え返され、米軍基地の存在そのものが次第に焦点化されていくのである。

第二節　「『革新』的立場」の形成と「基地問題」の対立過程

1　一九六〇年代「基地問題」の諸前提

(1)　米軍基地への態度明確化の困難性

一九六〇年代の基地問題を検討する前提として、一九五〇年代の動向についてまずは概括しておきたい。

一九五一年における講和交渉期の復帰論対独立論という帰属論争において、復帰論＝将来的な米軍基地撤退、独立論＝米軍基地恒久化という構図が存在していた。[*45] 一九五二年の琉球政府設立以降、復帰論者の一部（社大党脱党派・比嘉秀平グループ）と独立論者（共和党）が合流して民主党という親米保守勢力が出来る。一方、復帰論をとった社大党、人民党は植民地化反対の姿勢で選挙等での共闘関係を続け、民主党と対抗していく。一九五三年のメーデーでは「琉球の軍事基地化反対」、「外国軍隊は即時撤退せよ」が掲げられていた。[*46] だが、一九五四年一月の大統領一般教書で沖縄の恒久基地化が明言されて以降、教職員会を中心に展開されていた復帰運動が弾圧され、さらに人民党事件が起こる中で、米軍政下において基地そのものへの反対は打ち出せなくなる。土地闘争や民連ブーム時であっても、人民党・社会党ですら原水爆反対、四原則貫徹がギリギリの要求であった。そうした意味で、後述するように、一九六〇年結成の復帰協が基地に対する明確な姿勢を示さなかったのはむしろ自然であったといえる。一方で、一九五七年以降、沖縄の核基地化が具体化していく中で、原水爆基地については、当初から沖縄の全政党が明確に反対を表明し、立法院においてもたび重なる反対決議が全会一致で行われている。一九五八年八月六日に結成された原水爆禁止沖縄県協議会にも全政党が参加していた。

以上のように、基地への態度表明は、一九五〇年代の沖縄において、米軍からの弾圧と結びつく極めてセンシティブな問題であったといえる。そのため、革新政党が基地への態度を明確化していくのは、統治政策転換後ということになる。人民党が「沖縄の原水爆基地化反対」とともに「基地の撤去」を明記したのは、一九六〇年八月の第一一回大会である。[*47] また、社会党も本土社会党と異なり結成後数年は明確にしていない。[*48] 一九五八年の結成時には「沖縄を含めた日本の原水爆基地化反対」としていたが、一九六二年二月沖縄社会党が発展解消して日本社会党沖縄県連となり、一九六三年二月の第二回臨時党大会で日本社会党沖縄県本部となっていくことで綱領運動方針は日本社会党同様となったといえる。

(2)「『保守』的立場」の固定化

米国の統治政策転換[*49]にともない、続々と労組が結成され、社会運動の新たな担い手となっていく。一九五五年には組合数五、組合員数六〇三名、推定組織率〇・五三％であったのが、年々上昇し、一九六一年には組合数一〇一、組合員数二〇三三〇名、推定組織率一二・四七％となる。[*50] 一九六一年六月には「ナショナル・センター」として全沖縄労働組合連合会（全沖労連）が結成される（その後分裂し、一九六四年九月、沖縄県労働組合協議会〈県労協〉結成）。同年六月には軍作業従事者の組合連合である全沖縄軍労働組合連合会（全軍労連、のち全軍労）も結成されている。

一方、組合が続々と結成されていく中で、経営者側も一九五八年七月に沖縄経営者協会を結成し、革新政党が労組との関係を密にするのに対抗して、財界と保守政党との関係強化が図られていく。さらには、一九六六年七月に沖縄地方生産性本部が設置され、生産性向上のための労使協調が図られていくことになる。

統治政策転換の重点の一つは経済政策強化であり、沖縄を経済成長させることによって過激な復帰要求を鎮静化させることが重要な目的であった。実際、一九六〇年代の「県民総生産」は、一九六四年を除いて、一〇％以上の増加となり、一五％以上を記録した年は六回である。[*51] 一九五八年に軍用地問題で琉米間の合意がまとまり、一九五九〜六〇年に軍用地料がまとまって入ってきたことや、日本政府から援護法等による支給が開始されたことなども、経済の起爆剤となったとされる。

だが、その内実は基地経済であった。沖縄は輸入超過の膨大な貿易赤字状態であり、それを米国政府・日本政府からの援助金および米軍関係収入で補塡して埋め合わせるという構造になっており、その総量が増加することによって「県民総生産」が増加しているというのが実態であった。[*52]

とはいえ、一九六〇年代前半には、経済成長は保守政党への支持、権力の源泉ともなり、立法院選において沖縄自民党（第七回は民主党）は、第五回（一九六〇年一一月）二九議席中二二議席、第六回（一九六二年一一月）二九議席中一八議席、第七回（一九六五年一一月）三二議席中一九議席をそれぞれ占めることとなる。

基地経済への依存とそれにより保守政党が安定多数を維持するという状況は、基地問題に照らしあわせた場合、「『保守』的立場」の固定化ということが可能だろう。その一方で、基地問題に対する実践活動の中から「『革新』的立場」が表れてくる。それを次項以降でみていきたい。

2 米軍基地と人権問題

(1) 石川・宮森小学校ジェット機墜落事件

一九五九年六月三〇日、嘉手納基地を離陸した米軍ジェット戦闘機が石川市六区および宮森小学校に墜落炎上、児童一一名、近隣住民六名、計一七名が死亡（のち後遺症で一名死亡）、二一〇名の重軽傷者を出す大惨事となる。[*53]

この事故は、沖縄教育史上、最大の悲惨時であった。そしてこの惨事は、不慮の事故というより、いつかは起こるべくして起こるような事故であった。米軍の不注意やミスによる住民への被害は過去に幾度となくひき起こされていたし、この頃には爆音や爆風による事故が相次いで起っていた。それに対して米軍に再三抗議したが、全然改められていなかったのである。[*54]

屋良朝苗がこのように振り返ったように、既述の一九五八年五月に実施された爆音調査に基づく要望書提出など、取り組みはなされていたが、それは全く功を奏さなかったのである。一報を受けて石川に駆け付けた屋良は当日の日誌に次のように記している。

この様な不祥の事件がいつ起るか分らない沖縄の現状いよ〳〵実感を持って味った　宮森一帯は不慮の事故に阿鼻きょうかんである（中略）これも基地なればこそ起る事だ　哀れな沖縄　悲しい被害者等よ　余りにも残念　そして痛ましい　ああ亡くなった児童等よ人々よ　くやしいだろう　われわれ手の施しようもない　只見てさたんするのみ　八時過ぎ内に帰る　歴史上かつてない事が起きた六月三十日。今日の日忘れる事の出来ない不幸の日だ[*55]

学校で起こった最悪の事態に対し、教職員会は沖青協・官公労などとともに賠償要求運動を展開し、被害者の支援体制を確立していく。七月一日には嘉手納航空隊主催の合同慰霊祭が行われるが、同日には石川市におけるジェット機墜落による災害対策協議会（教職員会、子どもを守る会、社会福祉協議会、ＰＴＡ連合会、遺族連合会、傷痍軍人会、婦人連合会、沖青協）が開かれ、[*56]翌二日には「環境浄化八団体」（教職員会、子どもを守る会、

PTA連合会、婦人連合会、社会福祉協議会、青年団協議会、教育長協会、教育委員協会）による協議が行われる。[*57]

八団体の協議はまず被害者の補償問題に焦点がしぼれられたが、過去の軍による補償が由美子ちゃん事件、節子ちゃん事件でも要求より七分の一程度という結果であり、要求額通り支給すべきであるということが打出された。このためこの補償金の不正さは、損害賠償審査委員会は米人だけ一方的なやり方なので沖縄側から委員を参加させて適正な算定をするよう要求することになった。そのほか▽補償は個人契約をさけ対策本部を通じてやる▽今後の問題として演習は学校付近をさけてもらう▽事故の原因を明らかにして今後の措置を講じてもらうなどをきめ、子供を守る会、社協、教職員会で要求文を作って民政府に提出することになった。[*58]

由美子ちゃん事件を含め、これまでの限界を確認した上で、ジェット機墜落事件に対する徹底した原因究明、適正補償を求めることが打ち出される。三日、教職員会では次の六項目の要請文を作成し、六日にブース高等弁務官、アンドリック民政官、スミス第三一三空軍司令官に提出するとともに、七月七日の教職員会第一五回定期総会でも抗議声明を決議している。

（一）事故の原因を徹底的に究明し、その結果を公表すると共に、責任を明らかにされたい。／（二）死傷者に対する人体損害と校舎施設備品等の財産消失については被害者並びに全住民の納得のいく補償額を支給されたい。／（三）陸地上の飛行は極力に避け、学校や居住地域での演習と超低空飛行は絶対に禁じられたい。／（四）このような惨事が今後再び起らないように責任をもって未然防止の措置を講じてもらいたい。（五）今度のZ機事件とは別であるが、先にミサイルの実験が失敗して、米軍人の死傷者が出たという新聞報道により、住民は極度の不安を持っているので、かゝる実験は禁止していただき度い。／(六)数回にわたる、ガソリンパイプの破損や、高圧線の切断は学校周辺の弾薬集積所等の危険防止について、充分な対策をとっていただきたい[*59]

七月七日には「環境浄化八団体」に遺族連合会、傷痍軍人会を加えた一〇団体による要請文がブース高等弁務官、アンドリック民政官、スミス第三一三空軍司令官に出されている。

立法院も墜落当日に抗議決議を可決するとともに対応のため会期を延長、七月六日には石川事件対策特別委員会を設置している。また、軍の対策本部のほか、石川市内には市役所、学校、警察の対策本部が並立していたが、これまでの各本部を解消し七月八日にジェット機墜落事件対策協議会が組織されることとなる。[*60] 七月九日には、教職員会、官公労、沖交労、原水協等が集まり、生命と財産と権利を守る会(仮称)の結成準備委員会を開かれていることが注目される。[*61] 七月二七日には改めて石川市主催合同慰霊祭が行われている。

だが、補償問題は長期化していく。これ以降の補償問題の詳細な展開過程については次章に譲り、ここでは本章に必要な範囲で概要を述べるにとどめておく。

八月四日、米軍は全遺族を集めて請求書の提出を言い渡すが、遺族側の要求に対する米軍側の回答金額との差は余りに大きかった。[*62] 九月二二日には石川市ジェット機被災者連盟が結成されるが、[*63] 一一月一八日には被災者連盟と石川市長の賠償促進申入に対し、嘉手納航空隊賠償委員会は「ジェット機の補償は、これまでの査定で正当だと思う。支払いについてもいま準備しているので会合をする必要はないと思う」[*64] と回答する。こうした米軍側の態度に対して、一二月五日には、賠償促進石川市民大会が開かれ、翌一九六〇年一月二五日には、石川ジェット機事件賠償促進協議会が結成される(教職員会、官公労、沖青協〔以上、世話団体〕、子どもを守る会、遺族連合会、婦人連合会、市町村会、同議長会、琉球海運労組、那覇市職労組、同市従労組など一三団体。のち七団体参加で二〇団体に)。だが、そうした中でも、二月一日には第三一三空軍師団が賠償未解決を被災者・遺族側に責任転嫁する発表を行うなど、米軍側の態度は依然高圧的であった。二月二日、賠償促進協議会などが米国民政府に対して質問状を提出、二月九日には立法院が賠償促進決議を行ったが進展せず、三月三日、賠償促進協議会は運動を本土に拡げるとともに全島で署名運動を展開する新方針を決定する。[*65] この間、石川市青年連合会は中頭郡青年団協議会とともに、事故現場やケロイド写真をスライドにして、中部全域で幻燈会を開き、住民へ訴えている。[*66]

教職員会などの取り組みによって、不十分ながら補償問題が解決に向かうのは、五月以降のことである。五月一五日、在日米軍賠償部から裁定書が送付され、死亡学童一律二五二五ドルなどの賠償額が提示されるが、賠償促進協議会は「最低の額」であるとして直ちに批判声明を出す。六月一三日、さらに二〇〇〇ドルの「贈物《ギフト》」を追加するという米軍の提案を不満ながら認めることで遺族については解決する。アイゼンハワー来沖の六日前のことである。さらに、重軽傷者については一〇月二一日までに二件を除いて合意、完全解決にはさらに一年を要することとなった。[*67]

六月一九日のアイゼンハワー来沖時には、被災者および教職員会、青年団などの支援団体によるデモ行進が石川・宮森小学校から那覇・琉球政府前まで二日がかりで行われた。[*68] いわゆる「アイク請願デモ」は、四月二八日に結成されたばかりの復帰協による復帰請願デモとしてのみ取り上げられることが多いが、ジェット機事件賠償要求デモと合わせて理解する必要がある。[*69]

(2)　沖縄県祖国復帰協議会

米国の統治政策転換にともない、青年団活動の担い手が中心となって続々と労組が結成されていくなかで、一九五八年に結成された沖縄原水協が労組を含めた諸政党諸組織を抱合し、復帰促進県民大会の主催など復帰運動も担っていくようになる。[*70] 一九五九年に入り、五月一三日付でいわゆる「新集成刑法」が交付されると、第二章「安全に反する罪」において、「外国、外国国民あるいは外国政府またはその代行者、代行機関もしくは代表者に雇われ、またはその利益のためにスパイ、サボタージュもしくは煽動行為を犯」した者の最高刑が死刑であることなどが問題とされて新集成刑法撤廃運動が湧き上がり、八月七日にはブース高等弁務官が無期限施行延期を声明せざるをえなくなる。[*71] また、この間、既述のように、六月三〇日には石川・宮森小学校ジェット機墜落事件が発生し、賠償要求運動が展開されていく。

こうした人権侵害の諸事象が続々と発生し、施政権返還および日本国憲法適用による問題解決の必要性が認識され、にもかかわらず、本土側の安保改定論議、安保闘争のなかで沖縄への関心が集まらないという危機意識の中で、一九五四年に復帰期成会が自然消滅して以来の復帰運動団体再建が図られ、一九六〇年四月二八日、復帰協が結成されるのである。原水協やジェット機事故賠償要求と同様、教職員会や沖青協そして官公労など労組の青年層が復帰協結成の原動力となる。二月以降、結成準備会が重ねられる過程で沖縄自民党が不参加となるが、それが直ちに復帰協の革新団体化をもたらしたわけではなく、あくまで復帰運動は超党派であるべきという指針に基づいて組織活動が展開されていく。[*72]

実際、一九六一年四月二八日の復帰協主催祖国復帰県民総決起大会には、「案内をうけていた大田行政主席が顔を見せず、参加者のふん激をかった」一方で、「立法院長嶺議長は安里積千代氏、瀬長亀次郎氏とスクラムをくんで祖国復帰の歌をたからかに合唱、好印象をうけていた」。[*73]翌年の総決起大会でも長嶺は、「われわれは一層強く復帰運動を推進しなければならない」と述べている。[*74]沖縄自民党自体は復帰協に加盟していないが、長嶺が出席することによってバランスがとられていたとみることもできる。

結成時からの各年度運動方針を確認していくと、まず、「講和条約第三条」、「日本国憲法」、「原水爆基地」への態度は結成時から一貫していることが見て取れる。即ち、施政権返還、憲法適用による人権擁護、原水爆基地反対、という点においては、一九六〇年の結成時点から沖縄内部の総意が確保されていたといえる。

次に、「安保条約」については、態度が徐々に明確化していったといえる。言うまでもないが、施政権返還以前の沖縄米軍基地は安保条約に基づくのではなく、安保という日米関係に左右されないように講和条約第三条で沖縄を分離することによって存在していた。ゆえに、一九五〇年代の沖縄には安保問題がクローズアップされ得ない論理構造が存在したといえる。六〇年安保を経て、「安保体制下の日本への復帰」という問題を沖縄側が意識する中で、安保に対する認識が沖縄と本土との間で共有されていったということができる。例えば、「一九六〇年度運動方針」の「最近の内外情勢」は次のように指摘している。

日米安保条約の改定と日米新体制の確立は、日本の内外の情勢を大きく変えており、沖縄の復帰の運命をも左右する種々の問題を生みだしている。（中略）わが沖縄においては（中略）軍事基地の強化が進められ、新しいミサイル兵器が次々に持ち込まれようとしており、大規模な土地の新規接収が進められている。日米安保条約の改定に伴って、このような措置が急に具体化して来たことは、大きな不安を県民に与えている。[*75]

安保改定は、沖縄に対するさらなる軍事基地強化、核基地化をもたらすものとして正確に認識されていたといえる。

その後、「一九六一年度運動方針」の「国内情勢」では、「沖縄の米軍基地はアジアと世界の平和を脅かす冷戦の中心基地として固められている。／国民の平和を守る安保反対の行動は沖縄の返還要求と結びつけるところまで発展してきた」としたうえで、主目標として「新安保条約の本質を知らす運動を展開する」を掲げる。[*76] さらに、「一九六二年度運動方針」では、主目標で「日米安保条約に反対する運動をおこす」と態度を明確化している。同年度には「日本国憲法」についても、憲法適用による人権擁護要求に加えて、「憲法改悪に反対する」が打ち出されており、これらは、「組織を強化し、本土民主勢力との提携を密にする」という本土革新勢力との関係強化と軌を一にしたものである。[*77]

ただ一方で、復帰協は依然として沖縄内部においては超党派組織であり続けようとしたことに注意する必要がある。[*78] 復帰具体化以前においては、沖縄米軍基地の性格上、安保は第一義的には沖縄を除いた日米間の問題であった。沖縄にさらなる基地強化をもたらすものである以上、安保反対というスローガン自体は主義主張を越えて沖縄内部で理解されうるものであったといえる。

そうした微妙な心性は、「軍事基地」に対する運動方針においてより明確に表れている。「原水爆基地」への態度は結成当初から鮮明だが、通常の「軍事基地」については、一九六七年に基本目標として「軍事基地反対」が記されるまで明確な態度が示されない。「軍事基地」については、基地被害への補償・保障要求や土地新規接収反対というような「『保守』的立場」の範囲内で主張されていくのである。

以上のように、復帰協は沖縄内部の超党派組織であろうとし、米軍圧政下のなかで、在沖「軍事基地」への態度はギリギリの要請にとどめるという「『保守』的立場」の維持を基本としたのである。ただ、それを復帰協の限界と一面的に捉えてしまうと本質を見誤ることになるだろう。そうしたなかにあって、復帰協の最大の特徴は、憲法適用、人権擁護要求を結成時から一貫して追求した点にあるからである。つまり、「軍事基地」に対する明確な方針は示さないが、「軍事基地」が存在するがゆえに生じるあらゆる人権問題への対応、人権擁護運動を集約したものとして復帰運動が位置付けられたということである。そうした意味で、復帰協には「『保守』的立場」から「『革新』的立場」へと発展する萌芽が当初からあったとみることが可能である。

(3) 沖縄人権協会

復帰協は復帰運動の中で人権擁護を内外に訴えていくが、沖縄において人権被害を被った被害者に個別具体的に対応していったのが沖縄人権協会である。

沖縄における人権協会設立の最初の機運は、既述の通り、一九五五年の由美子ちゃん事件への抗議活動のさなかであった。その時点において設立には至らないものの、弁護士会が人権擁護委員会を設置したことは人権擁護の重要な一歩となった。一九五五年夏、青山学院大学在学中の帰省時に渡航拒否となり、人権擁護委員会への第二号提訴者となった福地曠昭が、その後、一九五六年一二月に沖縄教職員会に就職し、沖縄原水協、石川ジェット機事件賠償促進協議会、復帰協、人権協会のいずれにも関わっていくことは、由美子ちゃん事件以来のこれらの人権にかかわる諸事象が有機的に結びついていることを示しているといえる。[*79]

人権協会設立の再度の機運は、「新集成刑法」が問題となり、石川・宮森小学校ジェット機墜落事件が起きた一九五九年の八月に国際人権連盟議長ロジャー・N・ボールドウィンが来沖した際、組織の必要を説いたことから高まるとされる。その後、一九六〇年には復帰協が結成されるが、同年には、嘉手納の軍作業員への思想調査、金武キャンプ・ハンセンで弾拾いの婦人を「イノシシと間違えた」として米兵が射殺、糸満の海岸で老夫を「小鳥と間違えた」として米兵が猟銃で射殺、といった人権問題が立て続けに起こっている。そうした個別具体的人権侵害に対応できる組織のために、一九六一年二月九日に沖縄人権協会設立発起人会が発足する。発起人は、親泊英隆（琉球弁護士会人権擁護委員会委員長）、赤嶺義信（琉球大学文理学部法律学科教授）、上地一史（沖縄タイムス編集局長）、池宮城秀意（琉球新報編集局長）、知念朝功（立法院議員・無所属）、屋良朝苗の六名である。そして、四月四日、沖縄人権協会設立総会が教育会館で開かれ、理事長に下地敏之（琉球弁護士会長）、副理事長に赤嶺義信、そして事務局長に福地曠昭が選任される。沖縄人権協会は、日本の自由人権協会には加入せず、国際人権連盟に直接加入し、日本側とは協力関係となる。初年には一三〇件、その後五年間で五〇〇件の申請があったとされる。

次に人権協会の組織基盤の変遷をみていこう。当初は個人会員を主とした組織を志向し、初年度には目標の五〇〇名には達しなかったものの約三〇〇名の入会者を集めたとされる。その顔触れは、学者、ジャーナリスト、弁護士のほか、公務員、教員、主婦、農民、軍雇用員、店員など多彩であり、設立時の意気込みが感じられる。だが、会計監査報告によれば、初年度会費は二八七名のうち一二二名が未納であり、さらに一九六三年度になると会費納付者は七七名のみとなり、政府補助金も切られてしまう（六五年度に復活）。そのため、教職員会、沖婦連、PTA連合会、沖縄タイムス、RBC、子どもを守る会からの賛助会費と一六市町村の分担金でも足りず、教職員会、沖教職共済会からの借入金で賄う状況であった。そのため、一九六四年度には団体会員制度を適用するが、会費納入は個人七四名、団体六（教職員会、琉球新報、沖縄タイムス、RBC、PTA連合会、沖婦連）にとどまった。つまり、人権協会は当初個人会員主体の組織を目指すものの、財政問題から教職員会などの団体を基盤としていくのである。当初から教職員会の関与は強かったが、結果として名実がそろっていったともいえる。

また、個人の具体的な提訴内容としては、渡航拒否、CICの思想調査、軍職場でのパスのとりあげ、妻子置き去り、外国人の不法行為といった米軍基地に関わる問題以外にも、公務員の職権乱用、女給の前借金にからむ人身売買など多岐にわたっている。こうした具体的な人権侵害の実態に人権協会は個別に対応していったのである。復帰協の人権擁護の方針は、日常的、個別的には人権協会によって実践されていくこととなった。こうした活動は、次項で述べていくような、「『革新』的立場」の明確化への飛躍を準備したといえよう。

3　「『革新』的立場」の明確化

一九六五年は沖縄にとって転機の年となった。八月の佐藤首相来沖とその前後の日本政府による沖縄への関与増大によって、施政権返還の実現が具体的に意識されるようになる。その一方で、北爆開始によってベトナム戦争が本格化し、B52が沖縄を中継点に出撃したことや、基地街を中心に戦争色が濃くなっていく中で、沖縄米軍基地の役割や加害性を沖縄住民も意識化せざるを得なくなる。安保改定以降の沖縄米軍基地強化の実態がベトナム戦争によってより鮮明に表れてくるのである。教職員会は一九六五年七月二九日の第二七回定期総会で「アメリカのベトナム侵略に対する抗議決議」を採択している。[*80]

毎年四月二八日に行われる復帰協の総決起大会での様相も変化する。一九六一年以降、毎年、沖縄自民党→民主党の長嶺立法院議長は来賓として出席し、挨拶を述べていた。一九六五年は、その前日の四月二七日、立法院において、前年は全会一致で行われた「沖縄施政権返還要求決議」が、対日講和条約第三条解釈をめぐる与野党対立のなかで、民主党の単独採決となったことがあり、長嶺議長が登壇して「目標はひとつだ」と挨拶する中、

「たくさんのヤジ」が起こった。[*81]「それでも長嶺議長『石にかじりついても祖国に復帰しよう』と声をふりしぼっていたが、話し終えると身の危険を感じてか主催者側から二人のボデーガードがついて退場するという異例の場面もみられた」という。[*82] 翌年以降、長嶺立法院議長の総決起大会への参加は新聞等からは確認できなくなる。[*83]

復帰協定期総会においても、一九六五年以降、「軍事基地」に対する議論が本格化していく。[*84] 第一〇回定期総会（一九六五年二月二一日）において、「基地は原水爆だけでなく普通基地の撤去の問題までとり組むべきだと思うがどうか。（全沖農）」「沖縄では原水爆基地と普通基地の区別がつかない。基地撤去を積極的に進めるべきだと思うがどうか。（琉大）」といった意見が出されたの対し、福地曠昭復帰協調査研究部長（教職員会）は、「基地撤廃についてはまだ各団体意見がまとまらず方針にはうち出していない」「復帰協では基地については否定的見方をとつてきているが、施政権という全県民の利益を中心に考えてやつている」「われわれは普通基地が許されているといつているのではなく一般的な態度として原水爆基地の撤去を入れている」と回答し、現状維持の態度を示した。[*85] そして、翌年の第一一回定期総会（一九六六年二月三日）において、今度は執行部側から「運動方針（案）」として「軍事基地の撤去と安保条約の撤廃」が提案されるが、慎重論が大勢を占め、結局、前年同様の「原水爆基地の撤去」に落ち着くのである。[*86]

この時点においても、経済的援助および適正補償、適正運用を要求していく「『保守』的立場」と、基地自体への反対、撤去を志向していく「『革新』的立場」との境界になったのは、米軍との関係であったといえる。復帰運動への弾圧の可能性は潜在的にあったのであり、渡航拒否などに象徴されるように、米軍からの圧力は常に存在した。そうした境界が越えられたのは、一九六〇年代後半の施政権返還への機運と日本政府の直接的関与の増大、そして何より加害者性を認識したベトナム反戦の中においてであった。

より直接的には、一九六六年中頃以降の教公二法問題による沖縄内部の保革対立軸明確化が転機となる。復帰運動の中心となってきた教職員に対する「政治的行為の制限」は復帰運動への攻撃とみなされ、教職員会をはじめとする復帰協加盟政党・労組・団体と民主党・財界など保守勢力との全面対立が保革対立として顕在化したのである。一九六六年一二月には社大党が党大会において「基地反対」を掲げるに至る。翌一九六七年一月から二月にかけての阻止闘争の激化、事実上の教公二法廃案を経て、三月の復帰協定期総会において「軍事基地反対」の運動方針が明記されるとともに、沖縄の保守勢力が敵対勢力として明確に位置付けられた。*87

さらに、一九六七年一一月の日米共同声明を経て、一九六八年に入り、基地被害抗議・基地撤去要求県民大会（一月一七日）、米戦略爆撃機Ｂ５２の即時撤去要求県民総決起大会（二月二七日）が軍事基地撤去を掲げて開催される。「これまでに沖縄の民主団体はいずれも基地反対のスローガンは掲げていたが、その運動は、大会決議や署名活動などにかぎられていた。しかし、このときから、デモや集会は基地そのものに向けて行なわれるようになった」とされる。*88 教職員会は一九六八年三月の総会で方針に「基地撤去」を追加、復帰協も一九六九年三月の定期総会で「軍事基地反対」からさらに進めて「基地撤去」の方針を掲げるに至る。「『革新』的立場」が明確化したといえる。

保革対立軸が沖縄で成立していく前提としては、保革を問わない本土側からの関与増大、系列化の動きがあり、沖縄側でも立場を明確にせねばならない事態が進行していたということが重要である。本土側への要請の際には本土側の対立関係に合わせる必要が生じる。そうしたなかで、保守側の「基地・施政権分離返還論」「イモ・ハダシ論」に対し、革新側の「即時無条件全面返還論」という構図が明確となり、「本土並み」の具体的内容が問われていくこととなる。ただし、その中身は多様であって、革新側でも復帰時点における基地撤去から「核抜き・本土並み」の徹底まで大きな開きがあった。

改めて確認したいのは、本章で検討してきたように、「基地問題」に対する「『保守』的立場」と「『革新』的立場」は、対立的に成立したものではなく、「『保守』的立場」が発展して「『革新』的立場」が表れてきたということである。だが、対立軸の明確化という事態の中で、基地問題についても保守と革新の立場が対立的に位置付けられ、本来存在する重層性および多様さ、曖昧さといったものは捨象され、住民はいずれかの政治的立場を半ば強制的に選択せざるをえない事態が生じるのである。

おわりに

最後に本章の論点をまとめておこう。

まずは、土地闘争を契機とした「『保守』的立場」の形成についてである。一九五〇年代における土地連の活動は、「『保守』的立場」の形成および保守勢力の路線転換を促したといえる。「反共親米路線」(主席・民主党)は、「反共親米+親日路線」(主席・沖縄自民党)となり、一九六〇年代に入って経済成長・基地経済による「『保守』的立場」の固定化が生じることとなった。

次に、人権擁護問題を焦点とした「『革新』的立場」の形成についてである。これは「『保守』的立場」からの延長線上にあったことが重要である。教職員会は、土地闘争時において、土地連と同様、「『保守』的立場」からの「現実主義」的対応を展開していく。だが、そうした立場は、基地の存在に起因する学校・子どもに対する事件・事故によって限界を露呈していく。教職員会は、石川ジェット機事件賠償促進協議会、復帰協、人権協会の中心となり、人権擁護運動を展開していく。そして、復帰具体化、ベトナム戦争激化の中で「『革新』的立場」の明確化が生じるのである。

そして、重要なのは、本章が検討してきた、戦後沖縄における「基地問題」の形成過程をふまえるならば、「『保守』的立場」VS「『革新』的立場」という二項対立ではなく、「『保守』的立場」∩「『革新』的立場」として捉えるべきであるということである。これは、超党派、「島ぐるみ」の一致点にもかかわる重要な問題である。

次章では、石川・宮森小学校ジェット機墜落事件に対する補償問題の展開に特化して、さらに「島ぐるみ」での一致点とそれがもたらした成果について検討する。

註

＊1　新崎盛暉『戦後沖縄史』(日本評論社、一九七六年)、中野好夫・新崎盛暉『沖縄戦後史』(岩波新書、一九七六年)、我部政男「六〇年代復帰運動の展開」(宮里政玄編『戦後沖縄の政治と法　一九四五―七二年』東京大学出版会、一九七五年)、比屋根照夫・我部政男「土地闘争の意義」(『国際政治』五二、一九七五年)。

＊2　宮里政玄『日米関係と沖縄　一九四五―一九七二』(岩波書店、二〇〇〇年)、明田川融『沖縄基地問題の歴史　非武の島、戦の島』(みすず書房、二〇〇八年)、平良好利『戦後沖縄と米軍基地　「受容」と「拒絶」のはざまで　一九四五〜一九七二年』(法政大学出版局、二〇一二年)、ほか。

＊3　小野百合子「『沖縄軍用地問題』に対する本土側の反響の考察―日本社会と『沖縄問題』の出会い／出会い損ない―」(『沖縄文化研究』三六、二〇一〇年)。

＊4　森宣雄『地のなかの革命　沖縄戦後史における存在の解放』(現代企画室、二〇一〇年)。

＊5　拙著『沖縄の復帰運動と保革対立　沖縄地域社会の変容』(有志舎、二〇一二年)、第四章・第五章、参照。

＊6　鳥山淳「破綻する〈現実主義〉―『島ぐるみ闘争』へと転化する一つの潮流―」(『沖縄文化研究』三〇、二〇〇四年)、同「占

領と現実主義」（同編『沖縄・問いを立てる―5　イモとハダシ　占領と現在』社会評論社、二〇〇九年）。

＊7　吉次公介「『同時代史』と沖縄」（同時代史学会編『戦争と平和の同時代史』日本経済評論社、二〇〇三年）、同「戦後沖縄の『保守』に関する基礎的考察」（沖縄国際大学公開講座委員会編『沖縄国際大学公開講座一五　基地をめぐる法と政治』編集工房東洋企画、二〇〇六年）、同「戦後沖縄『保守』勢力研究の現状と課題」（『沖縄法政研究』一二、二〇〇九年）。

＊8　「軍用地問題三十年を語る（座談会）」（土地連三十周年記念誌編集委員会編『土地連のあゆみ―創立三十年史―　通史編』沖縄県軍用地等地主会連合会、一九八九年）、二八八～二八九頁。

＊9　当該期の帰属問題については、前掲拙著『沖縄の復帰運動と保革対立　沖縄地域社会の変容』、第一章、参照。

＊10　「社説　日本帰属と軍使用地料」（『うるま新報』一九五一年四月二三日）（土地連三十周年記念誌編集委員会編『土地連のあゆみ―創立三十年史―　新聞集成編』沖縄市町村軍用地等地主会連合会、一九八四年）。

＊11　前掲「破綻する〈現実主義〉―『島ぐるみ闘争』へと転化する一つの潮流―」、参照。

＊12　前掲「軍用地問題三十年を語る（座談会）」、二八八～二八九頁。

＊13　前掲「軍用地問題三十年を語る（座談会）」、二九四頁。

＊14　『沖縄タイムス』一九五五年一〇月二日（前掲『土地連のあゆみ―創立三十年史―　新聞集成編』）。

＊15　『沖縄タイムス』一九五四年一一月一一日（前掲『土地連のあゆみ―創立三十年史―　新聞集成編』）。

＊16　屋良朝苗編『沖縄教職員会16年』（労働旬報社、一九六八年）、六六頁。

＊17　戸邉秀明「一九五〇年代沖縄教職員会の地域『診断』」（『史観』一四七、二〇〇二年）。

＊18　『琉球新報』一九五五年九月一四日。

＊19　『沖縄タイムス』一九五五年九月一八日。

＊20　『沖縄タイムス』一九五五年一〇月一六日。

＊21　前掲拙著『沖縄の復帰運動と保革対立　沖縄地域社会の変容』、第二章、参照。

＊22　「オグデン副長官への書簡（一九五四年二月五日）」（沖縄県祖国復帰闘争史編纂委員会編『沖縄県祖国復帰闘争史　資料編』沖縄時事出版、一九八二年、三五～三六頁）。

＊23　桑江朝幸「主務機関の設置と軍用地問題」（『琉球新報』一九五四年五月二四日）（前掲『土地連のあゆみ―創立三十年史―新聞集成編』）。
＊24　『沖縄新聞』一九五六年六月一八日（前掲『土地連のあゆみ―創立三十年史―　新聞集成編』）。
＊25　『沖縄タイムス』一九五六年六月一六日（前掲『戦後沖縄史』、一四七頁）。
＊26　「プライス勧告を阻止　国土と教育を守ろう　今こそ民族運動の先頭に立つて」（『沖教職教育新聞』八〇、一九五六年六月二〇日）。
＊27　前掲「『沖縄軍用地問題』に対する本土側の反響の考察―日本社会と『沖縄問題』の出会い／出会い損ない―」、参照。
＊28　「主張　民族抵抗を強力に」（『沖教職教育新聞』八三、一九五六年七月三〇日）。
＊29　前掲「主張　民族抵抗を強力に」。
＊30　前掲『戦後沖縄史』、一六三〜一六四頁。
＊31　前掲「軍用地問題三十年を語る（座談会）」、三〇六頁。
＊32　前掲「軍用地問題三十年を語る（座談会）」、三〇二〜三〇三頁。
＊33　前掲「軍用地問題三十年を語る（座談会）」、三〇三頁。
＊34　前掲『土地連のあゆみ―創立三十年史―　通史編』、一〇二〜一〇三頁。
＊35　「最悪の処置真に遺憾　琉大学生処分に声明」（『沖教職教育新聞』八五、一九五六年八月二〇日）。
＊36　「主張　調子外れの世相」（『沖教職教育新聞』八五、一九五六年八月二〇日）。
＊37　屋良朝苗『屋良朝苗回顧録』（朝日新聞社、一九七七年）、四五頁。
＊38　『一九五七年　琉大救援記録　救援委員会』、『一九五七年度　琉大関係納付書（救援金）　教職員会』、『一九五七年度　琉大領収証綴　教職員会』（すべて沖教組教育研究所所蔵）。
＊39　『一九五六年度　実態調査綴　伊江島　伊佐浜　銘苅　具志　真泊　教職員会』（沖教組教育研究所所蔵）。一部、那覇市市民文化部歴史資料室編『那覇市史　資料篇第三巻五』（那覇市、二〇〇五年）に採録。
＊40　「軍用地問題の内面的考察（続7）―現地折衝への前景―」那覇日本政府南方連絡事務所長→総理府南方連絡事務局長・昭

和三一年九月一二日、総理府南方連絡事務局長→外務省アジア局長・昭和三一年九月一五日（浅野豊美・平良好利「〈資料〉アメリカ施政下沖縄への日本政府関与拡大に関する基本資料（2）―島ぐるみ闘争と那覇日本政府南方連絡事務所文書―」『文化科学研究』一六―一、二〇〇四年）。

＊41 前掲『沖縄教職員会16年』、二七二頁。

＊42 『琉球新報』一九五六年九月二三日。

＊43 『琉球新報』一九五六年一二月一日。

＊44 「爆音による授業妨害―調査まとまる―」（『沖教職教育新聞』一二六、一九五八年六月一〇日）。さらに詳細を知るには『一九五八年五月　爆音調査　沖縄教職員会』（沖教組教育研究所所蔵）がある。

＊45 前掲拙著『沖縄の復帰運動と保革対立　沖縄地域社会の変容』、第一章、参照。

＊46 前掲『戦後沖縄史』、一二一頁。

＊47 『沖縄人民党の歴史』（沖縄人民党史編集刊行委員会、一九八五年）、二六二頁。

＊48 比嘉幹郎「沖縄の復帰運動」（『国際政治』五二、一九七五年）。

＊49 統治政策転換については、河野康子『沖縄返還をめぐる政治と外交　日米関係史の文脈』（東京大学出版会、一九九四年）、参照。

＊50 幸地成憲「米国の統治政策と労働立法・労働運動」（前掲『戦後沖縄の政治と法　一九四五―七二年』）、三九〇頁。

＊51 琉球銀行調査部編『戦後沖縄経済史』（琉球銀行、一九八四年）。

＊52 前掲『戦後沖縄経済史』。

＊53 事故当時の状況と近年の取り組みについては、『沖縄の空の下で①・②・③』（命と平和の語り部石川・宮森六三〇会、二〇一〇・一一年）、櫻澤誠・真栄平房昭「戦後沖縄における一教員の経験と実践―豊濱光輝氏に聞く―」（『ノートル・クリティーク』四、二〇一一年）、参照。

＊54 前掲『沖縄教職員会16年』、一八六頁。

＊55 沖縄県公文書館所蔵屋良朝苗文書 0000096981「屋良朝苗日誌　006」。

＊56 『琉球新報』一九五九年七月二日。本章で使用した石川・宮森小学校ジェット機墜落事件関連の新聞記事については、うるま市立石川歴史民俗資料館所蔵の新聞スクラップを参照した。以下、事実経過は同資料による。

＊57 『琉球新報』一九五九年七月三日。

＊58 『沖縄タイムス』一九五九年七月三日。

＊59 『沖教職教育新聞』一七〇、一九六〇年三月二〇日。

＊60 『琉球新報』一九五九年七月七日。

＊61 『琉球新報』一九五九年七月一〇日夕刊。

＊62 前掲『沖縄教職員会16年』、一八八頁。

＊63 『琉球新報』一九五九年九月二三日。

＊64 『沖縄タイムス』一九五九年一一月二〇日。

＊65 前掲『沖縄教職員会16年』、一八八〜一九〇頁。

＊66 「アイゼンハワー来沖闘争（4）」（『琉球新報』一九八二年四月一五日）。

＊67 沖縄県公文書館所蔵琉球政府文書R00020573B「石川市宮森小学校ジェット機墜落事件関係書類」。前掲『沖縄教職員会16年』、一九〇〜一九一頁。

＊68 前掲「アイゼンハワー来沖闘争（4）」。

＊69 祖国復帰要求県民大会宣言決議（六月一九日）の要請として、「六、石川ジエツト機事故による被災者への完全賠償並びに米軍人軍属による沖縄人の生命財産損失に対する完全賠償を速かに行え」が含まれている（前掲『沖縄県祖国復帰闘争史　資料編』、六〇頁）。

＊70 前掲拙著『沖縄の復帰運動と保革対立　沖縄地域社会の変容』、第二章、参照。

＊71 前掲『沖縄教職員会16年』、一九一〜一九九頁。

＊72 前掲拙著『沖縄の復帰運動と保革対立　沖縄地域社会の変容』、第四章、参照。

＊73 「三党幹部も仲よくスクラム」『沖縄タイムス』一九六一年四月二九日。ちなみに、前年の結成大会時には立法院議長として

安里積千代（社大党）が挨拶している（『沖縄タイムス』一九六〇年四月二九日）。
＊74　『沖縄タイムス』一九六二年四月二九日。
＊75　「一九六〇年度運動方針」（前掲『沖縄県祖国復帰闘争史　資料編』、五四〜五六頁）。
＊76　「一九六一年度運動方針」（前掲『沖縄県祖国復帰闘争史　資料編』、七〇〜七六頁）。
＊77　「一九六二年度運動方針」（前掲『沖縄県祖国復帰闘争史　資料編』、一一二〜一一七頁）。
＊78　前掲拙著『沖縄の復帰運動と保革対立　沖縄地域社会の変容』、第四章、参照。
＊79　福地曠昭『沖縄史を駆け抜けた男』（同時代社、二〇〇〇年）。以下の記述は、同書および『人権擁護の歩み』（沖縄人権協会、一九六六年）による。
＊80　前掲『沖縄教職員会16年』、二七八頁。
＊81　『沖縄タイムス』一九六五年四月二九日。
＊82　『琉球新報』一九六五年四月二九日。
＊83　一九六六年の総決起大会「式次第」には立法院議長挨拶が含まれおり、案内を受けたものの長嶺議長が欠席したものと思われる。翌年の「式次第」には立法院議長挨拶は見られない。また、一九六五年、一九六六年の「式次第」には民主党代表挨拶も含まれており、実現はしていないものの、「島ぐるみ」を前提とする復帰協の活動の一端をうかがい知ることができる（前掲『沖縄県祖国復帰闘争史　資料編』）。
＊84　前掲「六〇年代復帰運動の展開」、一七四頁。
＊85　沖縄県祖国復帰協議会編『祖国復帰のために　資料第7集』（沖縄県祖国復帰協議会、一九六五年）、六二〜六三頁。
＊86　沖縄県祖国復帰協議会編『祖国復帰のために　総会決定集（第8号）』（沖縄県祖国復帰協議会、一九六六年）、七〇〜七三頁。
＊87　前掲拙著『沖縄の復帰運動と保革対立　沖縄地域社会の変容』、第五章、参照。
＊88　前掲『沖縄教職員会16年』、二八一頁。

第四章　石川・宮森小学校ジェット機墜落事件に対する補償問題の展開

はじめに

一九五九年六月三〇日、嘉手納基地を離陸した米軍ジェット戦闘機が石川市六区および宮森小学校に墜落炎上、死亡者一七名（児童一一名、一般六名）、重軽傷者二一〇名（児童一五六名〔のち後遺症で一名死亡〕、一般五四名）を出す大惨事となる。[*1]

沖縄戦後史における重大事件としてジェット機事件は幾度となく想起されてきた。だが、先行研究において、その後の補償問題を含めて歴史的位置付けを行ったものはほとんどない。その理由は、補償問題を具体的に論じた研究が皆無であることによると思われる。まずはそうした中で重要な先行研究を二点挙げておく。

中野好夫・新崎盛暉は、「それまでにも死傷者をだすような米軍の事故はいくつもあったが、米軍犯罪の場合と同じく、泣き寝入りさせられる場合が少なくなかった（中略）このころになると、米軍側も、住民の反米感情を刺激しないために、不十分ながら賠償要求に応ずるという姿勢をとりはじめていた。それだけ民衆の力が強くなっていたわけである」[*2]と論じており、ジェット機事件の段階で米軍側が賠償に応じる既定条件があったとしている。島ぐるみ闘争や民連ブームなどを受けて一九五八年には米国の統治政策転換が生じていたことがその前提だと思われるが、本章でみるように、依然として米軍は高圧的であり「賠償要求に応ずる」という姿勢ではなかった。統治政策転換が行われる中にあって、ジェット機事件及び補償問題がさらにどのような変化を生じさせていくのかを検討する必要があるだろう。

また、我部政男は、一九五〇年代後半、「政党レベルの運動とは別に、より広範な住民に支えられた平和運動や人権擁護の運動も、芽生えはじめていた。（中略）『基地』があるために発生するあらゆる問題は、住民の復帰要求を高めるのに十分であった。石川のジェット機墜落事件は、『基地』の存在を改めて痛感させ、ナイキ・ハーキュリーズ発射の実験訓練（軍事実弾演習）は農民、漁民の生活を圧迫し、極度の不安に陥れた。／以上のような政治、社会状況の中で、五八年後半から五九年にかけての復帰運動は、主として原水協主催の大会においてなされてきた。この気運が、六〇年の復帰協の結成へと結実していくのである[*3]」と論じている。復帰協結成時の世話委員団体でもある教職員会・沖青協・官公労はジェット機事件の賠償要求運動の中心でもあった。原水協主催の復帰大会だけでなく、賠償要求運動の延長線上にも復帰協結成をとらえることが可能ではないかと考えている。

本書第三章では、初期復帰協の特徴として人権擁護の側面を強調したが、ジェット機事件の補償問題は復帰協結成と時期が重なっている。本章では、復帰協結成を念頭に置きつつ、補償問題を戦後沖縄における人権擁護運動の転機として位置付けることを試みたい。

なお、本章で扱う時期は、本土における安保闘争の時期とも重なる。だが、安保闘争は沖縄を十分に視野に入れておらず、運動としては復帰協結成が安保闘争との内的連関になかったことは周知の通りであり[*4]、ゆえに本章の運動分析は沖縄中心となっている。そもそも、講和・安保条約は沖縄を切り離すことを前提として成立したものである。当該期の沖縄と本土との深い溝をまずは認識する必要がある。ただ、その上で、本土側の存在が補償問題にどのような影響を及ぼしたのかを検討することは重要だろう。

第一節　事件直後

1　米軍

米軍は墜落後、ただちに宮森小学校教室内に災害対策本部を設け、嘉手納基地の第三一三空軍師団副司令官指揮のもとに死傷者の運搬、合同対策本部への連絡、罹災者調べ等を行うとともに、陸海空軍のヘリコプターによって死傷者を現場から陸軍病院まで続々と搬送する。当日中に空軍は損害調査のために法務官等を派遣して罹災者家族との面談を開始、宮森小学校教室に損害賠償請求事務所を設置する。[*5]「講和発効後の米軍人、軍属または軍雇用のシビリアンが故意にまたは無責任に琉球人に与えた生命財産の傷損害に対してはビートラー副長官書簡によるフォーリン・クレイム・アクト（外国人損害請求法）が適用される」ためである。[*6]

七月一日、嘉手納航空隊主催により合同慰霊祭が行われる。スミス第三一三空軍司令官は焼香後全遺族に金一封の香料を送り、「空軍ではすべての可能な補償措置を講ずる」と述べた。同日、損害賠償請求事務所は石川市消防署二階に移され、請求事務受付を開始。二日には、校舎の全焼・破損箇所をすべて鉄筋コンクリートに改造すべく空軍が工事を開始。墜落事件を起したパイロットも軍法会議を開き調査するとされた。[*7]

このように事件当初、米軍側が迅速かつ柔軟な態度を示したのは、一九五六年以降、島ぐるみ闘争、那覇市長問題、民連ブームと、統治政策に対する沖縄側の抵抗が強まったことを受けて統治政策の転換が行われた中で、反米感情が再び悪化することを恐れたためである。また、米国務省は、この事件が沖縄にとどまらず、本土側の反米感情を刺激して、日米安保条約改定交渉に悪影響を及ぼすことを懸念したとされる。[*8]

2 琉球政府、石川市

琉球政府は一報を受けた当間主席・伊豆見社会局長が軍のヘリコプターで現場に急行、大田副主席・山内内政局長・西平警察局長も車で向かう。臨時局長会議が開かれ、臨時災害対策協議会を組織し、今後の対策や衣類・食糧・医療品など臨時物資を送ることを決定する。[*9]

当日中に石川市役所にて、行政府側と石川長栄石川市長、学校関係者、地元有志など二十数名とで緊急対策が協議されている。地元側は「補償問題をも軍に強く折衝してもらいたい」と要望し、それに対し、久貝法務局次長は「法務局が折衝する」としながらも、「軍に対する補償要求は、本人が申請することになっている」として、外国人損害請求法を前提に対応する旨答えている。[*10]

事件後、石川市内には市役所、学校、警察の対策本部が並立する状況となり、ようやく八日になってそれらを解消し、市長を会長に石川市ジェット機墜落事故対策協議会が結成される。[*11]

七月一日の慰霊祭では、石川市長が「バーンズ中将、スミス准将らも深く悲しみ、賠償も十二分にするといっている。さぞかし被害者たちも、草場のかげで感謝しているだろう」とお悔やみを述べて遺族のひんしゅくを買ったとされる。[*12] さらに、市長は事件後ブース高等弁務官と会見した際に、経済対策として石川に「米軍の演習地を設けてほしい」と要請し、遺族らを憤慨させている。[*13]

石川市では事件直前の六月二八日、市長を会長に石川振興促進期成会が結成されていた。[*14] 一九五六年から五八年にかけての第二期基地建設・拡張によって石川近隣の金武、久志などが基地となるなか（キャンプ・ハンセン、キャンプ・シュワブなど）[*15]、石川も関連施設誘致によって振興を図ろうとしていた。ジェット機事件の影響を最小限にしようとする米軍および地元指導層と、被害者との意識差は明確であったといえる。

3 立法院

事件当日、立法院は「ジェット機墜落事件に関する決議」を採択、対策を検討するために会期を延長し、文教社会委員会（文社委）による審議のうえ、七月六日には石川事件対策特別委員会（特別委）が設置される。委員長には、第七選挙区（石川、美里）選出の山城善栄（社大党）が選ばれる。

平良良松（社大党）は文社委としての提案理由を次のように述べた。「アメリカ軍による損害事件というものは相当の数に達して」いるが、「住民の被害者が十分納得の行くような損害の賠償がなされていない（中略）この際こそかかる問題を根本的にそして徹底的に究明して解決をはかるべき時期ではないか（中略）沖縄人の基本的な人権というものが絶対に守られなければならないというためには（中略）恒久的な対策を樹立してアメリカに要請する必要があるのじやないか[*16]」。

特別委は「対米協調を基本態度とする民主党のある幹部も『（中略）基地反対を口にしても、実現できるもンではないが、かかる事故が積重ね《（ママ）》ればわれらは基地を憎悪することにもなろうか』と思い切った論評をくだしている[*17]」なか、行政府と比べてより積極的な活動を展開することとなる。

4　民間団体・メディア

事件当日、屋良朝苗教職員会会長は一報を受けてただちに駆け付ける。教職員会では、前年には綿密な「爆音調査」を行って米軍側に要望書を提出するなど警鐘を鳴らしていたが、懸念は最悪の形で現れてしまったのである。[*18]

教職員会は民間団体の中心となって事件への対応を行う。七月一日には、石川市におけるジェット機墜落による災害対策協議会（教職員会、沖青協、子どもを守る会、ＰＴＡ連合会、沖婦連、社会福祉協議会、遺族連合会、傷痍軍人会）を開催する。[*19] 翌二日には「環境浄化八団体」（教職員会、沖青協、子どもを守る会、ＰＴＡ連合会、沖婦連、社会福祉協議会、教育長協会、教育委員協会）による協議を行い、「被害者の補償問題に焦点がしぼられたが、過去の軍による補償が由美子ちゃん事件、節子ちゃん事件でも要求より七分の一程度という結果であり（中略）この補償金の不正さは、損害賠償審査委員会は米人だけ一方的なやり方なので沖縄側から委員を参加させて適正な算定をするよう要求することにな」り、また、「補償は個人契約をさけ対策本部を通じてやることなどを取り決めた。[*20] 由美子ちゃん事件の補償額はわずか二〇〇〇ドルであった。[*21]

六日には、教職員会の新里事務局長、平敷政経部長らがブース高等弁務官、アンドリック民政官、スミス空軍司令官、当間主席らを訪れて要請文を手渡している。[*22] 内容は、「（一）事故の原因を徹底的に究明し、その結果を公表すると共に、責任を明らかにされたい。／（二）死傷者に対する人体損害と校舎施設備品等の財産焼失については被害者並びに全住民の納得のいく補償額を支給されたい。／（三）陸地上の飛行は極力に避け、学校や居住地域での演習と超低空飛行は絶対に禁じられたい。／（四）このような惨事が今後再び起らないように責任をもって未然防止の措置を講じてもらいたい[*23]」等であった。翌七日の教職員会第一五回定期総会においても抗議声明を決議している。

事件直後における地元紙の報道も注目される。『琉球新報』は「ジェット機墜落」（七月六～一七日、全一〇回）を連載しているが、『沖縄タイムス』の積極性がより顕著である。記者座談会（七月二～四日、夕刊、全三回）や児童座談会（七月三日）を皮切りに「米軍の事故と賠償」（七月四～一三日、全一〇回）、「悲しみの家族たち」（七月五～一二日、夕刊、全八回）を連載し、被災者の実情や、過去の不十分な補償問題にまで踏み込んだ報道を展開した。こうした問題意識は、立法院の特別委設置とも繋がるものであり、当時の沖縄における不満蓄積の総体を示すと同時に、米軍側の懸念もまた実態に即したものであったといえる。

5　本土側の反応

事件翌日の衆議院本会議において、中村高一（社会党）によって、新集成刑法の問題と合わせてジェット機事件が取り上げられ、今後の損害補償問題への日本政府側の対策について質問がなされ、藤山愛一郎外務大臣が答えているが、具体的な内容はなく、その後も焦点化されることはなかった。[*24]

事件は本土の沖縄出身者にもショックを与え、三日には南方同胞援護会を中心に琉球育英会東京事務所、沖縄財団、沖縄県人会、沖縄連、駐日代表事務所、新聞社など関係者による話合いがなされ、全国に義援金を呼びかけることとなる。[*25]

一方、新聞・ラジオにおいて事件は当日から大きく報道された。全国紙三紙（『朝日新聞』、『毎日新聞』、『読売新聞』）はいずれも六月三〇日夕刊でジェット機事件の速報を伝え、七月一日朝刊でより詳しく報道している。その後、『毎日新聞』は二日、「那覇市の池宮城本社通信員」からの報告を伝え、『朝日新聞』は二日、「ジェット機の恐怖」と題して本土側の主要基地（厚木、立川、横田、板付）の実情と重ね合わせて論じ、四日、南方同胞援護会など沖縄関係七団体による「宮森小の救援募金」の呼びかけを掲載している。ただ、ようやく各新聞社等の支局設置が許可されていく時期でもあり（一九五九年・時事通信社、朝日新聞社、六〇年・共同通信社、毎日新聞社、六一年・読売新聞社、ＮＨＫ）[*26]、その後の補償問題に関する継続的な報道は難しかったといえる。

第二節　長期化する補償問題

1　補償問題の初動

七月四日には、賠償支払第一号として、窓ガラス一〇枚に対し三ドルが支払われる。[*27] 六日、ブース高等弁務官は石川市長との会見で「賠償問題は琉米親善が軌道に乗っている今日、けちけちすることはよくない」としながらも、「さし当って問題にされている賠償審査委員会のメンバーに沖縄側も加えてほしいとの要望には、軍の規則にそって処理するが必要があれば考慮しようと答えただけ」であった。[*28]

財産補償については請求額が出しやすいが人身補償については基準づくりが難しいという懸念が特別委でも持たれるなか、[*29] 一五日には米軍側から外国人損害請求法に基づき外国人賠償処理委員会が空軍将校三名により設置された旨が通知される。「死亡、負傷、財産の損害はそれぞれ一つのケースとして取扱われるが、請求額が五千ドル以内のものは現地で処理、五千ドルから一万五千ドルを越えない範囲のものはハワイの司令部で特別の審査を受け、一万五千ドル以上になった場合は米議会の審査に付される」としたうえで、「個人的な予想だが、一件一万五千ドル以上の損害請求はないものと思う」とする高圧的な説明からは、米軍側の態度の変化が見て取れる。[*30]

一七日の特別委において、山城委員長が「物件に対する損害補償については大体事務も進行しておるようでありますが、身体損傷に対する補償請求についてどういつた額を請求したらいいかといつたような、非常に罹災者として請求額に手続上困つているようであります」と述べたのに対し、崎間法務局長は、米軍側から得た情報を次のように説明している。「琉球政府乃至民間の方々がこの問題について被害者を援助することは一向にかまわない。また琉球政府としても委員会に対してもし勧告することがあるならば勧告してもらいたいというふうなことをいつております」[*31]。

そうしたなか、一五日には人身賠償請求第一号として、四八〇〇ドルの請求がなされている[*32]。二七日には改めて石川市主催による合同慰霊祭が行われ、児童生徒や市民約三〇〇〇名が出席したほか、沖縄側からは主席、立法院議長、上訴裁判所首席判事代理、米国側からは高等弁務官、民政官、各軍司令官、領事などが参列した[*33]。

2　被災者の不満増大と組織化

八月四日、米軍は全遺族を賠償事務所へ招集し、請求書を提出するよう言い渡す[*34]。一三日には既に一万五〇〇ドルの請求を行っていた死亡児童遺族に対し、わずか約四分の一の二五二五ドルが支払われたことで遺族間に動揺が広がり、二〇日には全遺族と対策協議会、山城特別委委員長らによる懇談会が行われる[*35]。さらには死亡者だけでなく、「人身傷害の賠償請求もつぎつぎ行われているが（中略）一割から二割の少額でほとんどの人が不満をいだいている。なかにはこんな涙金ならいらないとつきかえした人もあり人身賠償問題は余りスムーズにいっていない」ことが明らかとなる[*36]。

二五日には、石川市で特別委による被災者への聴取が行われる。遺族からは「私たちがいままで補償金の請求をしないのは、今度の事件はこれは単に吾々遺族の問題ではなくして全住民の重大な問題であるという自覚から慎重に構えております」と述べられ、また、既に請求を行い補償金を受け取った遺族もその理由として、「やっぱり全財産と母親の生命をなくしてしまってそれを復旧するためにもどうしても資金が必要です。それと同時に母親を犬死させたくなかった」と述べると共に「母親の慰謝料に対する請求権を捨てるものでないというサインをした」ことを訴えた。[*37] 被災者家族の多くが慎重になり請求を遅らせる一方、生活の困窮など様々な理由により請求を行ったものの一方的な査定によって僅かな支払額にとどまっていた。

そして、米軍側との大きな認識の差異として問題となったのが慰謝料の扱いについてであった。三一日、特別委の津嘉山朝信副委員長（新政会）と平良良松委員（社大）は突如米国民政府渉外室スタウトに呼ばれる（委員長は本土出張中）。「新聞紙上に被害者の不満が相当に盛りあがっているというようなことでその原因とか、内容とか」を聴取する目的であったとされるが、両委員はこの機会に慰謝料の件も含め折衝を行う。[*38] それに対しスタウトは、「賠償額は日本におけるケースに比べた場合、より寛大であり額も多い。日本の法律は慰謝料を認めているが、米国内法は慰謝料を認めていない（中略）立法院も米国の法律をよく研究し請求すべきものと、請求していけないものとを分類することだ」[*39] と高圧的態度を示した。

本土の場合、死亡者補償は行政協定に基づき「民事特別法」によって行われた。補償責任を日本政府が負い、日本政府と米軍による交渉で補償額が決められ、七五％を米国、二五％を日本政府が負担する。閣議決定に基づき大人は最高一五〇万円（四一六六・六七ドル）、小学生は三〇万円とされ、別途の葬祭料が付けられた。[*40] 実際のケースとして、ジラード事件は六三万円（一七五〇ドル）、ロングプリー事件は一五〇万円の補償額が支払われたとされる。[*41]

九月一一日、特別委は「石川事件の賠償に関する要請」を決議する。具体的要望の九項目は次の通りである。一、慰謝料を認めること／二、休業補償の完全なる支給／三、賠償内訳（特に算定基準）を明らかにすること／四、被災者の事情によつては内金支払をなすこと／五、傷害又は損害賠償請求書第十項の削除／六、傷害程度の判断のための専門医の設置／七、後遺症及び機能障害に対する賠償責任を明確にすること／八、意思伝達が完全に出来る通訳の設置と被害者側におく通訳を認めること／九、賠償に携わる係官は誠意と親切ある態度でのぞむこと[*42]

だが、軍賠償委への懇談申入れ、及び九項目への回答は拒絶される。[*43]

こうした中で、二二日、石川市ジェット機事件被災者連盟（田港藩吉会長）が結成される。「米軍側の損害賠償査定方法に納得のいかないところがあるとし、被災者が組織を作り関係機関と提携して適正補償を獲得することになったもの」で、「法務局をはじめ、立法院、米軍側損害賠償審査委員会応援団体、それに訴願機関との連絡を密にするほか」、「▽賠償を申請するときは会員にはかる▽情報の交換をする▽賠償金を受取るときは役員に連絡する」ことで、「会員の団結をはかることになった[*44]」。

3　硬化する米軍と消極的な行政

だが、九月二五日、スミス司令官は軍賠償委を二四日付で解散して今後の賠償要求を嘉手納基地法務事務所で行う旨を声明し、「残念なことにこの賠償問題に関していざこざやデマがあり、一部の人々が請求者に対し法外な請求をするよう助言したということをきいた。これは政治的に利用しようとするものである」、「いままでに個人に支払われた死亡賠償金額は、東洋で支払われたことのない高い金額であり、前例がなく日本の二倍を上回っている」として、沖縄側の声を法規と慣例を建前に黙殺し、一方的に批判したのである。さらには、声明後の記者団との応答で、「パイロットは現在前の部隊で勤務を続けている。彼がやったことに何の落度もないので処分はしてない」ことを明らかにした。[*45]

そうしたなか、二五日に石川市長は墜落の際、「急速に活動した米軍に感謝する」として、ブース高等弁務官、スミス司令官など七名の軍関係者に感謝状を贈る。[*46] そうした事態に「遺族の受けたショックは予想外に大きく、感謝状贈呈のことが新聞にでた二十五日には、思い思いに市内Kさん方に集まり『市長はイカレているのではないか』『子供を殺されて何が感謝状だ』など激しくことばを投げあって、悲憤こうがいし」[*47]、二八日には市長に対し抗議文を渡す。再三にわたる石川市長の迎合的姿勢は、反米運動への展開を恐れる米軍側の圧力も念頭に置かねばならないが、被災者が置かれていた、米軍政下において地域振興をはかろうとする保守的地域構造の強さをうかがいしることができる。

一〇月二日、残りの遺族の賠償申請が一括で行われる。[*48] 七日、特別委はギリース副民政官と会談し、先の九項目を要請した。だが、山城委員長によれば、「見解の相違に終始して妥協点をみ出しえなかった。副民政官は賠償支払いの法的根拠となっている外人賠償法第十八条と空軍規則の写し和英両文を送るから、よく検討してくれ、とのことであった」[*49]。米国民政府としても米軍側は全く歩み寄りの姿勢を見せなかった。二八日、特別委は被災者との懇談会を行い、「ケロイド等で後遺症の整形手術を望んでいる。その場合に医者については琉球政府で指定して貰いたいという要望」を受ける。[*50]

この間、一〇月五日には保守合同によって沖縄自由民主党が結成され、立法院第一党が社大党から沖縄自民党へと変わり、二一日に大田政作が第三代主席に決定するなど、政局の転換が生じている。また、三〇日、日教組主催第二四回教育祭が大阪市の教育塔前で行われ、宮森小学校の犠牲児童一一名が合祀され、一〇名の遺族が教職員会平敷団長とともに参列している。[*51]

一一月一八日、被災者連盟と石川市長が行った賠償促進申入に対し、嘉手納航空隊賠償委員会は「ジェット機の補償は、これまでの査定で正当だと思う。支払いについてもいま準備しているので会合をする必要はないと思う」と回答。[*52] 二〇日、特別委において、「被災者代表は『被災者側が米空軍賠償委に申入れた要望が、何一つ聞きいれられないために、被災者は窮状におちいっている』として、立法院の政治力によって人身賠償をめぐる行きづまり状態を打開してもらいたい、と希望意見をのべた」。[*53] 被災者は補償問題が進展せず当座の生活にも困窮する一方で行政からの一時扶助も拒絶されるという二重の困難を強いられていた。

二四日、特別委、行政府と被災者代表による懇談が開かれる。「被災者たちは治療や入院などですでに生活が苦しくなっている人たちもいる、と訴えた。(中略) さらに被災者は、これが実現できなければ市民大会や県民大会までもっていき、早急に満足のいく賠償が実現できるよう住民に強く訴えたい、と語った」。[*54] そして、「被災者の窮迫に対して、政府や市当局は何ら援助らしい援助の手をさしのべていない。(中略) もっと親身になってはたらきかけてほしいと被災者から強い要望がで」るなか、[*55] 一二月五日、被災者連盟は事故補償促進市民大会を石川闘牛場で開催するのである。[*56]

第三節　補償問題の転換

1　新たな運動と強まる圧力

一二月一三日、米軍被災者連盟結成大会（又吉盛弘会長）が那覇劇場で開かれ、全琉の被災者、遺族三五〇名が参加する。「戦後十四年間に発生した米軍による人身侵害に対する適正な補償を獲得するために官公労、沖青協、沖婦連、教職員会などの二一団体が主唱者になり、全琉の被災者、ならびにその遺族によって結成された」[*57]。三二市町村で支部が結成され、副会長兼石川支部長は田港藩吉被災者連盟会長であった。翌一四日には、安里立法院議長、大田主席、久貝法務局長を訪れ、「米軍による住民の被害事件の大半は全く補償されずに放置されている。石川のジェット機墜落事件ですら数ヵ月も経っているのに十分な解決がはかられていない。私たちはこのような講和前後の全被災者が完全な補償を受けることができるよう起ち上がった」と大会決議を要請した[*58]。

事務局長となった福地曠昭によれば、結成の背後には次のような動きがあったとされる。

1959年、私が未だ教職員会の政経部員のころ、屋良教職員会長に呼ばれ、吉田嗣延南方同胞援護会事務局長からの書簡を見せられた。／それには「土地連の桑江朝幸会長とも相談した結果、土地損失補償について米側に折衝中である。いま人身損失について同じ補償を要求するには時期的に得策でない。反米的と見なされる恐れがある。よって教職員会あたりで運動を起こしてほしい」と記されていた。（中略）決して組織にはかけられる事柄でないので、あくまで個人の動きで各団体や関係者と相談した。／その結果、米軍被災者連盟をまず組織し、1959年の石川ジェット機事件の補償要求協議会《（ママ）》を結成し、1961年に人権協会をつくった。[*59]

米軍被災者連盟の結成は、その後の石川ジェット機事件賠償促進協議会、沖縄人権協会へと続く、反撃の転換点であったといえる。そこには教職員会の福地が中心となって組織化し、占領に起因するあらゆる問題を復帰運動へと収斂させて活動した復帰協も加えることができる。

一九六〇年一月一一日、特別委は石川市で懇談会を開催する。田港被災者連盟会長は、「最近米軍の賠償金支払い係官が通訳をつれて被災者宅を個別訪問《ママ》、軽傷者の請求に対する米軍査定額をはやく受領するよう勧誘して回り、一部では『これ以上がんばっても査定額を増額認可することはない。早く受取らないと損するかも知れない』と」受領を強要しようとする状況があるとして、琉球政府や立法院での対策を訴えた。[*60]

だが、補償問題が長期化し、沖縄内部からも被災者に対する批判が現れてくる。一九六〇年一月一八日の特別委において、久貝法務局長は「請求が遅れたというところがまず第一の原因」であり、「賠償請求委員会が引揚げた（中略）九月の二十五日前に賠償請求がなされておれば（中略）非常に促進されたはずである」とし、星克（自民）もまた、「もし請求権者がその基準にそわない請求をもって来た場合には一応助言してしかるべきだと思う。（中略）全く支那人の商売みたいに一万何千ドル請求したものを二千何百ドルしか支払われないのをOKじや、これでは何にもならない。バックアップするからにはこれは正しいという確信がなければ」と述べた。[*61]特に、星の「支那人の商売」という差別発言は被害者側に衝撃を与え、喜屋武長盛遺族代表は星に対して次のような抗議文を出す。

同胞であり、われわれの選良たる立法院議員が、愛し子の生命を対象にして、支那式の商売とかあるいは高いとか安いとかいうことは、なくなった御霊にたいしても、かつわれわれ遺族にとってもこれ以上のたえがたい侮辱はない。／私たちはカネがほしいのではない。なくなった、殺された子供がほしいのだ。きょうも狂気になるのではないかと思うほど、なくなった子供が恋しく、会いたいのだ。アメリカがわれわれの子供を返してくれるなら、むろんわれわれは一セントもいらない。[*62]

2　支援体制の強化

一月二五日、石川ジェット機事件賠償促進協議会（賠促協）が、教職員会、沖青協、官公労（以上、世話団体）、子どもを守る会、遺族連、沖婦連、市町村会、各政党、各労組、石川市長、遺族、被災者などによって結成され、完全補償にむけた活動を展開していく。[*63] 同日、特別委も状況打開のために四者会談（立法院、行政府、米国民政府、被災者遺族代表）の開催を米国民政府に要望、[*64] 久貝法務局長の斡旋により、二九日に開催されることとなる。[*65]

だが、二九日の四者会談での米国民政府の説明は、「五千ドルをこえない範囲内で解決する権限があるだけで（中略）一万五千ドル以上の賠償請求については米国議会の承認を得なければならない。石川事故の賠償処理がおくれているのは、請求がおくれたことと一万五千ドル以上の請求が多いためである。（中略）議会は琉球以外の外国の多くの賠償事件を抱えているので解決までには多くの時日を擁する。その例に二十年かかったものもある」[*66] と、依然高圧的なものであった。暗に五〇〇〇ドル以下による解決を示していたといえる。

四者会談後に行われた特別委では、喜屋武遺族代表が「今日の会見としてはわれわれの期待を裏切るような会見でありました。つまり法律上の問題を論議したのであつて、その問題をいかにして解決するかということの要点をぼかされたような状態であつたのです」[*67] と米軍の姿勢を批判した。遺族代表は、四者会談に際して高等弁務官宛に要請書を提出[*68]、「私達は天を恨み世を呪ひ憤激しようとする悲しみと怒りの心を理性の力でやっと抑えて参りました」と鬼気迫る文言で「早期円満解決」を訴えた[*69]。だが、それに対する米国民政府側の回答は、要請書は四者会談前に書かれたものであり、その際に回答はなされている、遺族は確立された法規と先例に基づいて速やかかつ公正に合意を求め、個人的な政治的野心のために貴方の不幸を利用しようとする者達の犠牲にならないことを希望する[*70]、という遺族の気持ちを逆撫でする内容であった。

三一日、特別委は首相両院議長宛及び高等弁務官宛の要請決議案を採択する。高等弁務官宛の要請には、①完全妥当な賠償額の早期支払、②算定基準の明確化、③民間医による整形手術実施、④精神状態・智能への影響等を含む障害程度の科学的診断、⑤重症患者診断細密結果の公表、⑥東京賠償事務所送付書類の早急な査定、⑦賠償委員会の再設置、⑧生活困窮被災者への援助、が掲げられていた[*71]。

二月一日、米空軍は公式声明を行い、改めて「補償が遅れているのは①補償請求者が事故発生後三ヵ月半を経過して申請手続きを行なったこと。②補償請求額が一万五千ドルと越えたため、ワシントンの国防省に書類を送ったためである」と指摘[*72]、「請求者側の行為は外部からの間違った助言にもとづくものであった[*73]」と断じた。

それを受けて、二日、教職員会、沖青協、官公労が世話団体となり、被災者と民間団体の懇談会が行われる。「被災者側から約五十人、民間団体は世話団体のほか原水協、子供を守る会、琉大学生会　琉海労組、沖社協、教育長連合会　教育委員会、遺族連合会、那覇市職従労、沖婦連、自民、社大、人民、社会の政党代表など約二十団体があつま」り、空軍の「発表は、責任回避にすぎないと強く反ばく[*74]」。八日、二六団体連名により、米第三一三空軍師団、ブース高等弁務官、アンドリック民政官宛に「ジェット機事件に関する公開質問状」を提出、特別委の要望実現を要請するとともに、四項目の公開質問（①手続きの遅延、②一万五千ドル以上の補償、③

外部からの問違った助言、④空軍は誰とも会談しないということ）を行い、責任ある回答を要求した。[*75]

さらに九日、立法院本会議は特別委が採択した案文を基に、「石川市ジェット機墜落事件の処理に関する要請決議」（宛先：琉球列島高等弁務官）、「石川市ジェット機墜落事件の賠償金支払い促進に関する要請決議」（宛先：内閣総理大臣、衆参両院議長、外務大臣、自民党、社会党、民社党、共産党）をそれぞれ可決する。[*76]

３　米軍の攻勢と新運動方針

ところが、公開質問状に対する答えがなされないまま、二五日、スミス司令官は、「ワシントンで十分考慮したあと一万五千ドル以下で解決するようにと賠償請求書は返送されてきた」[*77]と発表。同日から二七日にかけて「軍係官と通訳が遺族の家を戸別訪問して要求額の十分の一に満たない賠償額をつきつけ、早急に受け取るよう強要して遺族を困らせ（中略）『もし受け取らなければ損をする』となかば強迫とも取られるような態度で押しつけようとした例もあり遺族のふんがいをか」うという事態が起る。「遺族が最も衝撃を受けたのは賠償の金額が大人四千六百余ドル（一人）、ほかは学童、幼児とも一律に二千五百二十《（ママ　二五二五ドルの誤り）》ドルと低額が示され（中略）査定の基準や経過については一さいふれてい」ないことであった。「遺族はこれでは納得が行かないとサインを断」り、「二十九日には四名の遺族代表が立法院議長を訪れ立法院を通してこの理由を確かめてほしいと要請した」[*78]。

三月三日、賠償協は、「遺族は二万ドルの補償を要求しており一人も受け取ったものはない」ことを確認し、今後、「新たに補償要求貫徹の運動を高めるため」、「▽各市町村でスライドで再び同事件への関心を高める。▽本土の各民主団体に協力を呼びかける。▽三月十一日から三日間、那覇市内三ヵ所で資金カンパ、署名、写真展で第一回街頭運動を行う。▽来る二十日ごろから石川市から那覇市まで完全賠償要求行進をする▽立法院の石川事件特別対策委員会に協力を求めることなどを決議した」[*79]。賠償要求運動は、立法院や行政府を通じた陳情・交渉を継続しながらも大衆運動への比重が次第に大きくなっていくことになる。

五日、被災者代表六名が改めて政治力での解決を大田主席に要望する[*80]。それを受け、八日、高等弁務官・主席定例会見において、大田主席は「たとえば宗教団体などを通じ、慰謝料を支出するといったような方法で、解決がはかられないものかどうか、被害者のケロイドの治療についても、米国側で、整形外科の専門医を選定するかあるいは、本人を米国内の施設に収容して、治療せしめることができないかどうか」[*81]という「二原則」を提案する。大衆運動の激化を避け、ソフトランディングさせる緊急性が高まる中で、解決への模索が始まる。

二三日の特別委において、喜屋武遺族代表は、「忍耐にも信頼にも限度があります。私たちは見るに忍びない残酷な状態で最愛の子を失ない、またかくのごとくひどい目にあってはとうていこらえることはできません」と現状への憤りを示しながらも、「一万五千ドルが最高というふうになった場合には、私たちとしてはこの問題は早急にそして円満に解決する意味におきまして、この線でもやむを得ない場合にはいゝのじゃないかという気持がいたします」、「こんな問題にいつまでも携るのはほんとに身を切られるよりもつらい」との認識を示す[*82]。

三〇日には市青連・昭和バス労組石川分会共催による石川市宮森小学校ジェット機墜落事件報告解決促進市民大会が石川市闘牛場で行われ、一五〇〇名余の市民が参加する。「大会ではまず中頭郡青協が製作したジェット機事件のスライドを上映（中略）被災者、遺族代表、があいさつ、石川市青連、沖青協、昭和バス、石川市職労、教職員会、官公労、琉大学生会、社会、社大、人民各政党代表、立法院ジェット機事件対策委員会の代表がそれぞれ実情報告をおこない賠償問題の早期解決をうったえた」[*83]。政党代表には自民党の姿がない。同時期、賠促協と同様に教職員会、沖青協、官公労が世話委員団体となって二月から進められた復帰協の準備会にも第三回

（四月四日）から自民党は参加しなくなる。大衆運動化し始めた中での市民大会には距離を置いたものと推測される。だが、後述のように、アイク請願デモをめぐる動きには自民党も参加しており、復帰問題とは異なる対応がなされていくことが注目される。

四月九日には、久貝法務局長が「現段階においては一万五千ドル以内で折衝したいという兆が遺族の間にみえたら十分に折衝していきたい。われわれとしては折衝にのり出しにくい状況にある。あくまでも遺族と十分協力して解決していきたい[*84]」と語り、大衆運動の動きを暗に批判している。そうした中でも、市青連は市民の関心を高め米軍に早期支払いを要求するため、さらに一〇日から署名カンパ運動を行う[*85]。

第四節　解決過程

1　琉米協調による「解決」

四月二二日、主席・民政官定例連絡会議において補償問題が話し合われ[*86]、二五日、定例記者会見でアンドリック民政官は「米国の専門医を招いて陸軍病院で整形手術をほどこす」ことを発表する[*87]。大田主席は「いわゆる〝二原則〟を提案してあったが、そのうちの一つが実現の見通しになったことは提唱者として嬉しく思っている[*88]」と語った。

二八日、世話委員団体（教職員会、沖青協、官公労）の青年層主導によって復帰協が結成される[*89]。初期復帰協は沖縄内部での対立を避けるために基地問題を棚上げする一方で、人権擁護を全面に押し出して活動を展開しており、それは「日本国憲法の適用」という結成以来の一貫した方針にも現れている。その前提には、占領以来のたび重なる人権侵害と、それに対する、特に一九五〇年代半ば以降の沖縄住民による抵抗運動があったことを想起する必要がある。[*90]

五月一四・一五日には、米国から整形外科専門医が来沖、一七日から被災者の検診を始めている。[*91] 二〇日、賠促協では二〇数名の被災者代表と教職員会、沖青協、官公労、琉大学生会、中頭郡青協、原水協、社大党、人民党の各代表が集まって懇談会を行い、検診への対応や運動方針について話し合う。「集団検診については希望者は一応受けること（中略）さきに協議会でデモ行進などを計画していたが、これは最後的な運動であるとして一応保留に」することなどが確認される。[*92]

こうしたなか大きな転機となったのは、アイゼンハワー大統領がアジア歴訪の途次沖縄を訪れることになったことである。六月二日には、石川市青連が被災者と会合し、「遺族や被災者代表各三名が政府を通じて大統領に会見を求め青年会など民間の支援団体では陳情団をくり出しデモ行進を行ない、現地で行なわれている賠償の不当を強く訴えようとの提案もあったがこの具体的な方法については賠償促進協議会とも連絡をとり、最終的に決めることになった」。[*93] デモの是非をめぐり葛藤が生じていた。

一〇日、アイク歓迎委員会（行政府、立法院、市町村長会、同議長会、琉球商議所、那覇商議所、青年商議所、農連、工連、漁連、PTA連、教職員会、沖婦連、経営協、沖縄タイムス、琉球新報、沖縄日日、琉球放送、沖縄テレビ、琉球放送テレビなど）が「第一回歓迎準備委員会を開き、ア大統領の来島に際しては、良識と礼儀をもって迎えるとの態度を申し合わせるとともに（中略）沿道でのデモ行進は禁止する」[*94] こととした。それに対し、同日の復帰協執行委員会は「大々的な請願デモを行なうことを決定『全県民に訴える』声明文を発表」[*95] する。声明文には、「今や沖縄は国家行政的費用迄負担させられ、社会保障制度さえ皆無に近い状況で、県民の生活は極度に困窮化している。又基地があるために石川のジェット機事件のような悲惨事が起り、講和前の米軍による人身傷害者と共に賠償がなされてないし、一方ホーク基地建設のための新規接収とメースの持ち込みを強行しようとしている」[96]と述べられ、こうした事態を改善するため「祖国復帰」が訴えられていた。歓迎委に加わる教職員会は「自由意志で復帰協の方針に従うことになり、特別に教職員会として会員を動員したり、児童生徒に『日の丸』をもって参加するよう呼びかけないことになった」[97]。

そして、一一日、賠促協は、「自民、社大、人民の三政党被災者連盟、子どもを守る会、遺族代表、琉海労組、原水協をふくめた話し合いをもち、アイクが来島する前日の十八日に中頭、石川市青協《ママ》を主体に宮森校から那覇までのデモ行進を行なうことを」[98]決定する。

ジェット機事件についても請願デモの準備が進められるなか、マクローレン空軍長官行政補佐官が沖縄に派遣され、大田主席が提示していた「査定額プラス・アルファ方式」を軸に、一〇日から行政府および遺族との交渉が行われる。そして一三日、死亡者について「外国賠償委員会が決定した各補償額に二千ドルを追加すること」で双方が譲歩し、解決が図られる。[99]米軍側が二〇〇〇ドルを「贈物《ギフト》」[100]と呼んだことに象徴されるように、あくまで占領軍からの恩恵によって解決される形がとられ、「軍のスポークスマンは、マックローリンの来訪はアイゼンハワーが極東旅行の途次、こゝに立寄るだろうということが知れるずっと以前に手配されたものであることを指摘して、この解決が脅迫的デモに対処してなさねばならなかったのではないと述べた」[101]。

急転直下の解決劇は、「脅迫的デモに対処」するためではないにしても、安里立法院議長が「この前の話から軍は、ア大統領が来島するまでに解決の手を打つのではないかと感じてはいた」[102]と述べたように、大統領来沖以前の解決が急がれたことは否定しえない。大衆運動に警戒しつつ、主席の主導により妥協点を見出す形がとられたのである。こうした被災者側に有無を言わさぬ琉米協調による「解決」に対し、新聞社説は「空軍師団司令部は事件の重大さ、学校の神聖をけがした点しかも被害者の大多数が学童であるという見地から外国賠償委員会が決定した各補償額に二千ドルを追加したもので、この補償額は正しく公平で、しかも寛大なものであると発表している。だが果して正しく公平で、しかも寛大な額であるかどうかは被害当事者の判断にまつほかはない」としたうえで、「遺族代表の喜屋武朝盛（ママ）さんは関係当局の誠意と支援に感謝しながらも、一方では亡くなった子どもたちのことを考えると、なんともいえぬ複雑な気持ちですと、万金を積んでも償えない傷心を訴えている」と遺族の声を紹介している。[*103]

2　アイク請願デモ

六月一四日、特別委に出席した田港被災者連盟会長は、報道などで「石川ジエット機問題が円満に解決した」とされており、負傷者の問題が置き去りにされかねない懸念を訴えた。[*104] 同日、賠促協は中頭郡青協、中部地区の各労組、市青連代表らと懇談会を開き、「負傷者の問題も早期に解決させるために」、請願デモ実施を再確認する。[*105]

市青連は、「請願デモ決定以来各区で幻灯会や説明会を開いて市民の幅広い参加を訴え、十七日は部落事務所で市民大会を開いて動員を呼びかけ、プラカードや横断幕も用意、準備を終えた」。[*106] そしてアイク来沖前日の一八日「あさ十時になると集結地の宮森校に『アイクはジェット機事件の責任をとってほしい』『この子らに補償を早く』『彼らの傷はなおせても、心の傷はなおせない』と書いたプラカードやのぼり、日の丸などをもって市青連や中頭郡青協、沖せん維、石川市職労、社会、自民、人民三政党代表がぞくぞくおしかけ」、「石川市の沿道をうずめる数千の市民の拍手におくられ石川市ジェット機事件賠償促進要求請願デモ隊の一行約二百人は十八日あさ十一時予定どおり宮森校を出発した」[*107]。デモ隊は途中一号線で普天間署の阻止を受けるが強行突破し、浦添村にて公民館や青年会員の家に分宿する。一九日朝、再び普天間署から行進禁止の注意がなされるなか、押し問答の末、道路脇から行進を続け、那覇市の復帰協主催祖国復帰要求県民大会会場に到着、県民大会参加団体と合流する。[*108]

いわゆる「アイク請願デモ」は、結成されたばかりの復帰協による復帰請願デモとして取り上げられることが多い。だが、県民大会の宣言決議にも「石川ジェット機事故による被災者への完全賠償並びに米軍人軍属による沖縄人の生命財産損失に対する完全賠償を速かに行え」[*109]が含まれているように、補償要求の請願デモと合わせて理解する必要がある。

復帰協の請願デモ隊は、「アイクと主席が会談中、琉大学生会、労組員が中心となって政府前広場でうずまきデモを続行、警官隊やホワイト・ハウス保安部員とせりあった。せりあいの途中、約二十人の武装兵がかけつけデモを鎮圧」する事態となり、大統領は当初の通過ルートを変更する。[*110] 復帰協の赤嶺統制委員長は、「武器ももたない県民に対して、完全武装兵が動員されたということは、われわれの運動がより強力なものであること、熱願が強いことを示すものである」として「勝利宣言」を行った。[*111]

3　デモ後の圧力

六月二一日、高等弁務官・主席定例連絡会議において、「ブース高等弁務官は先にア大統領来訪のとき起こったデモ事件は、ごく一部の者の行為であり、米軍はこの問題を重視してないことを明らかにした」[*112]。だが、実際には各所に対して露骨な圧力がかけられていく。

二二日、屋良教職員会会長は、米国民政府のギールス、キンカーと会っている。用件は「去る十九日のアイク来島の時のデモは暴力デモと認めるについて謝罪（暴力デモと認めこれを支持せざる声明）をせよとの事。近い中に瀬長副主席が声明書を出すはずだからそれにさんせいの署名をしたらとの事」であり、屋良は「そんな微妙な事は簡単には返事は出来ず　私も云うべき事は云って別に驚きもしなかった」という。デモ当日の日誌に「請願デモは皆の心の底にあるものを代表した具象化だ　それを見ずに多くの人は歓迎した　デモは一部だと見るのは謝りだ　その様な見方をする所にアメリカの甘さがある　アイクはデモを回避して政府の裏を通って空港に行ったとか　拙い」と記した屋良は、米軍の圧力にも毅然とした態度を示したといえる。[*113]

二五日には石川市議会において突如としてデモ規制法制定についての要請決議が二名の議員から提案され、一七対二（反対二は人民党議員）で採択される。[*114] 提案者の一人は「ジェット機賠償などのデモを規制するつもりではない」としながらも、「目的をもったプラカードで示威を行なうことはいいが、『死神を葬れ』『ヤンキー・ゴーホーム』などの言葉は、相手に失礼な言動で一般民衆の意思をふみにじるものである」と提案理由を説明した。[*115] さらに、三〇日の一周忌に行う予定であった石川市主催の合同慰霊祭を市当局が突如取りやめ、宮森小学校とPTA、遺族の共催で市青連などが協力して慰霊祭を行うこととなった。[*116] 石川市におけるこうした事態の背後には、米軍もしくは行政府の圧力があったことが推測される。

石川市議会の決議に対し、官公労や市青連はただちに抗議を行い、[*117] 三〇日には、市青連、全逓石川分会、市職労、被災者連盟などによってデモ規制法立法阻止要請撤回共闘会議が結成される。[*118] 要請決議の原因とされた復帰協も、同日の執行委で石川市議会の態度を「基地依存」によるものとし、[*119] 翌七月一日、石川市にて共闘会議同席のもと、市議会議員と懇談会を開き、決議撤回を要求し厳重抗議した。[*120] 同日には、共闘会議は二度目の会合を開き、「決議の背景には軍とのつながりも考えられるので他市町村にも影響を及ぼす恐れがあると広く関係団体に阻止体制をととのえるよう呼びかけることになった」[*121]。各方面から抗議を受けるなか、議会側は説明を二転三転させ、「立法要請ではなく布令の徹底である」、「秩序正しいデモをやってもらうためで、デモ規制法の立法化要請ではなかった」などと述べるに至るが[*122]、決議を撤回することはなかった。

そのため、一六日、共闘会議主催による石川市議会のデモ規制要請に反対し市政の動きを看視する石川市民大会が一五〇〇名余を集めて開催され、石川出身琉大学生、民連市議会議員、市青連、官公労、沖青協、沖交労、中頭郡青協、復帰協、教育委員会、琉大学生会など十余団体の代表が演壇に立った[*123]。一八日には、市民大会での決議、抗議文を市議会に提出して厳重に抗議を申し入れた[*124]。以降、市議会の要請決議は影をひそめる。

そうしたなか、一周忌にあたる六月三〇日、立法院本会議は高等弁務官宛に「石川事件賠償促進に関する要請決議」を可決し、改めて「未解決の負傷者に対する賠償については軍当局が施す治療とは関係なしに、早急なる支払いが実現できるよう積極的な処置を強く要請」した[*125]。行政府と石川市の姿勢が消極的な中で、賠償促進を図ってきたのは民間団体と特別委であった[*126]。民間団体からは、三〇日にも「この委員会を存置していただきたい」（福地曠昭の発言[*127]）との要望がなされたが、特別委は七月一一日を最後に開かれなくなる。結果、中心となるのは行政府である。七月六日、久貝法務局長は石川市を訪れて賠償金未受領者から問題点を確認するとともに、七日からは琉球政府と米国民政府が各一名係官を派遣して一人一人の実態調査を開始する[*128]。

4　本土への訴えと最終的解決

だが、そうした対応では事態が好転しないなか、八月一〇日に賠促協は世話人会を開き、「日本政府と在日外人賠償委員会に、被災者代表三人を派遣、直接折衝に当たらせることを決め」る。[129] 一五日、賠促協は官公労、沖青協、市町村長会、中頭郡青協、教職員会、ＰＴＡ、社大党、人民党、教育長協会、教育委員協会、石川市職労代表らを集め、田港会長など被災者代表三名と教職員会、官公労、沖青協の中から世話人一人を選んで派遣することを正式決定、二三日頃出発し約一ヵ月滞在の予定とし、渡航手続きを行う。[130]

立法院も別途院代表本土派遣準備として、八月一九日・二〇日の二日間、調査員を派遣し、「石川事件の資料蒐集及び未受領者四十九名の傷害程度調査のため戸別訪問」を実施する。山城元特別委委員長同席のもと行われ、田港代表からは「本年五月の専門医来島後、再入院した被災者は、その治療結果については正直のところ満足していないのが殆んどである。／なかには、今後アメリカの医師には絶対診て貰いたくないという保護者さえおる。賠償金の支払さえ受ければ自分の選んだ医師にまた、本土にわたつて高度の専門医に診て貰うことも可能だ」などの要望が出された。[131]

被災者連盟代表団の本土派遣に先立って、八月一六日には、「東京沖縄県人会神山会長、沖縄官公労亀甲情宣部長、沖青協棚原信子　沖縄連古屋事務局長ら九代表は日本社会党戸叶里子衆議院議員と首相官邸で大平官房長官、佐々木官房副長官、石井特連局長と十五分間会見（中略）自由民主、社会、民主社会、共産の各政党、同様な主旨を説明し協力方を申し入れた」。[132] 三一日には衆議院外務委員会で戸叶議員がジェット機事件を取り上げている。[133]

そうしたなか、被災者連盟代表団の派遣は、田港会長の旅券交付が理由不明のままなされず遅れていた。九月八日、賠促協は被災者代表の本土派遣を再確認し、田港会長の旅券早期交付をブース高等弁務官、アンドリック民政官、シーモンズ公安部長らに陳情、[134] ようやく公布されて一四日に泊港を出発、一九日朝、代表団は東京に到着する。[*135] 以降、二八日に在日外国人賠償委員長と会見したのをはじめ、[*136] 米国大使館、衆参両院、各政党、報道機関などに対して要請活動を展開し、一〇月一三日に帰沖する。田港会長は「私たちの上京が遅すぎ、現在ではすべての権限がワシントンの海外賠償委員会にうつっていた（中略）しかしそれでも私たちの上京は決してムダではなかった。（中略）私たちの要望に対してはたえず好意的に聞いてくれたし、見通しとしてはぐんと明るくなったように思える」と活動を振り返った。[*137]

田港への旅券交付が遅れたことは意図的であったことが推測される。九月九日には、ジェット機補償解決のため、空軍省に特別委が設置されたことが報じられており、[*138] 二八日には、シャーク空軍次官が沖縄視察として来沖して大田主席と会談、[*139] そして、一〇月一九日、賠償額の裁定が改めて開示されている。安保闘争は、米国側に改めて沖縄恒久占領の必要性を認識させたが、[*140] 岸から池田へと首相が交代し、「政治」から「経済」へとシフトさせようという中で、沖縄の補償問題が、再び本土側の反米感情を刺激する事態は避けねばならなかったといえる。

本国から派遣されたバット空軍長官代理は、「賠償については日本の法律の規定を基として考慮したが、内容の特異性、特に多くの児童に対する被害及び学校校庭ということを考慮に入れた。（中略）これは将来における前例にはされない（特異性からの前例である）と考える。この寛大な額を渡すべく小切手をもってきた。（中略）これが最後の算定額である。もはや交渉の段階ではない」[*141] と述べた。「金額は最高で五千九百五十ドル（中略）裁定総額は約十万ドル、要求額二十四万ドルの二分の一に当り当初の裁定よりはいずれも大幅に増額されており、なかには六百八十五ドルの請求にたいして二千三百二十二ドルと要求額をはるかに越えて裁定された被災者も」いたものの、「全般的にみて軽傷者や中傷だ者《（ママ）》はいたい要求に近い線で裁定されているが、重傷者はこれでも請求額よりは低いとあって不満をもっ」た。[*142] だが二一日までには二件を除いて合意に至る。[*143] 田港会長は「事件発生以来われわれを支援してくれた各団体や市民のおかげだと感謝している。とくに、先月本土に三人の代表を派遣して訴えたのが大きく功を奏したようだ。泣きねいりせずに団結して軍に当たった成果の表われだと思う。こんごこの種の問題にもひとつの前例としてわれわれの運動はきっとプラスすると信じている」[*144] と解決に至った要因を評した。残り二名の完全解決まではさらに一年を要したとされる。[*145]

翌一九六一年四月八日の復帰協定期総会で採択された「運動方針」の県内情勢では、「人権侵害の諸事件」の中で、「〔ジェット機〕事件は東西両陣営の冷戦の中心基地内にすむ沖縄県民の背負う不運な姿を如実に示すものであった。すべての民主団体や政党は石川Z機事件賠償促進協議会をつくり、完全賠償を求めて運動した。／一応賠償は解決したが、児童達の傷跡は生々しく残り、あの恐怖の一瞬は生涯忘れられないであろう」[*146] と述べられている。琉球政府や石川市などの一部の指導層が米軍との早期の妥協的解決を図ろうとする中で、「すべての民主団体や政党」が参加するという、党派を越えた「島ぐるみ」での賠償要求運動が組織・展開される。そして、本土への訴えを開始する中で、さらに米軍側を大幅に譲歩させ、補償問題は解決するのである。そうした意味で、民主党→自民党も加わった形での補償問題解決過程は、初期復帰協の目的・方針を体現したものであったということができる。

おわりに

米軍は、当初こそ柔軟な補償を明言したものの、実際にはジェット機事件が沖縄さらには本土側の反米運動に繋がるのを恐れつつ、法を建前として被災者を個別分散させて対応し、早期に収拾を図ろうとする。その態度は高圧的で交渉の余地がなく、被災者は苦境に立たされることとなる。当初から被災者支援に大きな役割を担ったのは立法院特別委であり、行政府や石川市などと比して積極的な活動を展開した。被災者は被災者連盟を組織し、個別ではなく団体で米軍との交渉を求めていくが、米軍は交渉に応じるどころか姿勢を曲げず態度を硬化していく。教職員会・沖青協・官公労などは当初は後方支援にとどまっていたが、米軍が硬化する中で、賠促協を組織し被災者とともに主体的に活動を展開し始める。それでもあくまで交渉による解決をめざしたが功を奏さず、方針を転換して住民大会やデモなどを用いた大衆運動の側面を強化していく。米国民政府と琉球政府はこうした動きを敬遠し、大田主席が主導する形で、アイク来沖を前に死亡者の補償問題について琉米協調による「解決」が図られる。だが、負傷者の補償問題をめぐって「アイク請願デモ」が展開され、さらに本土に被災者代表団が派遣される中で、安保闘争後の本土側の反米感情再燃を恐れる米軍側のさらなる譲歩によって、負傷者についても解決が図られるのである。

一九五六年以降、島ぐるみ闘争、那覇市長問題、民連ブームと、占領政策に対する沖縄側の抵抗が強まったことを受けて、米国の統治政策転換が行われ、軍用地問題も「一括払い」を放棄した解決が図られるなか、ようやく抵抗がおさまってきた時期にジェット機事件は起こる。それ自体は偶発的事件であったが、起こるべくして起きた事件として、人権擁護問題としての抜本的解決が沖縄側では意識されていく。米軍側の態度が依然高圧的ななか、被災者の決然たる態度を前提として、教職員会・沖青協・官公労など主要民間団体は、米軍被災者連盟、賠促協を組織して、米軍に対する人権擁護運動を展開、さらには復帰協、人権協会の結成に繋がっていく。

米軍占領下において、教育基本法の民立法化や主席公選・国政参加などに代表されるように、沖縄住民は米軍への請願・要求・闘争等によって権利の一つ一つを自らの力で獲得していかねばならなかった。本土側の戦後との明確な違いの一つである。そうした意味において、ジェット機事件に対する補償問題、賠償要求運動は、米軍に対する抵抗が明確に顕在化した後において、さらに抵抗の軸が人権擁護の問題へと具体化していく重要な転機となったと捉えることができるのではないかと考える。

註

＊1　事故当時の状況と近年の取り組みについては、『沖縄の空の下で①・②・③』（命と平和の語り部石川・宮森六三〇会、二〇一〇・一一年）、櫻澤誠・真栄平房昭「戦後沖縄における一教員の経験と実践―豊濱光輝氏に聞く―」（『ノートル・クリティーク』四、二〇一一年）、参照。

＊2　中野好夫・新崎盛暉『沖縄戦後史』（岩波新書、一九七六年）、一一〇頁。

＊3　我部政男「六〇年代復帰運動の展開」（宮里政玄編『戦後沖縄の政治と法　一九四五―七二年』東京大学出版会、一九七五年）、一五七頁。

＊4　新崎盛暉『戦後沖縄史』（日本評論社、一九七六年）、二〇八～二一五頁。

＊5　「石川事件に対して米国政府及び米軍の採ってきた措置について」（沖縄県公文書館所蔵琉球政府文書 R00020573B「石川市宮森小学校ジェット機墜落事件関係書類」）。

＊6　『琉球新報』一九五九年七月一日。

＊7　前掲「石川事件に対して米国政府及び米軍の採ってきた措置について」。『沖縄タイムス』一九五九年七月二日夕刊。

＊8　『琉球新報』一九五九年七月三日。

＊9　『琉球新報』一九五九年六月三〇日夕刊。

＊10　『琉球新報』一九五九年七月一日。

＊11　『琉球新報』一九五九年七月七日、『沖縄タイムス』一九五九年七月九日夕刊。

＊12 『沖縄タイムス』一九五九年七月四日夕刊。
＊13 『琉球新報』一九五九年七月一五日。
＊14 『琉球新報』一九五九年七月一日。
＊15 屋嘉比収『沖縄戦、米軍占領史を学びなおす　記憶をいかに継承するか』（世織書房、二〇〇九年）、二七二頁。
＊16 「立法院会議録」一九五九年七月六日（沖縄県公文書館所蔵、以下同）。
＊17 『琉球新報』一九五九年七月三日夕刊。
＊18 本書第三章参照。
＊19 『琉球新報』一九五九年七月二日。
＊20 『琉球新報』一九五九年七月三日、『沖縄タイムス』一九五九年七月三日。
＊21 『沖縄タイムス』一九五九年七月一三日。
＊22 『琉球新報』一九五九年七月七日。
＊23 『沖教職教育新聞』一七〇、一九六〇年三月二〇日。
＊24 「衆議院会議録」一九五九年七月一日。
＊25 『琉球新報』一九五九年七月四日。
＊26 横田球生「キャラウェイ弁務官と『トウキョウ・シックス』」（沖縄フリージャーナリスト会議編『沖縄の新聞がつぶれる日』月刊沖縄社、一九九四年）、八頁。
＊27 『琉球新報』一九五九年七月四日夕刊。
＊28 『沖縄タイムス』一九五九年七月七日、『琉球新報』一九五九年七月七日。
＊29 「立法院石川事件対策特別委員会議録」（以下「特別委会議録」、沖縄県公文書館所蔵）一九五九年七月一三日。
＊30 『沖縄タイムス』一九五九年七月一六日。
＊31 「特別委会議録」一九五九年七月一七日。
＊32 『琉球新報』一九五九年七月二一日。

＊33 『琉球新報』一九五九年七月二八日。
＊34 『沖教職教育新聞』一七〇、一九六〇年三月二〇日。
＊35 『沖縄タイムス』一九五九年八月二一日夕刊。
＊36 『琉球新報』一九五九年八月二一日夕刊。
＊37 「特別委会議録」一九五九年八月二五日。
＊38 「特別委会議録」一九五九年九月一日。
＊39 『琉球新報』一九五九年九月二日夕刊。
＊40 『沖縄タイムス』一九五九年七月二日夕刊。
＊41 前掲「石川市宮森小学校ジェット機墜落事件関係書類」。
＊42 「特別委会議録」一九五九年九月一一日。
＊43 「特別委会議録」一九五九年一〇月二日。
＊44 『琉球新報』一九五九年九月二三日夕刊。前日の二二日には、中頭郡青協会長会において石川事件対策委員会の設立が決定され支援体制強化が図られている（『沖縄タイムス』一九五九年九月二三日）。
＊45 『沖縄タイムス』一九五九年九月二五日夕刊。墜落の原因が整備不良であったことが沖縄側で明らかになるのは四〇年後のことである（『沖縄タイムス』一九九九年六月二七日）。
＊46 『琉球新報』一九五九年九月二五日夕刊。
＊47 『琉球新報』一九五九年九月二八日。
＊48 『琉球新報』一九五九年一〇月二日。一七名の遺族の内、二名（児童、一般各一名）はすでに申請・受領（但し不十分）していたが、一名を除く一四名の遺族が賠償申請を行った。
＊49 『琉球新報』一九五九年一〇月八日。
＊50 「特別委会議録」一九五九年一〇月三〇日。
＊51 『琉球新報』一九五九年一〇月三一日。これは戦後初の教育塔への沖縄県関係者の合祀であり、翌年の対馬丸事件犠牲学童

など学校関係沖縄戦戦没者合祀につながる。
＊52　『沖縄タイムス』一九五九年一一月二〇日。
＊53　『琉球新報』一九五九年一一月二一日。
＊54　『沖縄タイムス』一九五九年一一月二五日。
＊55　『琉球新報』一九五九年一一月二七日。
＊56　『琉球新報』一九五九年一二月五日。
＊57　『琉球新報』一九五九年一二月一四日。
＊58　『琉球新報』一九五九年一二月一四日夕刊。
＊59　福地曠昭「人身損失補償要求は〝反米〟とタブー視」（対米請求権記録誌編集委員会編『沖縄対米請求権問題の記録』沖縄県対米請求権事業協会、一九九四年、二〇六～二〇九頁）。
＊60　『沖縄タイムス』一九六〇年一月一二日。
＊61　「特別委会議録」一九六〇年一月一八日。
＊62　『琉球新報』一九六〇年一月二一日。
＊63　『琉球新報』一九六〇年一月二六日。
＊64　『琉球新報』一九六〇年一月二六日。
＊65　「特別委会議録」一九六〇年一月二七日。この間、二八日には、墜落事件のショックで精神病院に通う児童の様子が報道され、改めて事件の影響が再起されていた（『沖縄タイムス』一九六〇年一月二八日）。
＊66　『沖縄タイムス』一九六〇年一月二九日夕刊。
＊67　「特別委会議録」一九六〇年一月二九日
＊68　『沖縄タイムス』一九六〇年一月三〇日。
＊69　喜屋武長盛「（ブース高等弁務官宛）要請書」（一九六〇年一月二九日）（沖縄県公文書館所蔵 USCAR 文書 U81101003B「Ishikawa Jet Crash Incident.」）。

＊70 Eugene A. Salet, "DRAFT."（前掲「Ishikawa Jet Crash Incident.」）。右上段に「Final」と記載。
＊71 「特別委会議録」一九六〇年一月三一日。
＊72 『琉球新報』一九六〇年二月二日。
＊73 『沖縄タイムス』一九六〇年二月二日。
＊74 『琉球新報』一九六〇年二月三日。
＊75 『琉球新報』一九六〇年二月九日。
＊76 「立法院会議録」一九六〇年二月九日。三月一四日および二一日の参議院予算委員会において沖縄県出身の島清（社会党）が立法院決議への対応について質問を行っているが、政府側の反応は「沖縄側から、正式に日本政府に対してあっせんしてほしいという申し出は、まだ受け取っておりません」（二一日）というものであった（国会会議録検索システム）。立法院の要請決議は正式の斡旋ではなく、行政府からの申し出が必要だということだと思われる。
＊77 『沖縄タイムス』一九六〇年二月二五日夕刊。
＊78 『琉球新報』一九六〇年三月三日。
＊79 『琉球新報』一九六〇年三月四日。
＊80 『琉球新報』一九六〇年三月六日夕刊。
＊81 『琉球新報』一九六〇年三月九日。
＊82 「特別委会議録」一九六〇年三月二三日。
＊83 『琉球新報』一九六〇年三月三一日夕刊。
＊84 『沖縄タイムス』一九六〇年四月一〇日。
＊85 『沖縄タイムス』一九六〇年四月一二日。
＊86 『沖縄タイムス』一九六〇年四月二三日。
＊87 『琉球新報』一九六〇年四月二六日。
＊88 『沖縄タイムス』一九六〇年四月二六日。

＊89　拙著『沖縄の復帰運動と保革対立　沖縄地域社会の変容』（有志舎、二〇一二年）、第二章、参照。屋良朝苗は当日の日誌に「人の集り大変良し　成功であった　よくやって呉れたと思う。（中略）　若い人々の働きに感謝をする」（沖縄県公文書館所蔵屋良朝苗文書 0000096982「屋良朝苗日誌　００７」）と記している。
＊90　本書第三章参照。
＊91　前掲「石川事件に対して米国政府及び米軍の採ってきた措置について」。
＊92　『琉球新報』一九六〇年五月二一日夕刊。
＊93　『琉球新報』一九六〇年六月三日夕刊。
＊94　『琉球新報』一九六〇年六月一一日。
＊95　『琉球新報』一九六〇年六月一一日。
＊96　沖縄県公文書館所蔵沖縄県祖国復帰協議会文書 R10000360B『会議録　一九六〇年度』。
＊97　『琉球新報』一九六〇年六月一一日。
＊98　『琉球新報』一九六〇年六月一二日。
＊99　『琉球新報』一九六〇年六月一四日。
＊100　前掲「石川事件に対して米国政府及び米軍の採ってきた措置について」。
＊101　「空軍　石川の賠償請求を解決する（Air Force Settles Ishikawa Claims）」（『モーニングスター（The Morning Star）』一九六〇年六月一四日、前掲「石川市宮森小学校ジェット機墜落事件関係書類」）。
＊102　『琉球新報』一九六〇年六月一四日。
＊103　『琉球新報』一九六〇年六月一五日。
＊104　「特別委会議録」一九六〇年六月一四日。
＊105　『琉球新報』一九六〇年六月一五日。
＊106　『琉球新報』一九六〇年六月一八日。
＊107　『琉球新報』一九六〇年六月一八日夕刊。

＊108 『琉球新報』一九六〇年六月一九日夕刊。
＊109 沖縄県祖国復帰闘争史編纂委員会編『沖縄県祖国復帰闘争史　資料編』（沖縄時事出版、一九八二年）、六〇頁。
＊110 『沖縄タイムス』一九六〇年六月一九日夕刊。
＊111 『沖縄タイムス』一九六〇年六月二〇日。
＊112 『琉球新報』一九六〇年六月二二日。
＊113 沖縄県公文書館所蔵屋良朝苗文書 0000096983「屋良朝苗日誌　008」。
＊114 『琉球新報』一九六〇年六月二六日。
＊115 『沖縄タイムス』一九六〇年六月二六日。
＊116 『沖縄タイムス』一九六〇年六月二八日、三〇日。
＊117 『琉球新報』一九六〇年六月二八日、二九日夕刊。
＊118 『琉球新報』一九六〇年六月三〇日夕刊。
＊119 「第四回執行委員会」（前掲『会議録　一九六〇年度』）。
＊120 『琉球新報』一九六〇年七月二日。
＊121 『琉球新報』一九六〇年七月三日夕刊。
＊122 『沖縄タイムス』一九六〇年七月六日。
＊123 『琉球新報』一九六〇年七月一七日夕刊。
＊124 『琉球新報』一九六〇年七月二〇日。
＊125 「立法院会議録」一九六〇年六月三〇日。
＊126 福地曠昭「私の意見　未解決の石川事件」（『琉球新報』一九六〇年七月三日）。
＊127 「特別委会議録」一九六〇年六月三〇日。
＊128 『琉球新報』一九六〇年七月八日夕刊。
＊129 『沖縄タイムス』一九六〇年八月一一日。

＊130 『琉球新報』一九六〇年八月一六日。
＊131 「出張復命書」一九六〇年八月二三日（前掲「Ishikawa Jet Clash Incident.」）。
＊132 『琉球新報』一九六〇年八月一七日。
＊133 「衆議院外務委員会議録」一九六〇年八月三一日。
＊134 『琉球新報』一九六〇年九月九日夕刊。
＊135 『沖縄タイムス』一九六〇・九・一四日夕刊、二一日。
＊136 『琉球新報』一九六〇年九月二九日。
＊137 『沖縄タイムス』一九六〇年一〇月一四日。
＊138 『琉球新報』一九六〇年九月九日夕刊。
＊139 『琉球新報』一九六〇年九月三〇日。
＊140 宮里政玄『日米関係と沖縄』（岩波書店、二〇〇〇年）、一九五頁。
＊141 「空軍長官代理　バット中佐の話内容（一九六〇年一〇月一九日）」（前掲「石川市宮森小学校ジェット機墜落事件関係書類」）。
＊142 『琉球新報』一九六〇年一〇月二〇日。
＊143 前掲「石川市宮森小学校ジェット機墜落事件関係書類」。
＊144 『琉球新報』一九六〇年一〇月二一日。
＊145 屋良朝苗編『沖縄教職員会16年』（労働旬報社、一九六八年）、一九〇〜一九一頁。
＊146 前掲『沖縄県祖国復帰闘争史　資料編』、七一頁。

補論　「島ぐるみ」による沖縄戦認識の形成とその変容

はじめに――問題の所在――

本補論では、沖縄戦そのものではなく、戦後における沖縄戦の論じられ方、歴史としての「島ぐるみ」での沖縄戦認識の形成とその変容について検討する。本補論ではこれを「『沖縄戦』の戦後史」と呼んでおく。まずは、こうした点に直接かかわるものに限定した形で先行研究を整理した上で、本補論の課題を明らかにしておきたい。

第一節でも触れるように、終戦直後から沖縄戦についての文章は少なからず書かれてきたが、「沖縄戦」の戦後史に関する先行研究として取り上げるものとしては、沖縄県史編纂など[*1]の聞き取り、戦争体験の掘り起こしに加わるなかで沖縄戦研究に本格的に着手する、大城将保、石原昌家、安仁屋政昭らによる議論というのがひとまず妥当だと思われる。[*2]彼らは、一九六〇年代後半以降、聞き取りなどを開始し、住民側の動向をふまえた初めて本格的な沖縄戦研究を開始した世代であり、沖縄戦を論じる際の主流として現在にいたっているといえる。[*3]そうしたなかで、特に大城が著した『沖縄戦を考える』は、沖縄戦に関する主要な論点が網羅されており、新書サイズの読みやすいものではあるが、沖縄戦研究の一つの到達点を示したものであるといえる。[*4] 近年、当該分野の研究を精力的に行っている北村毅の言葉を借りれば、「70年代初頭に立ち上がった沖縄戦記録／継承運動は、それまでの『軍隊本位』の沖縄戦記録や語りを批判的に捉え、『住民本位』のそれに書き換えようとする運動であった」。[*5] 本補論ではこの対置を後論にある大城の言葉を借りて、「軍隊の論理」、「住民の論理」と呼ぶこととする。[*6] 一九七〇年代初頭における、復帰の在り方をめぐる「日本（ヤマト）」への疑心は、琉球処分以来の歴史を再検討することにもつながり、沖縄戦を差別の集大成として捉え、日本兵の犯罪行為を焦点化することになった。[*7]

ここで確認しておきたいのは、「軍隊の論理」に対抗する形で「住民の論理」が立ち現われてくるということである。「軍隊の論理」で表わされるものは、「軍隊」からの視点で書かれてきた日米双方からの戦史・戦記などであり、沖縄住民を受動的・客体的存在として描いてきた歴史像であるといえよう。[*8] それに対抗する「住民の論理」で表わされるものは、「住民」の視点で書かれる地上戦の現実であり、そのなかにおける住民を能動的・主体的に描き出そうとする歴史像であるといえる。

大城は次のように述べている。

後で気づいたことだが、そういう生き残ったことの後めたさ、知らないということの負い目といったものは、程度の差はあれ、同時代の沖縄人が共通して秘めている感情であったのだ。これもかなり後になって、おくればせながら沖縄戦の記録運動などに参加してみて気がついたことだが、県史や市町村史などの戦時記録などに熱心に取組んでいる人たちのほとんどは私同様に戦場体験をもたない人たちだった。／調査や記録の方法として、冷静な観察者に徹すべきだという一面があるにしろ、やはり彼らを衝き動かしている求心力というものは、死線の彼方に消えていった同胞たちへの言うに言われぬ負い目みたいなものではなかっただろうか。[*9]

おそらく、一九六〇年代後半から一九七〇年代にかけて、沖縄戦の聞き取り、研究等にかかわってきた人たちは認識を共有していたのだろう。だが、むしろ復帰後になって、「軍隊の論理」と「住民の論理」の相克はますます激しくなっていく。日本復帰以降、市町村レベルの自治体史や字誌などの戦時記録が聞き取りに基づいて作られる中で、「住民の論理」は強められていく。地域、住民を重視した記述は、必然的にそうした方向に結び付くといえる。そうしたなかで、「軍隊の論理」は「日本軍の論理」としての側面が強くなり、米軍の行為の検証が後景に退くことになってしまったことは否めない。

大城の議論を参照しつつ、さらにその相克について確認していこう。

一九七〇年代は沖縄が急激に観光地化されていく時期でもあった。その画期となったのは、沖縄国際海洋博覧会（一九七五～七六年）であり、本土資本の進出のなかで、航空会社・週刊誌等の沖縄キャンペーンによって、観光客数も上昇していく。[*10] そうしたなかで、沖縄戦、南部戦跡までもが観光、消費の対象として固定化されてしまう。

そこで現地の私たちは首をかしげてしまう。観光バスが通るコースは、海軍壕とひめゆりの塔と摩文仁丘だけなのだ。肝腎の、魂魄の塔や平和祈念資料館や平和祈念堂などは無視して通りすぎてしまう。しかも、バスの中で語られるのは旧日本軍の勇戦敢闘の戦争美談とひめゆり隊の哀話ぐらいのものである。そこでは真の戦跡らしい戦跡も見せられなければ、真の沖縄戦の内実もほとんど聞かされない。それでいったいどれだけ沖縄戦のことが理解できたというのだろうか。かえって、誤った沖縄戦のイメージを植えつけられてしまうのではなかろうか。[*11]

かつて「反戦平和の聖地」といわれた南部戦跡がとくに復帰前後から年々「沖縄の靖国」に塗りかえられていく現実を私は戦跡調査へ行くたびに見せつけられてきた。[*12]

「軍隊の論理」のなかで、沖縄の靖国化が進行していく。南部戦跡を訪れる人の中心が、復帰前までの遺族から、復帰以降、単なる観光客、マスとしての「日本人」に変わっていくが、その時に沖縄の靖国化が進行していく、というのは興味深い指摘である。しかし、それに対抗するようにして、「住民の論理」も確立していく。その象徴が沖縄県平和祈念資料館の新展示（一九七八年）であるとされる。

さらには、戦記にかぎらず、大田昌秀教授、我部政男教授らの精力的な資料収集活動によって米軍記録写真、占領資料、防衛庁沖縄戦史資料などの収集が進み、沖縄戦史研究が格段の深化をみせたのも七〇年代の収穫というべきだろう。そして最後に、こうして発掘された住民資料の集積は、七八年にオープンした平和祈念資料館の新展示に取りいれられて、沖縄戦の実相を生なましく伝えることに成功している。資料館展示のベースになっているのは県史などの住民戦時記録であるが、これがビジアルに一般に公開されたおかげで、従来の沖縄戦のイメージはコペルニクス的転回を遂げたと言っていいだろう。すなわち、軍隊の論理に基く沖縄戦像から、住民の論理に基く沖縄戦像への転換であった。[*13]

沖縄戦をめぐる「軍隊の論理」と「住民の論理」は完全に分化、並存する形となり、相容れないものとなる。この段階で、「住民の論理」は沖縄の「島ぐるみ」による沖縄戦認識になったともいうことができる。

その相克がはっきりと表れたのが、一九八二年の教科書検定問題であり、そうしたなかから、沖縄においては、ひめゆり平和祈念資料館設立の動きが起こり、また、第三次家永教科書裁判（一九八四〜九七年）において沖縄戦が争点となってくる。教科書をめぐる相克が形を変えて再び二〇〇七年に噴出したことは記憶に新しい。

その後も自治体史や字誌などの編纂過程のなかで、調査・研究は進められていくが、一九九〇年代以降、冨山一郎[*14]など県外の研究者から新たな視点に基づく研究が現れるようになる。二〇〇〇年代にはさらに鳥山淳、[*15]多田治[*16]、福間良明[*17]、北村毅[*18]、上杉和央[*19]、浜井和史[*20]、粟津賢太[*21]、萱野聡美[*22]、小野百合子[*23]らの研究が出てくる。[*24]これらの研究の前提としては新史料の発見・公開、聞き取りの成果や、新たな方法論の導入などがあるといえるが、総体としてみてみると、援護、慰霊、観光、歴史認識などが、絡まり合いながらも焦点が分かれ、研究の分散化が進んでいるようにも思われる。他分野にも存在する、このような個別分散化という状況は、見方を変えれば、「沖縄戦」の戦後史をめぐる研究が一定程度まで到達したことを示すといえるのかも知れない。

ただ、これまでの研究の多くには違和感を覚える点がある。それは、一九七〇年代の到達点として獲得された、「軍隊の論理」に「住民の論理」を対置させるという軸のなかで、無条件、もしくは無意識のうちに、「軍隊の論理」＝本土側、「住民の論理」＝沖縄側という線引きがなされているのではないか、と思われることである。[*25]このことは、従来、「軍隊の論理」を強調することが右翼的・保守的であり、「住民の論理」を強調することが左翼的・革新的であると捉えられてきたことと無縁ではなかろう。

そうした構図によって生じる問題とは何か。それは、研究が本格化する、一九六〇年代後半以前の歴史を遡及的にみてしまうことによって、そのフレームから外れる部分は捨象されてしまうということである。

後論を先取りして例をあげれば、意識的か無意識的かはともかくとして、沖縄県護国神社をめぐる問題は完全にオミットされている。本来、「軍隊の論理」と「住民の論理」は沖縄側においても表裏の関係であったはずである（「日本人」として最大限の戦争協力をした、それによって、地上戦において多くの悲惨な状況が生じた）。護国神社は、住民側からも求められるなかで再建されていく。それが、政治的バイアスのなかで、「軍隊の論理」

＝本土側、「住民の論理」＝沖縄側という単純な図式で整理されるようになり、護国神社には触れられなくなることの問題性こそが問われるべきではないか。この点については、再度、第三節において論じることにしたい。

こうした視点は、戦後沖縄の保革対立は自明のものではなく、復帰運動の革新化過程のなかで捉えなければならないという、私の持論との関連のなかであらわれたものである。[*26] 検討に際しては、従来、「革新勢力」としてひとくくりにされがちな沖縄教職員会やその幹部の動向が重要となる。本補論は、一九六〇年代後半に保革対立軸が確立する以前において存在した一つの「島ぐるみ」の在り方を明らかにする試みであるとともに、今後本格的に検討されていくべき論点を提起するものである。

第一節　戦後初期における「沖縄戦」

沖縄戦による沖縄県出身者の戦没者数は、軍人・軍属二万八二二八名、戦闘参加者（準軍属）五万五二四六名、一般住民三万八七五四名、計一二万二二二八名とされる。[*27] 沖縄県民に遺族でないものはいないといわれるゆえんである。しかも、これはあくまで概数にすぎない。戦災によって戸籍等が消失した沖縄では、正確な一般住民の戦死者を把握できない。一般住民の戦死者というのは、軍人軍属をのぞく住民の戦死者を九万四〇〇〇名と想定し、そこから戦傷病者戦没者遺族等援護法（以下、援護法）適用者である戦闘参加者（準軍属）を引いた数にすぎない。さらにいえば、この戦没者数のなかには、終戦前後のマラリアや餓死などで亡くなった人たちは含まれておらず、それを含めると一五万人前後になるとも推定されている。

その後、一九四五年一〇月から一九五二年末までに、沖縄本島を中心におよそ一七万人の「海外」引揚者があったとされ、そこには復員軍人や移民・出稼ぎ者のほか、主に疎開者からなる南九州（約六万五〇〇〇人）と台湾（約二万人）からの引き揚げも含まれる。[*28] 沖縄住民にとって、「沖縄戦」は決してひとくくりにできるものではなく、個々人の実体験そのものが認識の基礎になっていることはいうまでもないが、もう一つ重要なことは、戦後の沖縄には「沖縄戦」を経験していない人が三分の一強も存在しており、その後も増え続けていくということである。「沖縄戦」の共通認識が形成されていく過程に注目する重要性がここにある。

「はじめに」でもふれたように、沖縄戦の語りは、実際の体験者よりもむしろその周辺、参加しなかった疎開者、移民・出稼ぎ者などが求めていく傾向が強いとされる。沖縄戦で生き残った、さらには沖縄戦の場にいなかったからこそ肉親の死にこだわるということは、多くの人にみられることである。例えば、教職員会会長となる屋良朝苗の娘は当時師範女子部在学中であり、ひめゆり学徒隊に参加して亡くなっている。[*29] 一九四八年の沖縄教育連合会発足から教職員会時代も含め、一二年間、事務局長として屋台骨を支えた新里清篤も、対馬丸遭難によって、母と妻、子ども三名、そして兄の妻と子ども六名を失っており、一九五七年には疎開船対馬丸遭難学童遺族会の会長となっている。[*30] 一九五二年四月に教育連合会から教職員会へと改組され、屋良が会長となるが、着任間もなく、教育関係戦没者の大慰霊祭を提案し、自ら同行事の運営計画を立て、小学校校庭を祭場として実行している。一九五四年秋に完成した教育会館には、七千六百余名の教育関係者の名札をかかげた慰霊室が設けられ、毎年慰霊祭が行われるようになる。[*31] ひめゆり学徒隊や疎開船遭難者を含む、教育関係戦没者の扱いを「慰霊」や「顕彰」という形で本土側に求めていくという端緒はここに存在しているといえる。

沖縄戦以後、本土側とは分離占領されることとなった沖縄の実情に本土側の関心が集まるのは、一九五五年一月の「朝日報道」を待たねばならないが、沖縄戦に対してはそれ以前から強く関心が持たれることとなる。注目されるのは、仲程昌徳などの先行研究に指摘されている、戦記のなかに表象された沖縄戦である。[*32]

その端緒は、古川成美『沖縄の最後』（中央社、一九四七年一一月）であり、同書はたちまち一〇万部を突破したとされる。続いて古川は八原博通高級参謀の手記を参照した『死生の門—沖縄戦秘録』（中央社、一九四九年一一月）を出版している。古川の戦記には沖縄住民の動向はほとんど触れられていない。また、続いて宮永次雄『沖縄俘虜記』（雄鶏社、一九四九年一二月）が出される。同書には、既に収容所内で広く知られたエピソードだったとされる「姫百合の塔」[*33]や、「沖縄娘」、「孤児」についての記述も見られるが、沖縄住民への記述は、捕虜となった日本兵の視点から書かれた限定的なものである。

一九四九年九月から沖縄県出身の石野径一郎による「ひめゆりの塔」が文芸誌で連載され、翌年『ひめゆりの塔』（山雅房）として出版されている。情報収集の限界もあり、史実とのズレなどはあるものの、日本軍将校による女学生への性的な視線や女性教師を死に追いやるほどの圧迫、そして、ひめゆりの恋愛など、あくまでフィクションであるとはいえ、その後、映画化され、偶像化されていくなかで、「ひめゆり」イメージが純化されていく以前の多様な描写を読みとることができる。[*34]

本土側で出される戦記・小説による沖縄戦の表象に対して、沖縄側は違和感を抱く。実態を十分に捉えてはおらず、住民側の視点から見た沖縄戦を記述する必要があるとして、『鉄の暴風』（沖縄タイムス社、一九五〇年八月）、仲宗根政善『沖縄の悲劇—姫百合の塔をめぐる人々の手記』（華頂書房、一九五一年七月）、大田昌秀・外間守善『沖縄健児隊』（日本出版協同、一九五三年六月）などが出されることになる。そこでは、「慶良間（座間味島、渡嘉敷島）での集団自決」や、スパイの嫌疑をかけられ処刑された人物などについても記述がなされている。ただ、この時点では、戦場という「異常時」における悲劇を事実として淡々と記述しているように思われる。

認識の転換は、一九七〇年前後に日本軍の構造的暴力・犯罪性を暴く論理が主流になるのを待たねばならない。ひめゆり学徒隊についても、表象が独り歩きしつつある状況に対して、当事者の手記を綴っていくなかで出来得る限り事実を再現し示していくという方法がとられている。総じて、本土側の戦記・小説に対して、沖縄側は体験記を綴ることによって、「沖縄戦」をめぐる表象をより原体験に引き戻そうとしたと考えられる。ただ、体験記は各自の経験の断片に留まらざるをえない。未だ原体験が生々しい当時において、「住民の論理」に立って沖縄戦の全体像を検討するような状況にはまだなかったのだといえよう。

「ひめゆりの塔」は、石野の小説が出た後、すぐに映画化が検討されるが、占領下においては実現ができなかった。一九五二年四月二八日、対日講和条約が発効すると、戦争を扱った映画が続々と製作されていくが、そのなかにおいて、一九五三年一月に公開された今井正監督「ひめゆりの塔」(東映)は、六〇〇〇万人を動員、配収も一億八〇〇〇万円を記録し、当時における邦画・洋画を含めた記録を更新し未曾有の大ヒットとなったとされる。[35] テレビ普及前の時代であり、映画全盛期の当時においてその影響力は大きく、一般の人たちの多くはこの映画によって沖縄戦の「実態」を知ることとなったのである。映画の原作には、石野の『ひめゆりの塔』のほかに仲宗根政善の『沖縄の悲劇』が加わり、より史実をベースとした構成になっている。

映画公開前に脚本を入手した、ひめゆり学徒隊遺族会、沖縄教職員会、ひめゆり同窓会などからは、「ひめゆりの塔を赤くよごすな」といった抗議の声が起こり、在東京沖縄出身者による上映禁止を求める運動が起こる。[36] 今井監督はレッドパージの対象となっており、左翼的な政治偏向映画ではないかとの懸念がもたれた。また、「沖縄人」が異種族、被圧迫民族であるかのような表現が見られ、沖縄と日本とを切り離す危うさがあるとして、祖国復帰を打ち出す際の大きな問題と考えられたのである。だが、現実にはそうした危惧は杞憂に終わったといえる。

映画「ひめゆりの塔」は、沖縄戦＝ひめゆりの悲劇というイメージを定着させていく。御国のために純真無垢に尽くした。崇高なイメージ。学徒出陣した学生や、特攻隊に対するイメージに通じるものとして理解されたといえる。[*37]まさに「ひめゆり学徒隊のアイドル化[*38]」が生じるのである。また、この映画には、米軍そのものが具体的に登場しない。艦砲や機銃掃射などの爆撃によって米軍の存在は示される。地上戦であるはずの沖縄戦は、空襲で逃げ惑う図式として描かれている。これは本土側でシンパシーをもって受け入れられた要因ともなっただろう。「唯一の地上戦」「悲惨な戦場」「幾多の悲劇」といったフレーズのなかで、日本ナショナリズムという安全装置がつけられた形で、「ひめゆり」は「日本人」の悲劇として心地よく受容されたのである。また、さらにいえば、現実の戦局がわからないままに（軍部にだまされたままに）、健気に国のために尽くした、というイメージは、援護法適用の具体的作業の過程で一方的に投影されていくといえるのではないか。

第二節　「援護法のワク」をはめられた「沖縄戦」

対日講和条約発効により、日本の潜在主権は認められつつも米国による単独占領が固定化された沖縄に対して、援護法（一九五二年四月三〇日公布）や恩給法（一九五三年に復活）の適用が図られていくことについては、これまでも指摘されてきた通りである。[*39]
一九五三年三月、米占領下の南西諸島への適用が公表されるが、その後の認定作業は遅延する。一九五四年から五六年にかけて、沖縄の軍用地問題が争点となるなかで、「結局日本政府は、軍用地問題の打開に向けた交渉には乗り出さず、沖縄住民の生活安定を図ることを通して米国統治を支える途を模索していくが、そこで着目された方策の一つが沖縄戦の犠牲者に対する援護であった[*40]」とされる。ただ、そうした側面はあるにせよ、ここで指摘したいのは、援護法や恩給法を適用する過程で本土と沖縄との関係が着実に作り上げられていくということである。例えば、恩給法適用に関連して衆議院議員視察団四名のうちの一人として派遣された稲村順三（左派社会党）は帰京後、「たしか沖縄（ママ）人の民族感情とか、反米感情とかもあろうがそれよりも占領政策の純軍事的性格と基地経済の行詰りとが、沖縄人の生活を蝕んで、いまではそれほど豊かでもなかつた日本領時代の生活に郷愁を覚えさすほどに惨めなものにしているところに最も深い根があるのではなかろうか」と、戦後の米軍による圧政が日本への復帰意識を生みだしていることを的確に理解し述べている[*41]。こうした過程で日本と沖縄との紐帯は深まり、対日講和条約発効時点で潜在主権は残されたものの未だ揺らぎのある帰属問題が、次第に将来的な復帰／返還へと方向性を明確にしていくのだといえるのではないか[*42]。

一九五六年七月、総理府恩給局長が沖縄を視察、記録消失による未処理（八割）の早期適用、戦闘協力者（「約四万人」）にも準じた援護の検討を始める。一九五七年三〜五月には「戦闘参加者」調査が行なわれ、厚生省は認定方針を決定、一九五七年八月には申請手続が開始される。この間、「琉球政府、遺族会、教職員会などでは、沖縄の特殊事情を拠りどころにして、援護法の適用範囲を拡大せよという陳情運動を展開した[*43]」。援護法によって、本土側では、空襲被害者などの非戦闘員は保証されないが、沖縄は「唯一の地上戦」として、特例とされることになる。認定者は、一九六一年六月末までに三万七七〇〇名、一九六五年八月末までに四万七四〇〇名に達したとされる。

そこで出されたのが、以下の二〇項目にいずれかに該当すれば、援護法を適用されるというものである。

①義勇隊②直接戦闘③弾薬・食糧・患者等の輸送④陣地構築⑤炊事・救護等雑役⑥食糧供出⑦四散部隊への協力⑧壕の提供⑨職域による協力⑩区村長としての協力⑪海上脱出者の刳舟輸送⑫特殊技術者⑬馬糧蒐集⑭飛行場破壊⑮集団自決⑯道案内⑰遊撃戦協力⑱スパイ嫌疑による斬殺⑲漁撈勤務⑳勤労奉仕作業[*44]

援護法適用への申請手続きのなかで、事実の暴力的な隠蔽が生じることとなる。例えば、日本兵による食糧掠奪は「⑥食糧供出」、壕からの追い出しは「⑧壕の提供」という具合にである。[*45] 大城は援護法に関して次のように述べる。

援護法のワクがはめられたことによって、沖縄戦をみつめる眼が自由でなくなった。そこから事実の歪曲がはじまる。戦争体験の虚構が一般化する。あるいは沈黙が凝固し、真実が真実として語りにくくなってきた。そして、援護法への安易なよりかかりの姿勢は、やがて、軍人顕彰を本旨とする靖国思想へとひきずられていく弱点をつねに内包していることを自戒しなければなるまい。[*46]

いま一つの問題点は靖国神社への合祀がある。援護法は遺族年金などの物的援護と慰霊祭祀等の精神的援護を二本の柱としているが、援護法に該当する戦死者はすべて自動的に靖国神社に合祀されることになる。その場合の意義づけは、「護国の英霊」を顕彰するところにある。[*47]

援護法（物的援護）と慰霊祭祀（精神的援護）を二本の柱と指摘し、援護法と靖国への合祀との不可分性を指摘していることは重要である。ただ、「軍隊の論理」としての靖国神社への合祀には注目がなされるものの、それに対置される「住民の論理」では包摂することが困難な、沖縄側の強い希望によって再建される沖縄県護国神社については触れられていない。

こうした点を考える際には、単純に「日本（ヤマト）」対「沖縄」で論じることはできないであろう。むしろ、戦後においてもなお、沖縄側も「軍隊の論理」を積極的に展開することによって、自身のアイデンティティ、生活の確保をしようとしていった点も含めて考えなければ一面的な理解に終わってしまうだろう。その前提には、「日本人」であることの積極的な証明として沖縄戦に参加し、その証明に基づく補償がアイデンティティをさらに担保するという流れが存在するのである。

第三節　沖縄側の援護と慰霊・顕彰をめぐる動き

沖縄戦そのものについての調査研究が進められてきたことは前述のとおりだが、沖縄戦戦没者の慰霊・顕彰[*48]がどのように考えられてきたのかについては、近年の北村毅、上杉和央、浜井和史らによる研究まで十分に視野に入っていなかったといえる。ただ、これらの研究には学ぶところが多いものの、なお不十分に感じられる点がある。それは、既述したことにさらに詳しく述べるとすれば、沖縄における遺族会と沖縄県護国神社再建との関連、米軍の直接占領が続くなかで沖縄に対しても行われていく一九六三年以降の戦没者叙勲の意味などについてまで論及が及んでいない点である。[*49]従来論点とされてきた沖縄への援護法の適用、そして、近年検討されている遺族会や戦没者追悼式だけでなく、沖縄県護国神社再建の動向も踏まえる必要があると考える。

対日講和条約発効直後の一九五二年五月二日、新宿御苑において、第一回全国戦没者追悼式が行われるが、沖縄からも代表三名が参加している。[*50]一九五二年八月一九日には、第一回全琉戦没者追悼式（琉球政府主催、琉球大学広場）が行われ、本土側来賓として、木村忠二郎厚生省引揚援護庁長官、今城登南連所長、故牛島満中将夫人、故大田実少将夫人、故荒井退造県警部長令息が招かれている。上杉は、「日本の新たな一歩を踏み出す際の紐帯として戦没者追悼に伴うアイデンティティ創出が期待されていたことは容易に想像がつく」[*51]とする。全琉戦没者追悼式は、以降、毎年行われるが、一九五五年（第四回）で途絶する。

この間、県単位の遺族会も組織される。一九五二年二月一〇日、琉球遺家族会が結成され、一九五二年一一月一六日には琉球遺族連合会と改称、一九五三年一〇月一七日には日本遺族会支部となっている。沖縄青年連合会などと同様、早期における組織系列化、組織的「復帰」の最たる例である。一九五四年七月三一日には、財団法人沖縄遺族連合会となる。屋良朝苗は五代副会長を一九五七年三月から一九六六年二月の長きにわたり務め（この間の会長は山城篤男、事務局長は金城和信）、一九六五年度（昭和四〇年度）には、日本遺族会会長賞も受賞している。[*52]

南部戦跡には一九六〇年代に各都道府県の慰霊塔が乱立し、[*53]戦跡参拝、「舶来品」ショッピングなどからなる慰霊観光が始まるが、[*54]こうした動向には、前史としての一九五〇年代が存在した。ちなみに、一九四〇年代末頃から既に次のような期待が存在したとされる。

何時の日か沖縄と本土の交通が自由になつたら、どの位多数の遺族が、父や夫、子供の供養のため、日本からこの南海の島に殺倒することであらうか。（中略）それはアメリカにとつても同じことである。いつか、アメリカの遺族団が来るといふ噂が立ち、ホテルなど色めき立つたさうであるが、朝鮮戦争勃発のため、沙汰止みになつた相である。[*55]

一九五四年一月、沖縄観光協会が発足し、慰霊観光の奨励を掲げる。[*56]一九五四年四月には、北霊碑巡拝団が来沖して慰霊塔を建立するなど、巡拝の機運が熟すなか、一九五六年四月、沖縄巡拝遺族を迎える会が発足する。会長山城篤男、副会長新里清篤、事務局長金城和信で、事務局は沖縄遺族連合会内に置かれた。一九五六年以降、日本遺族会主催による各都道府県遺族の沖縄巡拝が実施され、渡航条件が厳しいなかで迎える会はその受け皿となる。

一九五〇年代後半以降、慰霊観光がさかんになる一方で、議員や官僚、大学教授など、本土からの要人訪問も増加し、その多くがひめゆりの塔をはじめとする南部戦跡を訪れるが、特に一九六五年八月の佐藤首相の来沖は、ひめゆりの塔を含む南部戦跡にとっても大きな転機となる。同年以降、戦跡整備が進み、復帰後の国定公園へとつながっていくのである。[*57] そして、その「佐藤首相を迎える会」の会長は松岡政保琉球政府主席、副会長の一人は屋良教職員会会長であった。

ところで、四六都道府県の慰霊塔が存在するなかで、沖縄県の慰霊塔が存在しないことがしばしば指摘される。その理由の一つとして挙げられるのは、戦場となった各地域に慰霊塔が存在していることである。慰霊塔については、吉浜忍が次のような指摘をしている。

忠魂碑の場所に慰霊の塔が建てられた例もあり、その数は多い。例えば、大宜味村・本部村・平良村・城辺村・伊良部村・《ママ》・竹富村・読谷村渡慶次、勝連村字平安座があげられる。忠魂碑と慰霊の塔は、どちらも戦没者(戦死者)の「慰霊」をする「記念碑」であるが、出征軍人の「名誉の戦死」と沖縄戦の「非業の死」が同居し、奇妙な「慰霊空間」をつくっている。このことに関して、関係者がその是非について議論したかどうか、管見によれば聞いたことがない。これも沖縄の「慰霊の仕方」の特徴なのだろうか。[*58]

ここで「奇妙」と感じられているのは、沖縄に存在する忠魂碑を「軍隊の論理」、慰霊塔を「住民の論理」で理解しようとするからではないだろうか。また、「軍隊の論理」=本土、「住民の論理」=沖縄、という図式のなかでみえなくなってしまうものの一つは、沖縄住民もまた、まさに「軍隊の論理」によって沖縄戦を積極的に戦ったという側面である。沖縄にはむしろ、「軍隊の論理」と「住民の論理」が混在していることが、忠魂碑と慰霊塔との関係にも象徴的に表れているように思われる。

また、浜井が指摘するように、一九五五年の沖縄市町村会長、沖縄遺族連合会などによる鳩山首相、関係閣僚への各種陳情には、「(一)遺骨処理費及び納骨堂補修費を本土より支出すること、(二)全島に散在する納骨堂より分骨して中央に慰霊碑を建立し、沖縄戦戦没者に対する慰霊の中心地とすること」[*59]が要求されていた。ここには南部戦跡が現況とは別の道をとった可能性があることが示唆されており、また、沖縄の場合、慰霊が即遺骨収集の問題と結び付いていることも示している。[*60]

ところで、援護法の沖縄への適用、及びその適用範囲を広げるにあたって、教職員会が積極的に活動を展開したことは既に述べた。援護法の適用を受けることはすなわち靖国神社に合祀されて慰霊・顕彰されることであり、そのことは、沖縄県護国神社における慰霊・顕彰に必然的につながっている。教職員会およびその幹部もまた、護国神社再建にも積極的に関与していくこととなる。

援護法適用への動きが進むなか、一九五七年一〇月一六日には靖国神社奉賛会沖縄地方支部(会長与儀達敏、副会長山城篤男・吉元栄真)が発足している。同支部は一九六〇年二月二四日に財団法人沖縄戦没者慰霊奉賛会(発起人山城篤男、会長安里積千代、副会長山城篤男・具志堅宗精・大山朝常)に改組され、理事には沖縄遺族連合会副会長でもある屋良朝苗も名を連ねている。[*61]

一九五八年一月二五日、全琉戦没者追悼式が戦没者中央納骨所(那覇市識名)において日本政府・琉球政府の共催で行われる。一九五五年以来の琉球政府による戦没者追悼式である。日琉両政府共催による追悼式は、一九五六年から日本政府が遺骨収集に予算を出すなかで、日本政府が琉球政府に委託して建立した中央納骨所の除幕式と同時に開催することで実現したものである。本土側来賓は、北白川祥子靖国神社奉賛会会長、筑波藤磨靖国神社宮司、岩重隆治靖国神社総務部長、水戸靖国神社事務局長、藤原節夫総理府総務副長官、安藤覚衆院代表、三木治郎参院代表らであった。[*62] 靖国神社トップの錚々たる面々が勢ぞろいしていることが注目される。

翌一九五九年四月二五日には、沖縄県護国神社仮社殿が建立され、戦災で消滅していた護国神社が再建される。だが、本社殿の復興は容易には進まなかった。本社殿復興を目指すなかで、一九六二年二月一四日、社団法人沖縄県護国神社復興期成会が設立される。会長には具志堅宗精、副会長には山城篤男、長嶺秋夫が就任し、屋良は評議員、喜屋武真栄教職員会事務局長（同年四月には沖縄県祖国復帰協議会会長となる）が理事となっている。「屋良朝苗教職員会会長等の協力で全琉学童一仙募金を行う」[*63]など、教職員会は組織を挙げて本社殿復興に取り組む。

一九六五年一一月一九日、本神社社殿の復興がなる。以上の経緯をふまえれば、県単位の慰霊塔が沖縄だけ存在しないことの理由は、沖縄県護国神社の存在をふまえれば理解できるようにも思われる。護国神社の復興にあたっても、教職員会およびその幹部は重要な役割を担い、復興基金を集める際には児童を通じて募金を展開している。しかしながら、沖縄内部における初の保革全面対決といわれる教公二法阻止闘争によって、教職員会が「革新」に大きく舵を切った後、一九六七年七月二〇日、社団法人沖縄県護国神社復興期成会を発展解消して創立された財団法人沖縄県護国神社奉賛会（会長具志堅宗精、副会長長嶺秋夫）からは、これまで護国神社に関連するどの組織にも名を連ねていた教職員会幹部の名前が消えるのである。

おわりに

一九六〇年代後半における「革新化」以降、それ以前の民族主義的復帰運動を内外から批判されることになる教職員会にとって、従来から大きなトゲとみなされてきたのは「日の丸掲揚運動」である。その総括はいまだ十分になされているとは言い難い。だが、おそらくそれ以上にアンタッチャブルな問題が援護法・護国神社という、「『沖縄戦』の戦後史」をめぐる問題ではなかろうか。

日本国民として祖国のために戦った沖縄住民に対する援護法の適用を、帰るべき祖国への紐帯として求め、その結果として靖国に祀られ、そのための沖縄側の社である沖縄県護国神社を再建する、という一連の流れは、おそらく、祖国復帰を求めて日の丸を掲げることと同様に、当時においては「自然の流れ」として考えられていたのではないかと思われる。

強調しておきたいのは、私の意図は、決して教職員会や同時期に護国神社復興、恩給法・援護法の適用を求めた人達を糾弾することではない、ということである。沖縄において「保守」と「革新」が未分化であった一九六〇年代半ばまでにおいて、その未分化の象徴ともいえるのが教職員会であったともいえる。その教職員会において、幹部が青年教員などの突き上げを受けるなかで、革新化に転じていくことはすでに拙著で論じたとおりだが、[*64]今後はそうした過程で、護国神社との関わりや日の丸掲揚といった、負の側面に転化していく部分について、早急なイデオロギー批判をして事足れりとするのではなく、まずは実証的に検証していく作業が必要だと考えている。歴史的評価はそれをふまえて行われるべきだと考えるからである。

註

＊1　『沖縄県史　第九巻各論編八沖縄戦記録1』（琉球政府、一九七一年）、『沖縄県史　第一〇巻各論編九沖縄戦記録2』（沖縄県教育委員会、一九七四年）、『那覇市史　資料篇第二巻中の六　戦時記録』（那覇市役所、一九七四年）、『これが日本軍だ―沖縄戦における残虐行為―』（沖縄県教職員組合戦争犯罪追及委員会、一九七二年）をひとまず挙げておく。

＊2　彼らが記録運動を含めて論じたものに以下のものなどがある。嶋津与志（大城将保）『沖縄戦を考える』（ひるぎ社、一九八三年）、石原昌家「沖縄戦体験記録運動の展開と継承」（『沖縄文化研究』一二、一九八六年）、安仁屋政昭「沖縄戦を記録する」（歴史学研究会編『事実の検証とオーラル・ヒストリー―澤地久枝の仕事をめぐって―』青木書店、一九八八年）。また、戦記を論じた、仲程昌徳『沖縄の戦記』（朝日新聞社、一九八二年）も重要である。

＊3　石原昌家・大城将保・保坂廣志・松永勝利『争点・沖縄戦の記憶』（社会評論社、二〇〇二年）、参照。なお、多岐にわたるため詳細は省くが、二〇〇七年の教科書検定問題をうけて、関連する論稿が多く出されている。

＊4　目次は以下の通り。序　デイゴの花の頃／沖縄戦を聴く・読む・歩く・考える／教科書から消された住民虐殺／沖縄戦とは何か／沖縄戦はどう書かれたか／戦跡はなぜ隠されたか／沖縄戦はいつ終ったのか／ナゾの戦没者数／集団自決は誰が命じたか／結　命どぅ宝。

＊5　北村毅「沖縄戦跡の『表通り』と『裏通り』―『沖縄戦記録／継承運動』の源流―」（『ヒューマンサイエンスリサーチ』一三、二〇〇四年）、五二頁。

＊6　註＊13、引用文の文末を参照。

＊7　具体的には、一九七〇年三月の渡嘉敷島における二五周年慰霊祭に際しての、赤松（元大尉）隊長拒否の動き、復帰後の自衛隊を日本軍の再来と捉えた自衛隊拒否闘争などとしてあらわれる。一九七五年の海洋博におけるひめゆりの塔火炎瓶事件も、大きくはそうした文脈のなかで捉える事が可能であろう。

＊8　第一節で触れる戦記等のほか、例えば、一九六八年には防衛庁戦史室編による『沖縄方面陸軍作戦』、『沖縄方面海軍作戦』が刊行されている。一九六〇年代には「旧日本軍の戦闘記録の刊行物が顕著にみられる」とされる（吉浜忍「沖縄戦後史にみる沖縄戦関係刊行物の傾向」『史料編集室紀要』二五、二〇〇〇年）。

＊9　前掲『沖縄戦を考える』、一二頁。
＊10　多田治『沖縄イメージの誕生　青い海のカルチュラル・スタディーズ』（東洋経済新報社、二〇〇四年）、参照。
＊11　前掲『沖縄戦を考える』、四九頁。
＊12　前掲『沖縄戦を考える』、六〇頁。
＊13　前掲『沖縄戦を考える』、一二六〜一二七頁。
＊14　冨山一郎『戦場の記憶』（日本経済評論社、一九九五年、増補版二〇〇六年）、同「沖縄戦『後』ということ」（歴史学研究会・日本史研究会編『日本史講座一〇　戦後日本論』東京大学出版会、二〇〇五年）、冨山一郎「言葉の在処と記憶における病の問題」（同編『歴史の描き方③　記憶が語りはじめる』東京大学出版会、二〇〇六年）。
＊15　鳥山淳「沖縄戦をめぐる聞き書きの登場」（『岩波講座アジア・太平洋戦争6　日常生活の中の総力戦』岩波書店、二〇〇六年）。
＊16　前掲『沖縄イメージの誕生　青い海のカルチュラル・スタディーズ』。
＊17　福間良明「『沖縄戦』を語る欲望の交錯―『ひめゆりの塔』―」（『「反戦」のメディア史―戦後日本における世論と輿論の拮抗―』世界思想社、二〇〇六年）。
＊18　北村毅『死者たちの戦後誌　沖縄戦跡をめぐる人びとの記憶』（御茶の水書房、二〇〇九年）、前掲「沖縄戦跡の『表通り』と『裏通り』―『沖縄戦記録／継承運動』の源流―」、同「戦死者へ／との旅―沖縄戦跡巡礼における〈遺族のコミュニタス〉―」（『人間科学研究』一八―二、二〇〇五年）、同「〈戦争〉と〈平和〉の語られ方―〈平和ガイド〉による沖縄戦の語りを事例として―」（『人間科学研究』一九―二、二〇〇六年、同「『魂魄之塔』再考―その大きくて、深い、沈黙の穴―」『沖縄学』九―一、二〇〇六年）、同「沖縄の『摩文仁の丘』にみる戦死者表象のポリティクス―刻銘碑『平和の礎』を巡る言説と実践の分析―」（『地域研究』三、二〇〇七年）。
＊19　上杉和央「那覇から摩文仁へ―『慰霊空間の中心』をめぐって―」（『二十世紀研究』七、二〇〇六年）、同「記憶のコンタクト・ゾーン―沖縄戦の『慰霊空間の中心』整備をめぐる地域の動向―」（『洛北史学』一一、二〇〇九年）。
＊20　浜井和史「沖縄戦戦没者をめぐる日米関係と沖縄」（『外交史料館報』一九、二〇〇五年）、同「北の果てから南の島へ―北

霊碑巡拝団の沖縄渡航とそのインパクト―」(『二十世紀研究』七、二〇〇六年)。
＊21　粟津賢太「集合的記憶のポリティクス―沖縄におけるアジア太平洋戦争後の戦没者記念施設を中心に―」(『国立歴史民俗博物館研究報告』一二六、二〇〇六年)。
＊22　菅野聡美「戦後沖縄イメージの探究」(『慶應の政治学　慶應義塾創立一五〇年記念法学部論文集　政治思想』慶應義塾大学出版会、二〇〇八年)。
＊23　小野百合子「本土における沖縄戦認識の変遷―軍隊と民衆の関係という論点をめぐって―」(三谷孝編『戦争と民衆―戦争体験を問い直す』一橋大学大学院社会学研究科先端課題研究叢書三、旬報社、二〇〇八年)。
＊24　二〇一〇年代に入り、長志珠絵『占領期・占領空間と戦争の記憶』(有志舎、二〇一三年)が刊行された。このほか、前掲「沖縄戦後史にみる沖縄戦関係刊行物の傾向」、屋嘉比収編『沖縄・問いを立てる―4　友軍とガマ　沖縄戦の記憶』(社会評論社、二〇〇八年)所収論文、さらには、田中伸尚「沖縄から靖国を問う」(『ドキュメント　靖国訴訟―戦死者の記憶は誰のものか―』岩波書店、二〇〇七年)、宮城晴美『新版・母の遺したもの―沖縄・座間味島「集団自決」の新しい事実―』(高文研、二〇〇八年)なども参照されたい。
＊25　もちろん、沖縄戦における沖縄住民の協力、すなわち沖縄側の「軍隊の論理」の側面がこれまでも分析対象とされてきたことは承知している。ただ、本補論で扱うのは冒頭で述べたとおり、「『沖縄戦』の戦後史」であり、ここで対象としているのは、戦後における、援護法や慰霊・顕彰さらには護国神社といった問題についてである。
＊26　拙著『沖縄の復帰運動と保革対立　沖縄地域社会の変容』(有志舎、二〇一二年)、序章、参照。
＊27　「沖縄県援護課資料」(林博史『沖縄戦と民衆』大月書店、二〇〇一年、五頁)。
＊28　安仁屋政昭「戦後沖縄における海外引き揚げ」(『史料編集室紀要』二一、一九九六年)。近年の浅野豊美の研究によれば、一九五〇年時点での引揚者は二二万六〇〇〇人余に上るとされる(本書序章第三節4、参照)。
＊29　屋良朝苗「私の履歴書」(日本経済新聞社編『私の履歴書　四二』日本経済新聞社、一九七一年)、一九九頁。
＊30　新里清篤『回想と提言　沖縄教育の灯』(一九七八年)、一七二頁。
＊31　前掲『回想と提言　沖縄教育の灯』、一七一頁。

＊32　以下、戦記に関する記述は、前掲『沖縄の戦記』を参照。ただし、同書では、もととなった連載をまとめるにあたって、石野径一郎『ひめゆりの塔』の箇所が削除されている。
＊33　仲田晃子「『ひめゆり』をめぐる語りのはじまり」（前掲『沖縄・問いを立てる―4　友軍とガマ　沖縄戦の記憶』）、参照。
＊34　「ひめゆり」をめぐる表象については、例えば、冨山一郎「戦場の記憶」（前掲『戦場の記憶』）を参照。
＊35　前掲「『沖縄戦』を語る欲望の交錯―『ひめゆりの塔』―」、一六二頁。
＊36　前掲『死者たちの戦後誌　沖縄戦跡をめぐる人びとの記憶』、一四二～一四三頁。
＊37　前掲「『沖縄戦』を語る欲望の交錯―『ひめゆりの塔』―」。
＊38　前掲「戦後沖縄イメージの探究」、九六頁。
＊39　以下の経過については、前掲「沖縄戦をめぐる聞き書きの登場」を参照。
＊40　前掲「沖縄戦をめぐる聞き書きの登場」、三八五頁。
＊41　稲村順三「基地のなかの沖縄」（『改造』三五―五、一九五四年）、一一九頁。なお、派遣された残りの三名は、平井義一（自由党）、高瀬傳（改進党）、鈴木義男（右派社会党）。
＊42　対日講和条約までの帰属意識については、前掲拙著『沖縄の復帰運動と保革対立　沖縄地域社会の変容』、第一章、参照。
＊43　前掲『沖縄戦を考える』、一九三頁。
＊44　『援護法の解説』（琉球政府社会局、一九五六年）、前掲『沖縄戦を考える』、一九五頁。
＊45　前掲「沖縄戦をめぐる聞き書きの登場」、三八五頁。
＊46　前掲『沖縄戦を考える』、一二四頁。
＊47　前掲『沖縄戦を考える』、二〇五頁。
＊48　戦没者に対する「慰霊」、「顕彰」、および「追悼」をめぐる研究動向については、さしあたり、藤田大誠「日本における慰霊・追悼・顕彰研究の現状と課題」（國學院大學研究開発推進センター編『慰霊と顕彰の間―近現代日本の戦死者観をめぐって―』錦正社、二〇〇八年）を参照。
＊49　戦没者叙勲に関しては、本補論においては、ここでの問題提起にとどめておく。

＊50　戦没者追悼式の動向については、前掲「那覇から摩文仁へ―『慰霊空間の中心』をめぐって―」を参照。
＊51　前掲「那覇から摩文仁へ―『慰霊空間の中心』をめぐって―」、三一頁。
＊52　以上、沖縄県遺族連合会記念誌部会編『いそとせ』（財団法人沖縄県遺族連合会、一九九五年）、参照。
＊53　各都道府県の慰霊塔建立年は以下の通り。一九五四年（北海道）、一九六一年（和歌山県）、一九六二年（秋田県、石川県、愛媛県）、一九六三年（群馬県、熊本県）、一九六四年（青森県、茨城県、長野県、滋賀県、京都府、兵庫県、鹿児島県）、一九六五年（山形県、千葉県、神奈川県、愛知県、富山県、三重県、大阪府、岡山県、徳島県、大分県、宮崎県）、一九六六年（岩手県、福島県、栃木県、埼玉県、山梨県、静岡県、福井県、岐阜県、山口県、高知県、福岡県、佐賀県、長崎県）、一九六七年（奈良県）、一九六八年（宮城県、広島県、香川県）、一九六九年（島根県）、一九七一年（東京都、鳥取県）、一九七六年（新潟県）（『沖縄の霊域』沖縄県生活福祉部援護課、一九八三年、による）。また、碑文で沖縄住民について特に言及しているのは四六都道府県のうち、現在唯一南部戦跡の外に位置する「京都の塔」のみであるとされる。
＊54　前掲『沖縄イメージの誕生　青い海のカルチュラル・スタディーズ』。また、そうした観光ルートが形成されるなかで、本土法が適用されず、売春防止法の存在しない沖縄において、いわゆる売春観光も展開されていくことも注視すべき点である。
＊55　池島信平「憂愁の孤島〝沖縄〟―琉球滞在十一日の記―」（『文芸春秋』三一―四、一九五三年）、二一九～二二〇頁。
＊56　以下、一九五〇年代の巡拝をめぐる動きは、前掲「北の果てから南の島へ―北霊碑巡拝団の沖縄渡航とそのインパクト―」を参照。
＊57　前掲『沖縄戦を考える』、一四〇頁。
＊58　吉浜忍「沖縄の忠魂碑調査・研究」（『南島文化』二六、二〇〇四年）、二五頁。
＊59　前掲「沖縄戦戦没者をめぐる日米関係と沖縄」、一〇二頁。
＊60　この点については、北村毅「さまよえる遺骨―戦死者が『復帰』する場所―」（前掲『死者たちの戦後誌　沖縄戦跡をめぐる人びとの記憶』）を参照。
＊61　沖縄県護国神社編『沖縄県護国神社の歩み』（沖縄県護国神社、二〇〇〇年）。
＊62　前掲「那覇から摩文仁へ―『慰霊空間の中心』をめぐって―」、三三頁、表1参照。ただし、靖国神社関係者が来賓である

ことの検討は文中でなされていない。

＊63　前掲『沖縄県護国神社の歩み』、五〇八頁。

＊64　前掲拙著『沖縄の復帰運動と保革対立　沖縄地域社会の変容』、第六章、参照。

第二部

経済構想

第五章　一九五〇年代における「基地経済」と「自立経済」の相剋

はじめに

本章の課題は、一九五〇年代において、「基地経済」から「自立経済」へと構造を転換させるために、沖縄側でどのような経済政策が立案されていたのか、そしてそれがどのように変容していくのかを検討することである。

「基地経済」と「自立経済」について、まずは簡潔に述べておこう。[*1]「基地経済」は、もちろん、軍事基地に依存した経済構造のことである。構造的な特性として、輸入超過による膨大な貿易赤字を、基地関連収入や経済援助という貿易外収支によって補塡することが挙げられる。これは、貿易外収支によって投入された金が、拡大再生産のための第二次産業などの自立的基盤の拡充につながらず、消費需要のみが促されることによって第三次産業が肥大化し、輸入超過となる傾向を持つからである。一方、「自立経済」は、そうした貿易外収支に依存する状況を改め、自立的基盤を形成し、内発的発展を目指そうとする主張である。決して自給自足を目指すという単純なものではなく、日本経済圏のなかで「輸出」を促進することによって、貿易収支の均衡を図っていこうとした点が重要である。つまり、戦後沖縄においては、「基地経済」という既存の構造に対して、「自立経済」を如何に達成していくのかが論点とされるのである。まずはそうした点を確認しておきたい。

ところで、沖縄戦後史研究は、復帰運動や基地反対運動などを中心とした社会運動史が主導してきたといえる。[*2] 米軍占領下において、社会運動は極めて重要な役割を担ってきたのであり、それが重要な研究対象でもあることはいうまでもない。ただ、その一方で、経済政策を検討する上で重要な対象でもある「保守勢力」[*3]については、政治学的な検討[*4]があるほかは、これまで十分な検討がなされてこなかったといわざるをえない。[*5]

そうしたなかで、注目されるのが、近年の鳥山淳による諸研究[*6]である。鳥山は、「米民政府との協調関係を重視し、占領政策の大枠を黙認しながら『現実主義』を標榜した人々の潮流に焦点をあわせ」ており、その目的を「それを生み出した時代状況を多少なりとも具体的に把握し、沖縄社会が直面していた問題の構造を描くことにある」とする。[*7] 私もそうした姿勢に賛同する。

鳥山は、沖縄「保守勢力」の形成と破綻、再構築の過程について「現実主義」をキーワードに論じている。反共親米に基づき形成された沖縄「保守勢力」の米国援助による経済復興への期待という「現実主義」は島ぐるみ闘争で破綻するが、統治政策転換により日本側の関与が増大していくなかで、「保守勢力」は日本からの経済援助を期待して「現実主義」の再構築を図るとするのである。鳥山は、一九五〇年代沖縄の「保守勢力」を「米国援助獲得論」の推進者として論じており、また、「日本復帰論」に対置するものとして位置付けている。そこには「米国援助獲得論」に付随する「協力」の側面と、「日本復帰論」に付随する「抵抗」の側面の対置が前提としてあるだろう。だが、本章で論じていくように、「米国援助獲得論」という評価については再考の必要があると私は考えている。

米国援助は経済計画において前提となる重要な要素だが、経済計画全体をふまえる必要がある。本章で論じていくように、『経済振興第一次五カ年計画書』（一九五五年）を始めとして、一九五〇年代には将来的な「自立経済」を目標としたさまざまな経済計画が立案されている。だが、鳥山を含め、社会運動を重視する研究において、こうしたことは言及されてこなかった。「自立」は民主化など政治的問題として扱われ、経済的問題には十分な関心が払われてこなかったといえる。一方で、経済計画については、経済史の分野において、琉球銀行調査部[*8]、松田賀孝[*9]による分析が既にあり、「自立経済」構想に触れたものとして、松島泰勝[*10]の研究がある。計画自体については、こうした経済学的な諸研究の分析に学びつつ、本章は、その作成過程を重視して検討していく。そうした点をふまえた場合、どのように一九五〇年代沖縄の社会構造を描き直すことが可能なのか。「基地経済」というなかにあって、沖縄側はどのような模索を行ったのかを検討していくこととする。

第一節　経済援助縮小策と「自立経済」

1　「自立経済」論の初動

沖縄戦下、生き延びることが出来た住民は各地に設けられた収容所に収容され、それぞれ「戦後」を迎えることとなる。沖縄群島においては、一九四五年八月二〇日、沖縄諮詢会が発足、一〇月三〇日以降、徐々に収容所からの帰還が許可され、限定的ながら陶業や醸造業などの復興も始まっていく。だが、既に基地に占領され、故郷に帰れない者も少なくなかった。

一九四六年四月一五日、米国軍政府特別布告第七号「紙幣両替、外国貿易及び金銭取引」に基づきB円軍票による貨幣制度が実施され、有償配給制となる。引き続き、販売を官公営の売店に担当させるなど、公定価格による経済統制が敷かれるが、それは一方で、戦果と密貿易の時代を創出することとなる。一九四八年一〇月二六日、米国軍政府特別布告第三三号「自由企業」が公布され、一一月一日から取引が自由になると、戦後沖縄の企業勃興が起こっていく。そうしたなかにおいて、経済復興に重要な役割を果たしたのが、一九四七年度から実施されたガリオア援助資金であった(エロア資金も一九四九年度に実施)。

こうした状況下において、沖縄経済の自立、そしてそれを可能とするためのガリオア援助等の使途についての議論が、沖縄内部から起こってくる。その早いものの一つが、人民党の事実上の機関誌であった『人民文化』創刊号(一九四九年六月)に掲載された、宮里辰彦貿易庁代表による「琉球経済の自立」である。

近頃琉球経済の自立と言ふことが言はれてゐる。つまり琉球の経済を、外部からの何等の援助なしに之を自力で維持させやうと言ふのである。此の事は勿論我々琉球人が先づ最初になすべき第一の事である。何故ならば経済的自立なくしてその他の自由を要求することは不合理であるしよしまたそれが与へられたにしてもそれ等の自由は不安定な精彩を欠いたものに過ぎないからである。(中略)然し考へて見るに、必要な外貨は必ずしも弗に限らない。あらゆる面に於て日本商品を使い馴れてゐる我々の場合、それは日本円資金であつても良いわけであり、此の場合我々琉球の政治的な帰属の問題とは関係なしに我々の経済を日本の経済圏に接合し、日本と琉球とが戦前あつたやうに自由な取引を赦されるならば我々は日本の市場に適した商品の輸出に依つて我々の必要とする日本商品を相当の量に於て自力で輸入する事は可能だと思はれる。アジアの全地域がさうであるやうに琉球も亦日本との経済的交流なくしては自立し得ないであらう。[*11]

戦後民間貿易が再開されるのは一九五〇年一〇月のことだが、宮里は経済政策で重要な役割を担う貿易庁代表として、日本の経済圏に接合するなかでの経済的自立を希求している。それは「本土復帰」を希求することとは別の問題として把握されねばならない。また、経済的自立なくしては、政治面などその他の自由もあり得ないとする点も重要である。

一九四九年九月一三日には、沖縄タイムス社主催による「経済問題座談会」が行われ、池畑嶺里（琉球銀行総裁）、当間重剛（民政府経済部長）、平良辰雄（農業組合連合会長）、呉我春信（水産組合連合会長）、宮里辰彦（貿易庁総裁）、東恩納利邦（沖縄工業協会長）、という当時の経済界トップが参加している。

座談会では、自由貿易、人口・移民問題、耕地の再配分、外資導入など、経済問題に関する多方面にわたる議論がなされているが、総合経済計画に関しては、上地編集局長の「こうして話し合つて来るといつも考えさせられる事デすガ経済の総合的計画ガない限り沖縄復興もあつたものデはないと思う、どうして今日まデ根本的計画が樹立されていないデせうか　どこに原因しているのデせうか」という問いに対し、次のようなやり取りがなされている。

平良　全くそうだ。

呉我　計画がないというのはやらないからだ。かつての沖縄振興計画の如きものガ是非必要デはないデせうか、其処に当間さんに大いに期待しますガ、この総合計画を是非ものにして頂きたいものデす。

宮里　われ〳〵の運命を左右するガリオア、エロア両資金の使途デありますガ、このプランは誰れガ作るか、これに吾々の政治力が反映するようにせねばならないのデはないデうか。

（中略）

平良　これは一つ早急にやろうじやありませんか。

当間　みん政府デもそう合計画の必要を感じまして案を練りつゝあります。是非早急に衆知をかりまして実現するように致します。[*12]

戦前の「沖縄県振興計画」を引き合いに出しながら、総合計画の必要性について一致をみている。当時、沖縄民政府経済部長であった当間重剛の「決意表明」で話が終わっているが、沖縄民政府時代に総合経済計画が作成されることはなかった。

企業勃興が進展するなか、一九五〇年二月一〇日には、沖縄商工会議所が設立され、池畑嶺里琉球銀行総裁が初代会頭となる（翌年六月、琉球商工会議所に改称）。池畑は『琉球弘報』に寄せた「沖縄商工会議所の設立について」という文章のなかで次のように述べている。

思うに現在の沖縄経済はガリオア、イ《ママ》ロア資金によるアメリカの援助と軍作業による弗資金によつて安定維持されていると言つても過言ではないのであつて、かかる安定は基礎極めて脆弱であり、我々実業人はこれを一日も早く自力による安定へ置き換える為に努力をしなければならないと信ずる。／経済力の復興発展の上にこそ真の住民生活の安定も存するものであり、この意味に於て商工業者の総力を結集して切磋、研究討議し沖縄経済の自立に向つて貢献したいと念願するものである。[*13]

経済援助と軍作業賃金に依存する経済構造の脆弱性をふまえたうえで、「自立経済」という課題が明確に認識されている。

2　沖縄群島政府の経済計画

一九五〇年九月一七日に執行された沖縄群島知事選挙において、平良辰雄が松岡政保、瀬長亀次郎を破って当選する。沖縄群島政府時代については、一九五一年二月以降に展開される帰属論議や復帰署名運動などにこれまで注目があつまってきた。だが、帰属論議の以前には重要な問題が争点となっていた。もちろん「自立経済」である。

九月二一日、当選直後の平良辰雄は、志喜屋孝信知事、又吉康和副知事、比嘉秀平官房長、呉我春信らとともに、マックルーア軍政長官のもとを訪れる。その際、マックルーア軍政長官は「自立経済への計画をたてられんことを希望する」と述べている。[*14] また、一〇月に入り、「琉球中央政府の樹立がその経済の自立を前提としている関係から必然的に総合経済復興計画問題に関心が寄せられつゝある」なかで、米国軍政府は「琉球諮詢委員会に『長期経済復興計画の樹立』と題し経済委員会設置について諮問第七号を送付し」ている。[*15] 一〇月二四日には、軍政府は軍布令第二六号「琉球列島における外国為替及び貿易手続」及び軍指令第一一号「琉球列島における外国貿易及び外国為替」を一一月一日より実施することを発表するが、「これらは二カ年後予想される援助資金の打切りに備え、貿易による自立経済の基盤確立を目標に設定されたもので」あった。[*16]

そうしたなかで、平良辰雄の沖縄群島知事として第一の課題は、「復帰問題」ではなく「自立経済計画」の策定だったのである。そして、平良はその適任者と認知されていた。例えば、池畑嶺里が「新知事が経済部門の重要ポストを歴任し輝かし《ママ》業績を挙げられた過去に鑑み、我々経済人はその高邁なる識見と力強い実践力に信頼するものである」[*17]と述べたように、戦前の県庁において県振興計画課長まで勤め上げて「沖縄県振興計画」にも携わり、以後、県産業組合連合会長、大政翼賛会沖縄県支部壮年団長、沖縄県農業会長を、戦後においても、沖縄農業組合連合会長、琉球農林省総裁などを歴任してきた長年のキャリアへの信頼がそこにはあったといえる。

一〇月三一日、平良新知事の与党として結成された社会大衆党の「宣言」における「新琉球の建設は、全琉的綜合計画経済によるにあらずんば、断じて行い得ないことを確信する」[*18]といった文言は、単に「革新」的政策としてだけでなく、「自立経済計画」が求められていた状況を前提に理解する必要がある。

一一月四日、沖縄群島政府が発足するが、一五日には、GHQ食糧資源局長スケンク中佐との懇談において、平良知事は次のように述べている。

米は島内生産だけで需要を満足せしめることは出来ない、戦前とほゞ同量の米を輸入によらねばならぬがその代金の支払は、戦前は砂糖、鰹節、帽子、□□野菜、牛、泡盛等の輸出で埋め合わせていたし、今後も大体これを基準に輸出産業を興しこれを賄わねばならぬと思つている、そのためには総合的な経済復興計画を樹てねばならぬが、今、沖縄にとつて最大の問題は米国の援助のあるうちに、経済の自立を図ることであろう[*19]

平良知事は戦前の経済構造を前提としながら、経済計画による輸出産業の振興の必要性を述べたのである。そして、一二月一四日、群島議会第一回定例会が開催されるが、平良知事は、施政演説のなかで経済部門に関し、「自立経済計画は政府民間の権威者からなる経済企画委員会等の組織をまち五年度《ママ》より三カ年の計画を樹立すべく準備中である」と述べた。[*20]

それに先立つ一二月五日、極東軍総司令部から「琉球列島米国民政府に関する指令」が発せられる。これにより米国軍政府は米国民政府と改められるのだが、指令はそれにとどまらず、経済政策に関して次のように論じていた。

一、五二年度までに予算、税制を通じ健全なる自立財政の確立を図る、これは五三年度における対外収支の赤字をガリオアで補填することをなくするものでない／一、中央政府が樹立されるまでに、現行日本及び軍法令の改訂編纂を早急に行う、また副長官は基本政策に抵触する法の改正廃止に備える／一、琉球経済の自立を達成せしめるために、長官のにん可を得て副長官は経済長期政策を樹立し、出来るだけ琉球人をこれに参加せしめる[*21]

平良知事は一二月二二日の記者会見で「軍から一月一五日迄に来年度の予算案を出せといわれているので（中略）その期間内（一月一五日まで）に是非経済復興綜合計画を立てねばならぬ　これは議会に諮問すると同時に委員会を作つて世論をきゝ　群島政府では拙速で既にその調査準備に手をつけている」と述べた。[*22] 群島政府は経済部に経済復興委員会（委員長：知事、副委員長：経済部長）を設置し、綜合計画樹立に着手する。綜合委員会と専門委員会に分け、綜合委員会は専門委員会の立案事項を綜合研究、専門委員会は農、水、工、商公共施設の各部門に分かれそれぞれ専門的立場から立案することとされた。[*23] 二九日には専門委員会を開催するとともに、綜合委員会メンバー一七名を決定した。[*24]

一九五一年を迎えるにあたり、平良知事は新聞に寄せた年頭の辞において次のように述べている。

わが沖縄では軍当局の指導により終戦以来始めて経済的財政的自立の問題が急速度に提起され意識されました　米国が被占領国に対する援助を近い将来　大巾に削減するだろうということは世界的な傾向でありましてわが沖縄も一九五二年六月卅日を限りとして米国の援助が大削減されるだろうということは日々の新聞その他を通じて人民諸君が既に理解されている問題であります（中略）自治が経済自立と表裏一体をなすことは当然で政府の仕事は与えられた範囲内で最高度の政治力を結集して、沖縄の経済自立を確立しなければなりません[*25]

一月一八日、沖縄群島政府は「第一次三ケ年自立経済計画案」を群島議会協議会に提出する。資金面は、

「米国援助資金より生ずる見返資金見込額を既□ガリオア、エロア資金及び貸付金回収により三ケ年の累計一三五億六千百万円を見積」り、「計画年度中の入超額一二一億八千六百万円（約一億弗）に充当する計画であると」された。また、「自立達成のためには外部からの資金の援助にまつ所が大きいとし一、外資導入の促進のほか一、商業資金の金庫化並に商業銀行の設立一、エロア、ガリオア資金の有効な適切利用を目的として米国対沖縄援助見返資金特別会計制度を確立し、之を群島政府に管理せしめることを民政本部当局に要請することになつている」とされた。[*26]

だが、一八日の第四回群島議会（臨時会）審議では、野党共和党の新里銀三議員からの「本計画案の資金は天文学的数字に上つているが資金の融通については軍の了解も得たか?」という質問に対し、平良知事は「なにも了解は得てないが是非これだけはやらないと自立は出来ないから援助してもらいたいという一つの資料にもなる、大体四千万弗か五千万弗は要求してもいゝのではないかと考えている」と答えており、[*27]群島政府の「自立経済計画」案は、予算の裏付けのない、あくまでも希望的構想であったと言わざるを得ない。

実際、数日の内に平良知事もトーンダウンしていく。二六日の記者会見において平良知事は、「この計画は決して自立計画ではなく、財政経済の基礎をなすものであり　復興を考える場合　どうしてもこれだけの施設をなさねばならぬとの見解に立つたもので　この三カ年で自立を達成すると云う意味のものではない」[*28]と述べている。

二月以降、帰属論議が沸騰し、群島政府が解消される形で一九五二年四月一日に琉球政府が発足するなかで、群島政府の「自立経済計画」は具体化せずに消滅していく。そうしたなか、帰属論議においても、「自立経済」について次のような議論がなされていることが注目される。三月一九日の沖縄群島議会において、独立論者の共和党新里銀三議員が「平良知事は三ヶ年計画を以て経済自立を樹てている。この経済自立が出来れば何故にして日本に行く必要がありますか、総ての問題が解決すれば、あながち、日本にこびる必要もないと思う」と述べたのに対して、平良知事は、「自立経済は独立を前提として考えているのではない、（中略）帰属の問題と何等関係がない、而もこの経済政策の内容は御承知の通り、日本との貿易の取引が中枢になっている」と主張している。[*29]ここにおいても、「経済自立」は「復帰／独立」の帰属問題を越えて大前提であったことがわかる。

また、比嘉秀平（琉球臨時中央政府行政主席）が、平良知事・社大党と袂を分かっていく際の次の発言は、これまでたびたび取り上げられてきた。

結局は日本に復帰するだろうと思つている　然し乍ら現実を直視するとき、また経済復興が日本によつては望むべくもなく米国の援助に頼る外ないことを考えるとき一定期間の信託統治が必要でありかつ必然的だということは既に多くの識者が考えている事実でこと新しいことではないだろう　何よりも重大なことは如何にすれば速に経済を復興して自立態勢を整えられるかという点にあるのであつて観念の遊戯に等しい非現実的な空論を振回してゼスチユアにのみとらわれることは我々のとらないところだ[*30]

この主張について先行研究では、「米国の援助に頼る外ない」という点を重視して「米国援助獲得論」として評価される。だが、一九四九年以降、米国援助の打切りを前提として、「自立経済」樹立が課題とされてきたことをふまえれば、「如何にすれば速に経済を復興して自立態勢を整えられるか」という点により重きを置いて理解する必要があるのではないか。もともと平良知事側も米国の援助を前提に経済復興を議論していたのであり、袂を分かつ側の議論のみを「米国援助獲得論」と断ずるのはいささか一方的な評価と言わざるを得ないだろう。

ところで、沖縄群島政府の「自立経済計画案」は群島政府消滅とともに頓挫するが、同時期には、米国民政府による経済計画が作成されていた。一九五一年五月に五カ年計画として策定された『琉球列島経済計画』(“Economic Plan for the Ryukyu Islands”)である。同計画は、ガリオア援助が今後漸減することを前提としつつ、輸出振興を図って貿易収支を改善し、かなりの程度の「自立経済」を達成することを目指している。輸出先として重視されているのは日本本土である。ただ一方で、軍事基地形成に伴う賃金取得者階級が創造されたことが自給達成に有効であることが指摘されており、この段階で既に基地関連収入という貿易外収支によって貿易赤字を補塡するという「基地経済」的側面が重視されていたことは重要である。同計画は、予測を上回る実績を上げるのだが、その要因として、貿易収支については、砂糖製造近代化と本土市場拡大の進展、予想外の「スクラップ・ブーム」の出現、貿易外収支については、基地建設・雇用による収入の想定以上の「B円セール」増大が挙げられる。[*31] その過程で「ガリオア依存から『B円セール』依存へ」といわれる変化が生じる。[*32]

沖縄側からの経済計画が形を成さないなかで、米軍側の経済計画が進行し、想定外の要因も加わるなかで、次節でみる『経済振興第一次五カ年計画』(琉球政府、一九五五年六月)において問題視されるような事態が生じていくのである。

第二節　軍用地問題と「自立経済」

1　五カ年計画の作成開始

一九五二年四月一八日、比嘉秀平主席は立法院において次のような施政方針を発表する。

自治という事は単に政治上の自主権を持つというだけでなく、経済的にも自立し得る状態に立たなければならないのである他からの恩恵によつて生きて行く限り、国家の場合においても、個人の場合においても、名目上はともあれ、実質的には決して自立し得たとはいえないからである。従つて名実共に備つた自治を欲するわれわれの当面する問題としては、一にも二にも、如何にすれば、琉球の経済自立が可能になるかという課題の解決にあると思うのである。／かかる観点からして、行政主席としては自治獲得の近途としての琉球経済の振興という点に、最大の努力を結集して行きたいと決意している次第である。[*33]

琉球政府の出発にあたり、比嘉主席は、住民の願望である自治獲得のためには経済自立が不可欠であり、それゆえに政府の活動は経済振興に集約されると述べたのである。

一九五三年二月三日、琉球政府は泉副主席を団長として、日本政府に対する経済使節団を派遣している。「自立経済」に不可欠の要素とされた本土への輸出振興策を進展させるためである。「出発に当つて泉団長は抱負を次のように語つた『使命の大きさを痛感している理をつくし情をつくして説明すれば日本政府でも了解して貰えると思う、日本経済の一環として琉球経済の在るべき場所が明らかにすることができたら大きな収穫だ、そのあとで立派な経済政策も樹立できよう』」[*34]。経済使節団は四〇日余滞在し、三月一三日に帰任した際、泉副主席は会見で「琉球の生産自給を日本の経済の計画中に織込んで貰いたいのが今度の陳情の狙いだつたが実現の可能性は十分あるとの自信がついた」[*35]と語った。また一方で、比嘉主席は、日本政府からの援助を模索する動きも見せている。[*36]

こうした日本政府との結び付きへの模索について、軍用地問題や復帰運動への懸念を前提として、鳥山淳は「日本政府の関与を極力排除する方針によって動いていた米民政府は、それを全く許容しなかった」と論じている。[*37] 日本政府援助の拒絶はその通りとしても、軍用地問題への関与拒絶と貿易問題（経済使節団）とは別個に考える必要があるだろう。米国民政府が作成した『琉球列島経済計画』においても本土との貿易関係は重視されていたのであり、実際、一九五〇年代前半を通じて貿易収支は計画以上に伸び続けているのである。[*38]

一一月三日の経済局長会議において、「経済復興計画の作成要綱案について（中略）各関係局長案を提出、協議した結果従来三カ年の構想だつた第一年次計画を経済振興の諸条件整備の予備期間二ヵ年を加算して五ヵ年とし、各局長案を経済企画室で総合修正して原案作成、あらためて検討することにな」る。[*39]そして、一一月八日付で瀬長浩駐日首席代表が初の専任経済企画室長として起用される。経済企画室は「自立経済確立の鍵[*40]」として四月一日に設置されていたが、「経済企画室の仕事が政府の政策の上に重大性を増して来ており経済振興計画の樹立、南米移民の促進など急がなければならぬものが増えており、その向きに当らせるために瀬長氏を最適任として起用[*41]」したのである。

琉球政府は「経済振興第一次五カ年計画」の立案にあたって、経済政策に民間経済人の意思を反映させるため、主席の諮問機関として経済審議会を設置することとし、[*42]一一月一六日、二〇名に経済審議委員を委嘱する。[*43]一一月二三日、比嘉主席はハル民政長官と懇談している。主席が「沖縄の国際的地位をはつきりさせ」た上でそれに見合った経済援助を求めたのに対して、民政長官は、恒久占領を前提とした経済援助の展望を示唆した。[*44]

一二月五日の臨時経済局長会議では「『経済振興第一次五カ年計画の構成要綱』を経済企画室案について検討、原案通り確定して主席の口頭了解を得た[*45]」。そして、一〇日、第一回の経済審議会が開催され、会長に池畑琉銀総裁、会長代理に当銘琉球火災社長が選任される。比嘉主席は、「一昨年、四群島政府で経済復興計画を立案、臨時琉球諮詢委員会でも全琉の復興計画案をねつた。それを今から振り返つてみると計画が余りにも膨大すぎて実行性に乏しかつた。（中略）資金の裏付のない計画は画餅に等しい[*46]」と挨拶した。「構成要綱政府案」にも、

「計画の役割と性格」において、「現実と遊離し実現可能性を欠いた単なる希望や要請でないこと」と述べられ、さらに、軍関係収入についても、「計画の前提」のなかで、「軍工事の規模は漸次縮少《ママ》し五ヵ年以降は殆んどなくなるものとみなす、それにつれて軍関係雇用は漸減し五カ年以後は駐屯に伴うドル獲得高は半永久的な線におちつくものとみる」と書かれていた。[*47]「駐屯」が続くことは前提としながらも、基地建設のための雇用が縮小することを見越しつつ、実行可能な計画の作成が求められていた。

以降、経済審議会は数を重ね、一九五四年一月七日の第五回審議会において、「殆んど政府原案通りを承認」するのだが、審議会側から「計画立案の際は総花的でなく予算を伴う実質的なものを作成し出来たら新年度予算に間に合すよう要望がなされ」たのに対し、政府側も「こんどの計画は希望的なものでなく実質的計画であり当然予算の裏付を要する」と応じている。[*48]

一月二三日の与党・民主党大会は、方針から「復帰」を削除したことで知られるが、[*49]同時に「一般政策」のなかで「米国の公約せる琉球経済援助資金の獲得に依り強力な産業振興、ブロック校舎完成、医療保険施設の完備を達成し、富裕な経済と健康と教育の飛躍増進」「軍用地並びに潰地補償等の増額とこれが米国予算化実現」などが掲げられていた。[*50]また、「軍用地問題の合理的解決と琉球にたいする経済援助大巾獲得のためのの《ママ》わが党は党総裁を速やかに米国政府に派遣して諸問題の抜本的解決をはか」る旨の決議文を採択していることも注目される。[*51]二六日には、スティーブンス米陸軍長官が来沖するが、比嘉主席は、「吾々は今後の米国の経済援助が沖縄が自立できるまで続けられるものであることに非常な期待をもつている」[*52]と経済援助のほか、軍用地料の引上げ、戦災校舎の復旧、移民問題などの解決を重ねて要請している。だが、現実にはガリオア援助を軸とした、経済援助費（米国民政府行政費を除く）は一九五一年度をピークに次のように減少し続けていく（単位：千ドル）。

一九四七年度・九二六〇／四八年度・一三九四九／四九年度・二四八五五／五〇年度・四九五四八／五一年度・三六五〇五／五二年度・一二九五三／五三年度・八八八四／五四年度・一六一九／五五年度・一七三三／五六年度・一六八〇／五七年度・八七〇[53]

これに加えて、一九四九年一〇月二八日に五八〇〇万ドルの予算を組んだ法案がトルーマン大統領によって署名され、沖縄への恒久基地建設が始まった。さらに一九五〇年度から五二年度にかけて、二億七〇〇〇万ドル以上が注入された。[54]これは重要な収入源ではあったが、建設期間中の一時的なものであった。そうした現実を前提としながら経済計画は立案されていくのである。

2　作業要綱決定と島産愛用運動

五カ年計画の立案については、同時期における軍用地問題の動向や復帰運動や人民党への弾圧に象徴されるような、米軍の抑圧政策を念頭に置く必要がある。

軍用地問題については、一九五四年三月一七日に米国民政府が「軍用地料一括払いの方針」を発表したのに対して、四月三〇日に立法院が「軍用地処理に関する請願」を全会一致で採択し、「土地を守る四原則」（一括払い反対、適正補償要求、損害賠償請求、新規接収反対）を打ち出すとともに、それを実現させるために行政府・立法院・沖縄市町村長会・土地連によって四者協議会が発足する。ゆえに、経済計画立案にあたっても、米軍基地不拡大が前提条件となってくる。琉球政府経済局が作成した『琉球経済の現況　一九五四年六月』は、米国経済援助（ガリオア資金）と軍作業員賃金という「琉球経済の竹馬」の減少への警鐘と依存体質批判を打ち出していた。[55]

八月一九日の局長会議は、「経済振興計画を樹立するために民間有しき者を網羅した経済審議会と対応して行政府内において同計画の立案に当たらせる『経済振興計画委員会』の設置を」決定[*56]、三一日の第二回経済振興計画委員会において、『経済振興第一次五カ年計画』の作業要綱が次のように決定される。

【基本的考え方】／この計画は（一）均衡経済の達成（二）生産業の振興、（三）将来発展のための経済基盤の確立を目的とする。飛躍的発展の望まれない琉球経済の現段階においては当分の間、人口増加を考慮した所得額の増大を図り、所得配分の歪みを是正することに重点を置く。／又輸出の振興、輸入の抑制及び基地としての立場を十二分に活用することにより現在の規模を縮少《ママ》することなく国際収支の均衡を保持する。／計画の成否は生産業の振興如何にかかるので障害の改善と生産増強に全ゆる方法を講ずる。こうしてバランスのとれた経済構造を保ち現在の生活水準を維持向上するとともに将来の経済発展の基礎を確立し自立経済を達成することができるようにする。[*57]

九月四日には、経済振興計画委員会の総会が開催され、以降、部門計画の作業が開始されていく。[*58]

そうしたなかで注目されるのが、同年から開始される「島産愛用運動」（琉球政府、琉工連、農林水産協会、琉球商工会議所の共催）である。初年度の一九五四年は一一月一五日から二一日まで一週間開催され、「『島産品《ママ》愛用運動実施要綱』にもとづき、50万B円の予算で、『普及宣伝活動』『懸賞募集』『展示会』『売店または夜店』『製造場における品質および経営管理調査』などが実施され（中略）街頭宣伝パレード」も行われた。[*59] 初日には比嘉主席がラジオを通じて次のようなメッセージを発表している。

そのねらいは申すまでもなく島内生産の振興をはかり島内自給度を昂揚し外貨を節約するとともに輸出の増大をはかり自立経済への一翼たらしめたいということにある。琉球経済のあり方がこ島経済の独自性と基地経済を基盤にしている以上、その振興策についても独自の政策を樹立しなければならないことは当然であり、立地条件と経済環境に立脚してこう久的計画を持つとともに行く水の流れの如く刻々と移動する経済に対し、われわれは絶えず、その時その時に対応するよう琉球経済の現実を直視して将来に備えなければならない。／政府では目下経済振興五カ年計画の立案にとりかかっており、その中には島内産業育成についての政策も積極的に打出されることになるが、このたびの島産愛用運動週間の実施も経済振興計画の先駆となる運動として意義づけたものである。[*60]

島産品の愛用運動を実施して、自給率を高めるとともに輸出振興を図ることは、「自立経済」達成のためにも不可欠であった。またそれは、輸入関税などによる保護政策を同時に必要とするものであった。[*61] 島産（品）愛用運動は以降、毎年秋に開催され、一九六七年に「県産品愛用運動」と改称されて、復帰後も継続していく。[*62]

3『経済振興第一次五カ年計画書』

経済振興計画委員会において立案がなされていた「経済振興第一次五カ年計画案」は、全文の英文翻訳が完了し、一九五四年一二月二一日、米国民政府財政経済部に提出される。以降、琉球政府と米国民政府の間で綿密な検討が実施されていくが、「〔琉球〕政府では調整後の政府確定案に対し民政府の積極的な支持と援助が与えられるものと大きな期待を寄せて」いるとも報じられている。[*63]

計画案を確定させていくに際し、既に任期満了となっていた経済審議会の委員について、琉球政府は新たに一九五五年二月一一日付で一五名に委嘱する。[*64] 三月九日、新年度第一回の経済審議会が開かれ、会長に安谷屋正量、副会長に嘉数昇が選出され、審議方法が決められる。[*65] 以降、経済振興計画の審議が行われ、二五日付で答申が行われた。[*66]

四月一二日の立法院全員協議会は、「経済振興第一次五カ年計画案」を検討するが、「この日の質問は、同計画案中の財政的裏付に集中副主席は同計画案が戦前の沖縄振興十五カ年計画のようなものではなく、別途資金によらない現財政規模内における構想である事を明らかにした[*67]」。

一四日、局長会議において、「経済振興第一次五カ年計画の推進に本腰をいれる」ため、「『経済振興計画委員会』を解消して『経済振興計画推進委員会』と『経済振興促進協議会』を設置することを」申し合わせる。前者は政府全局長を委員として行政府内に設け、後者は「政府、市町村、部落、各種生産団体を一丸とする」ために「全琉的組織」として設置するものとされた。[*68]

以上のような過程を経て、琉球政府による『経済振興第一次五カ年計画書』(以下、「計画書」)は完成する。一九五五年七月に始まる一九五六会計年度から実施された「計画書」とはどのような内容であったのか。

「計画書」は、「われわれは、われわれの努力と米国の直接間接の援助によつて今日の発展を見ることができた。しかしいつまでも援助に頼ることはゆるされることでもないし、またそれでは自立できない[*69]」と論じている。援助を前提とせず、「その資金源は専ら財政支出に依拠することを基本としていた[*70]」ことが立案過程でも見てきたとおり、「計画書」の大きな特徴であった。『戦後沖縄経済史』は、「当時減少傾向にあった米国の財政援助を確保するための基礎資料としての役割を担っていたことも否定できない側面であった[*71]」と指摘するが、行政府も含めて「土地を守る四原則」を掲げて米国側と折衝を続けているさなかにおいて、即座に財政援助を引き出すことは出来なかった。

「計画書」では、沖縄経済は量的には「相当な繁栄」がもたらされたものの、それは援助や軍工事などの基地収入によるものであったため、「三つのひずみ」として、①経済（産業）構造上のひずみ［第一次産業・第二次産業・第三次産業の構成比等］、②［各産業間の］所得配分の不均衡、③対外収支構造の特異性［貿易収支の大幅赤字を基地関係受取によって埋め合わせる構造］、が生じたことを統計資料などを用いて説得的に論述している。そして、その解決策として、「1　生産業をさかんにしなければならない」「2　弗をもっと稼がなければならない」「3　しっかりした経済の土台」の三点が掲げられる。そしてそれに向けた具体的な振興計画が策定されているのである。

『戦後沖縄経済史』は「計画書」の内容と成果について一章を設けて詳しく論じているが、五年後の結果として、①第三次産業が一層拡大し経済構造上のひずみが増大した、②第一次産業と第三次産業の所得格差が一層拡がった、③対外収支規模そのものは拡大したが基地依存の収支構造は残存した、というものであり、「同計画はまったく成果をあげることができなかったといわざるを得なかった」[*72]とする。ただ、「この時期に基地経済に対する反省が内部から起こり、生産業の振興によって経済構造のひずみを解消し、もって基地依存からの脱却をはかろうとした経済計画が策定されたということは、まぎれもない事実であった。そして、そのこと自体が沖縄経済にとって画期的な出来事であり、沖縄経済にとっての大きな成果であった」[*73]と評するのである。

『戦後沖縄経済史』の評価は、「計画書」自体の評価としては正当なものであり、「土地を守る四原則」に基づく折衝が続けられるなかで、「基地依存からの脱却をはかろうとした」点は評価されるべきであろう。「自立経済」への欲求は、基地依存からの脱却へと、この時点では結びついていた（というよりも、結びつかざるを得なかった）。とはいえ、『戦後沖縄経済史』による「計画書」の分析は、不十分な点があるというべきである。それは、第四年次・第五年次に関して、一九五八年五月、当間主席のもとで琉球政府は『経済振興第一次五カ年計画修正書』を作成している点に触れていないことである。そうした修正案はなぜ作成されることになったのか、次節においてみていくこととしたい。

なお、綿密な検討を琉球政府と行った米国民政府は、独自に一九五五年七月、『琉球列島経済計画1956―1960』（"Economic Plan for the Ryukyu Islands, 1956-1960"）を作成している。同計画は、目標として「本土並み水準」の達成を掲げている。この時期において、既に沖縄住民の不満の原因は本土との経済的格差にあるとみなしていたのである。だが、本国政府からの十分な予算の裏付けを欠いたなかで、その計画は困難な状況に置かれていたのである。[*74]

第三節　「自立経済」への財源をめぐって

1　「一括払い」と「自立経済」

一九五五年五月には比嘉主席ら四者協代表六名が渡米折衝を行い「土地を守る四原則」を訴え、秋には米国下院軍事委員会の調査団が来沖する。しかし、その調査報告として一九五六年六月九日に公表されたプライス勧告は、沖縄住民が求めた四原則を無視して「一括払い」等を支持し、改めて沖縄基地の重要性を強調するものであり、六月から七月にかけて、島ぐるみ闘争が高揚していくこととなる。沖縄の土地を「一括払い」で売り渡すことは、日本の国土を売り渡すことであるとして、運動が本土との連帯を強め、復帰運動とも結びついていったことはよく指摘される通りである。だが、「島ぐるみ」の統一行動は、米軍側の圧力と懐柔のなかで、比嘉主席や当間重剛那覇市長など保守指導者から崩れていく。そのため、八月に入り、オフ・リミッツ、第二次琉大事件などを経て運動は下火になっていく。

当間重剛は、七月一六日に『沖縄タイムス』で、米国人記者に対して「米国が所有権を獲得しないという前提で、沖縄側が主張する適正補償を認め経済変動を起さないのなら、一括払いもさして反対でないと思う」と発言したと報じられた。[*75]その後、二三日に市議会で追及を受けた際、「四原則貫徹の決意は変らないが、方法論が非難を浴びた。（中略）私の言が人騒せをした点おわびしたい。今後とも誤解を招くようなことはしない」と述べて謝罪し、質疑は打ち切られるが、発言そのものについて取り消すことはなかった。[*76]

一〇月二五日、比嘉主席が狭心症で急死すると、一一月一日、当間が第二代主席に任命される。「当間主席が誕生すると同時に、現地では富原商工会議所会頭を主軸とした財界、経済人の一括払い承認の当間主席政策を支持するとの署名運動が展開され、住民から強い批判を浴びた」とされる。[*77]当間の主席任命について、中野好夫・新崎盛暉は、「いわゆる政界と財界の明確な目的意識をもった結びつきは、新しい支配層の成立とでもいうべきものを意味していた。これまでのように、買弁的資本家が個々ばらばらに米軍に寄生し、これとは無関係に米軍の気に入る行政担当官が任命されるという状態とは、明らかにちがった状況が生まれつつあった」[*78]と述べているが、重要な指摘である。

比嘉主席の下で、経済援助を前提とせず、自力財源のみで経済計画を検討せざるをえない状況に置かれてきた財界にとって、「一括払い」を受け入れることによって多額の資金を沖縄経済に流入させ、経済発展の起爆剤にしようとする主張は、大きな魅力を持っていたといえる。当間主席誕生以降、銀行などの切り崩しによって、一九五八年の軍用地問題終結までの間、地主の四七・三%が「一括払い」を受領したとされる。[*79]

そして、いま一つ、当時、経済への起爆剤として期待されていたものが「那覇都市計画」である。それを次項でみていこう。

2　那覇市長問題と都市計画

「那覇都市計画」は、戦後初期における一大プロジェクトであった。一九五三年八月、立法院で「都市計画法」が成立すると、九月に那覇市は「指定都市」として認可、翌年六月には「都市計画」が認可される。一九五四年九月には、真和志市を除く「二市一村合併」（那覇市・首里市・小禄村）が行われるが、一九五六年一月、立法院が「首都建設法」を制定すると、二月には那覇都市計画区域に真和志市を含めることとされる（一九五七年一二月、真和志市は編入される）[*80]。以上のように、一九五〇年代前半をかけて計画が作成され、合併も進められたなかで、ようやく「那覇都市計画」は軌道に乗り始めていた。ただ、巨大予算を伴うプロジェクトであるがゆえに、真和志市の合併問題も含め、一筋縄ではいかない対立が存在したといえる。

当間重剛那覇市長の主席就任に伴い、新たに那覇市長選が行われることとなる。当間の後継者として当局派（当間派）は、「次期市長は主席とタイ・アップ、当間重民、又吉康和当間重剛三氏の一貫した都計を一層充実できる人を選ばねばならない」という考えに基づき候補擁立を目指すが、保守系の二日会も同様の方針を示した[*81]。

当間主席は前年に政界を引退していた盟友平良辰雄の擁立を試みる。社大党や市議会当局派に加えて竹内和三郎など財界人からの要請もなされたものの[*82]、健康状態を理由に平良が固辞したため、結局、仲井間宗一が擁立される。だが、市議会内の当局派と二日会の対立もあって保守統一候補として一本化できず、仲本為美も立候補する。そして、社大党への共闘申入れを断られた人民党が瀬長亀次郎を独自候補として擁立したため[*83]、市長選は三つ巴となる。一二月二五日の那覇市長選の結果は、瀬長一六五九二票、仲井間一四八四八票、仲本九八〇二票となり、保守票が割れて、瀬長が当選することとなったのである。[84]

選挙結果を受け、市議会、市幹部、財界などから立て続けに非協力声明が出されるが、[85]こうした過剰ともいえる反応は、米国民政府の対応とも合わせて考える必要がある。那覇市の通常予算は約八〇〇〇万円であり、総額三五億円と見積もられている「市の都市計画事業は従来米国民政府、琉球政府及び琉球銀行復興金融基金部当局の強力なる支持によって施行されて来た」のであって、三億二〇〇〇万円の起債および八七〇〇万円の民政府特別補助という「依存財源」で賄われるはずのものであった。「しかし乍ら起債事業は一九五五会計年度より施行され民政府特別補助は一九五六年七月より着手されたが今般の那覇市長選挙の結果一九五六年十二月二十七日を以って総ての起債事業と特別補助事業を打切る旨、同資金取扱主管当局である琉球銀行復金部より口頭による通知があった」。だが、「巨額の都市復興事業を抱えている市行政はいずれにしても他人資本即ち日本政府、アメリカ民政府、琉球政府及び日本銀行、琉球銀行等よりの補助金又は融資を得ずしては円滑に運営されないものと考えられ」たのである。[86]

六月一七日、那覇市議会は市長不信任案を二四対六で可決する。不信任案の提案理由には、「瀬長亀次郎氏が市長に就任してから六ヵ月間、所謂資金は凍結されて都市計画事業は中止されている。（中略）市民生活の根本問題として都市復興事業に支障を来すことは市政担当の最高責任者として不適当だと謂える」[87]と述べられていた。翌日、瀬長市長は市議会を解散する。市議選の焦点は、瀬長派が再度の不信任案否決に必要な三分の一の議席を確保できるか否かにあった。七月三日、反瀬長派が那覇市政再建同盟を結成、一方、七日、瀬長派は人民党と社大党那覇支部を中心に民主主義擁護連絡協議会（民連）を結成する。八月四日の那覇市議選（定数三〇）の結果は、再建同盟一七議席、民連一二議席、中間派一議席となり、民連が六議席から倍増して三分の一以上を確保し、再度の不信任案可決を不可能とした。

民連は翌年三月の立法院選の「選挙綱領」において、次のような経済にかかわる項目を掲げている。[*88]

一つは、「六、植民地的従属経済からの脱却、祖国と結合した自主的経済の確立」である。この点に関しては、「植民地的」が意図するところの違いはあっても、比嘉主席の下で展開した経済政策とも実際には大きな距離はなかったように思われる。

そして、もう一つが、「八、都市復興、都市計画のための日本政府の援助獲得」である。これは、「都市計画事業」が瀬長市長誕生によって凍結させられたなかにおける具体的な対案として掲げられたものといえる。具体的説明として次のように書かれている。

祖国日本では戦災都市を復興するのに一般都市の場合は、復興事業費の五割を国庫で負担し、残りの五割のうち、二割五分は県がもち、市町村は残りの二割五分を負担するだけである長崎、広島、名瀬のような特別戦災都市の場合は復興事業費の九割を日本政府が負担し、県と市は残りの一割を半分づつ（五分づつ）負担すればよいことになつている。沖縄の都市は殆んどが特別戦災都市に該当するものであり復興事業費の九割の国庫負担を日本政府に要求し、その実現につとめなければならない。

米国側が日本政府の援助を受け入れることは難しいとはいえ、極めて合理的な対案であったといえる。以上みてきたように、当間主席就任および瀬長那覇市長誕生とそれ以降の対立は、「那覇都市計画」をめぐる経済問題の対立として生じている側面に注目する必要がある。

3　『経済振興第一次五カ年計画修正書』

那覇市議選の結果、「合法的」な瀬長市長退陣は不可能となり、一九五七年一一月二四日には米軍によって新たに布令が改正され、「破廉恥罪」を市町村選挙法に適用することで瀬長の再出馬を不可能とし、首長再不信任議決を過半数で可能とする。二五日、すぐさま那覇市議会は市長不信任案を可決、瀬長は失職する。だが、一九五八年一月一二日の那覇市長選は瀬長の後継者として民連から出馬した兼次佐一が当選する。さらに、三月一六日に行われた第四回立法院選では、民連が一議席から五議席へと躍進する。いわゆる「民連ブーム」である。そうしたなかで、米国の統治政策転換が生じることとなる。

四月一一日、ムーア高等弁務官は「一括払い」が再検討されていることを表明する。当間主席、安里立法院議長ら渡米折衝団が六月一〇日に出発し、七月七日、軍用地問題に関する米琉共同声明が発表される。以降、現地折衝となり、一一月三日の最終会議後、米琉共同声明が発表され、「一括払い」方式は廃止となり、地料の適正補償が明記される。軍用地問題は一応の終焉を迎え、大幅な地代値上げの一方で、新規接収が継続する結果となる。[*89]「第一次五カ年計画」の修正作業はこうしたさなかに行われるのである。

三月六日の局長会議において、「第一次経済振興計画の修正」協議が議論されており、「一括払い」再検討表明の直後である、四月一八日の「大田副主席、ギーリス副民政官定例会」において、「経済振興五ケ《ママ》年計画修正資金計画案」が話し合われている。[*90]

五月二日、当間主席、大田副主席、山内内政局長、真喜屋企画統計局長は、来沖中のパーリー米政府予算局軍事部陸軍課長と会談する。会談後の「副主席の発表によると、直接間接に米国援助に関係する問題を重点的にとらえて説明、こんごの大幅援助、協力を要請し」たとされ、特に当面する問題の第一として、「総資金量五十七億円を必要とする修正経済振興計画への援助」が挙げられている。[*91] 同日には、経済審議会総会が開かれ、「経済振興五ヵ年計画の四年、五年次修正案とそれに伴う資金計画の最終審議を行い原案通り決定、来週中に建議書をまとめ主席に建議することになった[*92]」とされる。

こうした動向の前提には、来る主席の渡米が視野に収まっていた。大田副主席は、「経済振興計画についても民政府は相当好意をよせて、これが実現に努力している。主席が渡米するさいはこの計画案を携行、これによって経済援助を要請することになっている[*93]」と明言していたし、五月一四日には、立法院予算連合委員会において、知念官房長が主席の渡米目的について「主たる目的は土地問題に関しアメリカ合衆国との折衝を始め、経済援助の要請」などの折衝であると述べている。[*94] 軍用地問題折衝と経済援助要請はセットであることは所与の前提であったことがわかる。「一括払い」再検討が明言され、渡米折衝団の出発が近づくなかで、経済振興五カ年計画の修正案作成が急速に具体化していったのである。

それでは、『経済振興第一次五カ年計画修正書』（一九五八年五月[*95]）（以下、「修正書」）はどのような内容だったのか。

「修正書」では、まず予算執行状況が順調であることを強調する。そして、産業別所得比が計画とは真逆に減少傾向にあり、かつ他産業との平均所得差がはなはだしい農林業を主とする第一次産業については、「その性格から気象その他の自然的条件、すなわち経済外の要因に大きく制約されるので、特に現在の琉球ではこれが甚だしいために、これを克服し得る施設が見出せないかぎり、経済の自発的成長発展は乱されがちであることはいなめない[*96]」と述べる。その一方で、「第二次産業は、計画当初の見透しを遙かに上廻つて進出を示しており、産業構造の高度化に対する計画的施策を急がねばならない段階に至つている[*97]」として、工業化による第二次産業拡大を中核とした産業構造高度化を掲げ、それを基軸として修正案が組み立てられているのである。実際、一九五五年の五カ年計画実施以降、「製粉、飼料、ビール、畜産加工、製缶、伸鉄、サルベージなど、企業の設立が相次いだ」[*98]。そうしたなかで、財界と密接な関係にあった当間主席の下で、当初の計画以上に第二次産業に重点を置くように修正を促したといえる。

そして、特徴的なのは、「琉球における経済振興計画を、円滑かつ効率的に実現するなめ《ママ》には、琉球の財政金融の規模をもってしては不可能であり、その補填策として、米国政府の経済援助を、大巾かつ積極的に求めることが要諦となるので、その資金源を、米国経済援助に強く要請するよう計画した」[*99]ということである。実際、一九五九～六〇年度（第四年次・第五年次）の資金実額案総額五五億八一八万円のうち、米国経済援助として要請した額は三七億五四六万円であり[*100]、総額の約六七・三％にも及んだ。さらには、金融機関からの融資も重視されている[*101]。

当間主席時代の「修正書」におけるこうした主張は、比嘉主席時代に作成された当初の「計画書」が米国の援助依存からの脱却を掲げていたことと対比した場合、その立場がより明確となる。即ち、当間としては、軍用地問題の解決が図られ、米国の統治政策が経済重視へと転換していくことを捉えて、多額な資金投下を起爆剤として沖縄経済の構造を拡大することで軍関係収支割合の相対的低下を図り、経済自立を進めようとしたと、その是非は別にして、ひとまず考えられるのである。経済援助が減少するなかで、「一括払い」を起爆剤にしようとした当間が、土地闘争と民連ブームによって生じた政策転換に乗じていったということになるだろう。

おわりに

本章は、一九五〇年代沖縄における経済政策の形成変容過程について検討してきた。第一節では、一九四九～五一年の「自立経済」論について検討し、党派を超えて「自立経済」達成が喫緊の課題とされ、米国経済援助は平良群島政府においても前提であったことなどを論じた。第二節では、「土地を守る四原則」を掲げるなかで、「基地経済」脱却を目的として、琉球政府が米国経済援助を前提としない経済計画を樹立する過程を検討した。第三節では、「一括払い」容認を標榜して登場した当間主席の下、米国が統治政策を経済重視に転換していく過程で、琉球政府が経済計画を米国経済援助を前提とするものへと修正していく過程を検討した。

何故こうした点が十分に注目されてこなかったのか。それは次のことと表裏の関係にあったように思われる。沖縄群島政府時代は帰属論争、復帰問題が焦点化されるあまり、当時第一に問題とされていた「自立経済」問題への注目がなされてこなかったこと（第一節）、任命主席という従属的立場を前提として米国援助要請をふまえるために、実際の援助打ち切りへの危機感と、そのなかでの経済計画が軽視されてきたこと（第二節）、軍用地問題や瀬長市長問題を重視するなかで、同時期の「那覇都市計画」や経済計画の修正には注目が集まりにくいこと（第三節）、以上である。

本章での検討をふまえたとき、一九五〇年代の琉球政府や琉球民主党、経済界などの「保守勢力」の経済政策を「米国援助獲得論」と評するのは困難だというべきであろう。米国への援助要求をしていたことは確かだが、経済政策上、それ以上にふまえるべきなのは、「自立経済」の追求とそのための経済計画であろう。その計画の見通しの甘さや欠点を検討することも必要だが、まずは、一九五〇年代という当時の社会構造のなかで捉える必要がある。

本章が対象とした時期以降、実際には想定をはるかに上回る事態が進行することになった。近年、改めて注目されているように、[*102]沖縄においても高度成長の時代が幕を開けるのである。[*103]

さらには、米国が経済問題を重視した政策転換を行うなかで、第一次五カ年計画の後継となる、「長期経済計画」（一九六〇年五月）は、七月に制定される「プライス法」を見越しながら、琉球政府と米国民政府による共同作成となる。同計画の冒頭で大田政作主席は次のように述べている。

本計画が従来と異なる点は、行政運営を円滑ならしめるのと、現在米国議会において審議されておりますプライス法案の成立促進ならびに同援助金獲得のための基礎資料にもするため、琉球政府と米国民政府の共同作成になっていることであります。[*104]

翌一九六一年一〇月には、『民生五ヶ年計画（財政計画を中心として）』が作成される。これは、同年六月の池田・ケネディ日米首脳会談の後、「第一に、今回の民生計画において初めて、前回の長期経済計画より編入された米国政府援助の他に、新たに日本政府援助を導入しようとしていること、第二には、対本土格差是正を計画努力の目標に据えていること[*105]」を要点として作成されたものである。

こうした米国政府援助、日本政府援助の増大は、一九六〇年代半ばのベトナム特需と合わせ、貿易外収支の不均衡拡大を促すこととなる。

今一つ重要なのは、一九五八年九月に実施された、B円からドルへの通貨切替である。これにより外国商品（約七割は日本商品）の流入が促進され、貿易赤字が一層拡大し、それを貿易外収支の日米両政府援助や基地収入によって補塡する「基地経済」がより構造化されていった。

そうした一九六〇年代以降の新たな状況における「基地経済」と「自立経済」の相剋について、次章でさらに検討していく。

註

＊1　主に、沖縄大百科事典刊行事務局編『沖縄大百科事典』（沖縄タイムス社、一九八三年）所収の松田賀孝「基地経済」、富永斉「自立経済論」に基づく。

＊2　基本文献として、中野好夫・新崎盛暉『沖縄戦後史』（岩波新書、一九七六年）、新崎盛暉『戦後沖縄史』（日本評論社、一九七六年）、などがある。

＊3　戦後沖縄における「保守」「革新」の位置付けについては、本土側と分けて検討する必要がある。詳細は、拙著『沖縄の復帰運動と保革対立　沖縄地域社会の変容』（有志舎、二〇一二年）を参照。一九五〇年代の動向については、本書第一章を参照。

＊4　比嘉幹郎『沖縄　政治と政党』（中公新書、一九六五年）、同「政党の結成と性格」（宮里政玄編『戦後沖縄の政治と法一九四五―七二年』東京大学出版会、一九七五年）、など。

＊5　「保守勢力」研究の必要性を論じたものとして、吉次公介「戦後沖縄『保守』勢力研究の現状と課題」（『沖縄法政研究』一二、二〇〇九年）などがある。

＊6　鳥山淳「破綻する〈現実主義〉―『島ぐるみ闘争』へと転化する一つの潮流―」（『沖縄文化研究』三〇、二〇〇四年）、同「占領と現実主義」（同編『沖縄・問いを立てる―5　イモとハダシ　占領と現在』社会評論社、二〇〇九年）、同「占領下沖縄における成長と壊滅の淵」（『高度成長の時代3』大月書店、二〇一一年）、など。

＊7　前掲「破綻する〈現実主義〉―『島ぐるみ闘争』へと転化する一つの潮流―」、一一三～一一四頁。

＊8　琉球銀行調査部編『戦後沖縄経済史』（琉球銀行、一九八四年）。

＊9　松田賀孝『戦後沖縄社会経済史研究』（東京大学出版会、一九八一年）。

＊10 松島泰勝『沖縄島嶼経済史』(藤原書店、二〇〇二年)。
＊11 『人民文化』創刊号(炬火社、一九四九年六月)、一〜四頁。
＊12 『月刊タイムス』一—九(沖縄タイムス社、一九四九年一〇月)、一二〜一三頁。
＊13 『琉球弘報』一四(琉球軍政府情報教育部・沖縄民政府情報課、一九五〇年四月)。
＊14 『沖縄タイムス』一九五〇年九月二二日。
＊15 『沖縄タイムス』一九五〇年一〇月六日。
＊16 『沖縄タイムス』一九五〇年一〇月二五日。
＊17 『うるま新報』一九五〇年一一月四日。
＊18 那覇市市民文化部歴史資料室編『那覇市史 資料篇第三巻五』(那覇市、二〇〇五年)、六六頁。
＊19 『沖縄タイムス』一九五〇年一一月一六日。
＊20 『沖縄タイムス』一九五〇年一二月一五日。
＊21 『沖縄タイムス』一九五〇年一二月一三日。
＊22 『沖縄タイムス』一九五〇年一二月二三日。
＊23 『沖縄タイムス』一九五〇年一二月二七日。
＊24 「知花議会議長、仲里議員、比嘉琉諮委長、富名腰農林省、池畑琉銀、宮里貿易庁各総裁、池宮城うるま社長、高嶺タイムス社長、山城沖農連、長嶺沖水連、前田沖工協、護得久沖商連各会長、金城琉農連、稲嶺琉水連、真栄城琉工連各会長、比嘉、当間市町村長正副会長」(『沖縄タイムス』一九五〇年一二月三〇日)。
＊25 『うるま新報』一九五一年一月一日。
＊26 『うるま新報』一九五一年一月一九日。
＊27 『うるま新報』一九五一年一月一九日。
＊28 『沖縄タイムス』一九五一年一月二七日。
＊29 沖縄県議会事務局編『沖縄県議会史 第十三巻』(沖縄県議会、一九九五年)、三四八、三五一頁。

＊30　『うるま新報』一九五一年六月二一日。
＊31　前掲『戦後沖縄社会経済史研究』、七一〜八九頁、前掲『沖縄島嶼経済史』、二四一〜二四二頁。
＊32　前掲『戦後沖縄社会経済史研究』、二四八〜二五一頁。
＊33　『琉球新報』一九五二年四月一九日。
＊34　『琉球新報』一九五三年二月四日。
＊35　『琉球新報』一九五三年三月一五日。
＊36　前掲「破綻する〈現実主義〉―『島ぐるみ闘争』へと転化する一つの潮流―」、一三三〜一三五頁。
＊37　前掲「破綻する〈現実主義〉―『島ぐるみ闘争』へと転化する一つの潮流―」、一三四頁。
＊38　前掲『戦後沖縄経済史』、二八四〜二八五頁。
＊39　『琉球新報』一九五三年一一月四日。
＊40　『琉球新報』一九五三年二月一七日。
＊41　『琉球新報』一九五三年一一月七日。
＊42　『沖縄年鑑　一九五九年度』（沖縄タイムス社、一九五九年）、九四頁。
＊43　「▽山城栄徳（琉球農連会長）▽長嶺彦昌（琉球水産社長）▽池畑嶺里（琉銀総才《ママ》）▽崎浜秀英（琉銀調査部長）▽松田賀哲（琉銀復金局長《ママ》▽宮里辰彦（琉貿支配人）▽当銘朝徳（琉球火災社長《ママ》▽嘉数昇（琉球生命社長）▽稲嶺一郎（琉石社長）▽平田忠義（沖貿社長）▽竹内和三郎（食糧会社長《ママ》▽平敷慶久（中央倉庫社長《ママ》▽比嘉繁雄（港湾荷役社長《ママ》▽宮城善兵（沖縄運輸社長《ママ》▽宮城仁四郎（沖縄機械製塩社長）▽国場幸太郎（国場組社長《ママ》▽具志頭得助（沖縄無尽社長）▽仲村清栄（那覇無尽社長《ママ》▽宮良永昌（寿商事社長）▽高良一（劇場主）」（『琉球新報』一九五三年一一月一五日）。
＊44　『琉球新報』一九五三年一一月二四日。
＊45　『琉球新報』一九五三年一二月七日。
＊46　『琉球新報』一九五三年一二月一一日。
＊47　『琉球新報』一九五三年一二月一一日。

＊48 『琉球新報』一九五四年一月八日。
＊49 比嘉幹郎「沖縄の復帰運動」（『国際政治』五二、一九七五年）、一一頁。
＊50 沖縄県公文書館所蔵琉球政府文書R00000470B「琉球民主党に関する綴」。
＊51 『琉球新報』一九五四年一月二四日、前掲「破綻する〈現実主義〉―『島ぐるみ闘争』へと転化する一つの潮流―」、一三六頁。
＊52 『琉球新報』一九五四年一月二七日。
＊53 前掲『戦後沖縄社会経済史研究』、一六頁。
＊54 前掲『戦後沖縄経済史』、一七九～一八一頁。
＊55 前掲「破綻する〈現実主義〉―『島ぐるみ闘争』へと転化する一つの潮流―」、一三五頁。
＊56 『琉球新報』一九五四年八月二〇日。
＊57 『琉球新報』一九五四年九月一日。
＊58 『琉球新報』一九五四年九月五日。
＊59 工連五十年史編纂委員会編『工連五十年史』（沖縄県工業連合会、二〇〇三年）、四六頁。
＊60 『琉球新報』一九五四年一一月一五日。
＊61 前掲『沖縄島嶼経済史』、二六四頁。
＊62 運動の概要については、前掲『工連五十年史』を参照。実際、自給率という点に関しては次のように大きな実績を達成することとなる。醤油（九〇％：一九五六年時点［以下同］）／製粉（七〇％：一九五八年）／煙草（九〇％：一九五八年）／製紙（八〇％：一九五八年）／清涼飲料水（九七％：一九五八年）／製菓（一〇〇％：一九五八年）（前掲『沖縄島嶼経済史』、二六九～二七〇頁）。
＊63 『琉球新報』一九五四年一二月二三日。
＊64 「▽富原守保（琉銀総裁）▽崎浜秀英（琉銀秘書役）▽宮里辰彦（琉貿専務）▽宮城仁四郎（大東糖業社長）▽安谷屋正量（工連会長）▽湧川善公（湧川商会主）△長峯《ママ》彦昌（琉水社長）△金城金保（琉糖常務）△宮城雍典（琉糖社長）△前田朝信（東亜工業社長）△親泊政博（琉球新報社長）△福里芳夫（琉海専務《ママ》）△仲田睦男（沖縄興業社長）△嘉数昇（琉球生命社長）△上

地一史（沖縄タイムス編集局長）」（『琉球新報』一九五五年二月一二日）。
＊65 『琉球新報』一九五五年三月一〇日。
＊66 『琉球新報』一九五五年三月二七日。
＊67 『琉球新報』一九五五年四月一四日。
＊68 『琉球新報』一九五五年四月一五日。
＊69 『経済振興第一次五カ年計画書』（琉球政府、一九五五年）、一八八頁。
＊70 前掲『戦後沖縄社会経済史研究』、一一八頁。
＊71 前掲『戦後沖縄経済史』、三四九頁。
＊72 前掲『戦後沖縄経済史』、三五二頁。
＊73 前掲『戦後沖縄経済史』、三五二〜三五三頁。
＊74 前掲『戦後沖縄経済史』、五六四頁。
＊75 『琉球新報』一九五六年七月二一日。
＊76 『琉球新報』一九五六年七月二四日。
＊77 前掲『沖縄年鑑　一九五九年度』、八三頁。
＊78 前掲『沖縄戦後史』、九六頁。
＊79 土地連三十周年記念誌編集委員会編『土地連のあゆみ―創立三十年史―　通史編』（沖縄県軍用地等地主会連合会、一九八九年）、三〇三頁。
＊80 来間泰男「那覇市の戦後復興」「アメリカ軍政下の那覇市」（那覇市歴史博物館編『戦後をたどる』琉球新報社、二〇〇七年）。
＊81 『琉球新報』一九五六年一一月二七日。
＊82 『琉球新報』一九五六年一一月二八日。
＊83 『琉球新報』一九五六年一一月二九日。
＊84 瀬長当選後の政治的動向については、本書第一章を参照。

＊85 中野好夫編『戦後資料　沖縄』（日本評論社、一九六九年）、二五一頁。
＊86 那覇市企画部文化振興課編『那覇市史　資料篇第三巻二』（那覇市役所、一九八七年）、七一一〜七一二頁。
＊87 『沖縄タイムス』一九五七年六月一七日夕刊。
＊88 沖縄県公文書館所蔵琉球政府文書 R00000460B「各政党関係書類」。
＊89 軍用地問題収束過程については多くの研究があるが、私の見解については、本書第三章を参照。
＊90 『行政記録総合版　第一巻』（沖縄県総務部広報課、一九八〇年）。
＊91 『沖縄タイムス』一九五八年五月三日。
＊92 『沖縄タイムス』一九五八年五月三日。
＊93 『琉球新報』一九五八年五月一〇日。
＊94 『琉球新報』一九五八年五月一五日。
＊95 『経済振興第一次五カ年計画修正書』（琉球政府、一九五八年）、沖縄県公文書館所蔵 G80001330B。
＊96 前掲『経済振興第一次五カ年計画修正書』、七頁。
＊97 前掲『経済振興第一次五カ年計画修正書』、二一頁。
＊98 前掲『工連五十年史』、四七頁。
＊99 前掲『経済振興第一次五カ年計画修正書』、四〇頁。
＊100 『経済振興第一次五カ年計画修正書（第四年次─第五年次）資金計画書（附属書第一号）』（琉球政府企画統計局、一九五八年）、沖縄県公文書館所蔵 G80001328B。
＊101 前掲『戦後沖縄社会経済史研究』、一一八頁。さらに、第一次五カ年計画は、一九五九年四月の「第二次修正によって今度は金融機関依存型へと改変された」とされる（同前、一二四頁）。
＊102 屋嘉比収『沖縄戦、米軍占領史を学びなおす　記憶をいかに継承するか』（世織書房、二〇〇九年）、前掲「占領下沖縄における成長と壊滅の淵」、戸邉秀明「沖縄『占領』からみた日本の『高度成長』」（『岩波講座東アジア近現代通史8』岩波書店、二〇一一年）、など。

＊103　屋嘉比収は、「一九五〇年代後半から六〇年代初期において、基地収入以外に沖縄の経済成長を後押しした要因」として、①スクラップ輸出ブーム（一九五六～五七年度）、②糖業への本土資本導入（一九五八～六二年度）、③ドルへの通貨切替（一九五九年度）、④軍用地料・遺族年金の一括受給（一九六〇～六二年度）、⑤砂糖・パイン缶詰輸出増加（一九六〇年度～）、を挙げている（前掲『沖縄戦、米軍占領史を学びなおす　記憶をいかに継承するか』、二七七～二七八頁）。④の前段階として、南方同胞援護会を通じた援助、援護法関連や恩給の支払い、などによる日本政府の資金投下も重要である（前掲「占領と現実主義」、八二～八五頁）。

＊104　『長期経済計画書』（琉球政府、一九六〇年五月）、沖縄県公文書館所蔵 G80002578B。

＊105　前掲『戦後沖縄社会経済史研究』、四六三頁。

第六章　沖縄の復帰過程と「自立経済」への模索

はじめに

本章の課題は、主に一九六〇年代における沖縄の復帰過程と「自立」への模索を検討することである。具体的には、戦後に通底する沖縄の「自立」意識について、「自立経済」という側面から論じるとともに、「復帰／返還」という沖縄再統合過程において表れた、沖縄への抑圧的構造を検討していく。

まず、先行研究について、沖縄戦後史研究に関連して述べておきたい。

第一に、一九七〇年代以来、新崎盛暉に代表されるような、沖縄内部の「保守／革新」の対立を前提として、「革新勢力」による復帰運動や基地反対運動など、社会運動を軸とした検討が中心をなしてきた。[*1]「保守勢力」についていては比嘉幹郎などによる政治学的な検討[*2]があるほかは、十分な検討がなされてこなかったといえる。[*3]

そうした枠組みに対して、私はこれまで批判・再検討を行ってきた。[*4]本章においても、米軍統治下であることを前提とした上で、沖縄内部の「保守／革新」の対立ではなく、日本（本土）と「島ぐるみ」に基づく沖縄との関係を重視して検討していく。

第二に、近年の高度成長期（一九六〇年代）への関心の高まりを挙げておきたい。[*5] そのなかで、特に鳥山淳による諸研究[*6]は本章とも密接に関連する。鳥山は、沖縄「保守勢力」の形成と破綻、再構築の過程について、「現実主義」をキーワードに論じている。一九五〇年代は「米国援助獲得論」の推進者、一九六〇年代は「日本政府援助獲得論」の推進者として批判的検討を行い、「保守勢力」を復帰運動に対置させて論じている。

それに対して、私は、「保守勢力」＝「援助獲得論」という設定に疑問を持っている。さらには、沖縄県祖国復帰協議会（復帰協）を中心とした復帰運動だけでなく、「保守」側（主席公選前の琉球政府および保守政党、財界など）の動向もふまえた復帰過程の検討の必要性があると考えている。一九六〇年代に入り、日本政府・自民党の沖縄関与が深まるにしたがい、沖縄「保守勢力」との接触も増加するのであり、それをふまえることで初めて復帰過程の全体像が把握可能になると考えるからである。

また、戸邉秀明は、沖縄教職員会（教員集団）による新生活運動や集団就職への取り組みを含めた「広義の復帰運動」に注目している。[*7] 私はこの点に関して、「保守」側の政治運動も含めた形で「広義の復帰運動」として捉えたい。復帰協を中心とした大衆運動や、教職員会の活動だけでなく、「保守勢力」の一体化政策も含めた総合的な把握が必要だと考える。

次に、本章のキーワードでもある「自立経済」について述べておきたい。

第一に、本書第五章で明らかにしたように、「基地経済」から「自立経済」への移行、という一九四〇年代末から一貫した課題が沖縄には存在したということである。第一節で触れるように、その出発は米国による経済自立要求であった。それが歴史認識に基づく「自立」意識に融合することになったといえる。そして、それは党派を超えて「島ぐるみ」で賛成し得るものとなった。ただ、その「自立経済」論は、戦後に本土と分断されたなかで、一国単位の貿易収支を前提として成立する「特異」なものであり、日本（本土）を最大の貿易相手国とした上での経済自立が検討されていた。さらには、そこに至るまでの日米両政府からの経済援助自体は、どの政党も前提とせざるを得ないものであった。

第二に、先に触れたような沖縄戦後史研究、特に、政治史、復帰運動史における、経済計画、「自立経済」論への言及の欠如についてである。「自立」は民主化など政治的問題として扱われ、経済的問題には十分な関心が払われてこなかった。そこには、「革新」側が重要な検討対象となるなかで、同時代における「革新」側の経済論の弱さも理由であると思われる。実際、本章で取り上げる史料も「保守」側中心にならざるを得ない。そうした限界はあるとはいえ、経済史における琉球銀行調査部[*8]や、松田賀孝[*9]による分析、独立論を射程に入れた松島泰勝の研究[*10]が既にある。経済計画、「自立経済」論そのものについては、第五章と同様に、それらの経済史的な研究に学びつつ、本章ではその歴史過程を重視して検討していく。

第三に、「自立経済」論の実現困難性についてである。当時の極東情勢、日米関係を前提とした際には、「革新」側の基地論は実現困難であったが、その歴史過程や理念は重要であり、これまでも多くの研究がなされてきた。それと同様に、従来、重視されてこなかった、「保守」側の経済論についても、その実現困難性をふまえつつ、検討する必要がある。それにより、一九七二年復帰に対して「革新」だけでなく「保守」も反対し、さらには、反復帰論や独立論が登場してくる歴史的経過がより明確になるはずだと考えている。

本章の構成は以下の通りである。第一節では、一九六〇年代の検討を行う前提として、米国の統治政策転換までの「自立経済」構想と、日本（本土）側の関与拡大過程を検討する。第二節では、一九六〇年代前半における「自立経済」と「援助」、「外資」に対する方針を検討する。第三節では、一九六〇年代後半の復帰準備期における「自立経済」構想と日本（本土）側の対応を検討する。

第一節　統治政策転換と経済構想の変遷

沖縄住民による米軍の統治政策への抵抗として、一九五六～五八年にかけて島ぐるみ闘争・瀬長那覇市長当選・民連ブームが起こり、米国側の統治政策転換が生じたことは周知の通りである。それにより、一九五八～六〇年にかけて、新規接収黙認、賠償未解決という問題を残しながらの軍用地問題終結、外資導入や輸入拡大を円滑にすることを意図したドルへの通貨切替、米国から沖縄への援助を安定的に行うための「プライス法」制定などが次々に行われる。そして、日本政府援助の段階的受入もなされていくのである。

本節では、一九六〇年代の「自立経済」論を検討する前提として、米国の統治政策転換が生じていく一九五〇年代の沖縄側による経済構想の展開と、日本側関与の拡大過程について、改めて検討しておきたい。

1　沖縄側による経済構想の展開

まず、一九四〇年代末以来の「自立経済」論について、本書第五章をふまえつつ、改めて確認しておきたい。初期の議論の特徴として、ガリオア援助打切を前提とした喫緊の課題として「自立経済」論が俎上に上ったこと、本土との貿易関係を重視した上で「基地経済」を脱却し「自立経済」をめざすことなどが挙げられる。従来、復帰問題との関連で取り上げられる、沖縄群島政府（平良辰雄知事）の第一の政策課題も「自立経済」に向けての経済計画樹立であった。

次に、比嘉秀平主席時代（一九五二年四月〜一九五六年一〇月）についてみておこう。比嘉は一九五二年四月の施政方針において、自治獲得のためには経済自立が不可欠であり、経済が最重要課題であると主張している。〝経済の自立がなければ政治の自立もない〟という、占領期の「自立経済」論に通底した問題意識が良く表れていた。

比嘉主席時代における最重要課題となっていくのは軍用地問題であり、行政府も含めた四者協議会（行政府、立法院、市町村長会、土地連）が結成され、立法院での「土地を守る四原則」（一括払い反対、適正補償要求、損害賠償請求、新規接収反対）決議が「島ぐるみ」での訴えとなっていくことは周知の通りである。[*11] そうしたなかで、琉球政府は「基地経済」脱却を目的として、米国経済援助を前提としない「経済振興第一次五カ年計画書」を作成する。「われわれは、われわれの努力と米国の直接間接の援助によつて今日の発展を見ることができた。しかしいつまでも援助に頼ることはゆるされることでもないし、またそれでは自立できない[*12]」として、対外収支構造・産業構造の改善をはかろうとしたのである。

続く、当間重剛主席時代（一九五六年一一月〜一九五九年一一月）についてだが、主席就任前後の当間は、米国からの援助が縮小されていくなかで、財界と連携を取って、「一括払い」による資金投下を起爆剤とする「自立経済」振興を企図した。だが、米国の統治政策が転換し、米国経済援助が期待できるようになり、当間は、「自立」のための経済計画を、米国経済援助を前提とするものへと再修正するのである。

次に、復帰問題と「自立経済」との関係性について触れておきたい。

まず、講和交渉期である一九五一年三月、平良辰雄沖縄群島知事は沖縄群島議会において、「自立経済」は帰属問題とは無関係であり、復帰をするとしても必要であると述べていた。[*13]

また、一九五〇年代以来、復帰運動の中心であった、沖縄教職員会が推進した生活改善運動の論理においても、「自立経済」との関係性が見て取れる。一九五八年一一月に作成された文書には、生活改善運動の「目的」として、「1、植民地的享楽主義をたてなおすため／2、青少年によい影響をあたえるため／3、物価を引下げるため」とならんで「4、民族資本の蓄積のため」が挙げられている。[*14] 戸邉秀明は、「『民族資本の蓄積』など、米軍に対抗するための実力養成の論理へと〈流用〉する意図[*15]」をそこに見出している。私はそれに加えて、日本（本土）に対する「自立」という側面を強調したい。ここでは「民族資本」＝沖縄の資本と捉えるのが、一九四〇年代末以来の文脈から考えて妥当であろう。ここにおいても、復帰問題と「自立経済」は矛盾しないものとして捉えられているといえる。

2　日本側関与の拡大過程

日本政府は、米国が統治政策を転換させる以前から、沖縄に関与するルートを米国と調整しながら次第に構築していった。一九五二年七月には、那覇日本政府南方連絡事務所が設置され、島ぐるみ闘争さなかの一九五六年六月には、自民党に「沖縄問題特別委員会」が設置、そして一一月には、財団法人南方同胞援護会（会長渋沢敬三、副会長淵上房太郎、事務局長吉田嗣延）が発足し、翌年には特殊法人となっている（会長・副会長・事務局長は同前。一九六一年九月、第二代会長に大濱信泉が就任）。そこでは、戦後、外務省・総理府において、沖縄に対する施策の中心にあった吉田嗣延や、早稲田大学総長であった大濱信泉ら、沖縄県出身者が重要な役割を果たしていた。

そうした時期の、沖縄―日本（本土）間の人的交流について、琉球政府が作成した「行政記録」から確認して

表　「沖縄―日本」人的交流分類別統計（1949 ～ 60 年）

西暦	日本→沖縄							小計	沖縄→日本							小計	合計
	①	②	③	④	⑤	⑥	⑨		①	②	③	④	⑤	⑥	⑨		
1949						1	2	3						1		1	4
1950								0								0	0
1951		1				1		2		1				1		2	4
1952	2					1	1	4	1							1	5
1953	2	2					3	7			1				1	2	9
1954	8	6	1		4	1	3	23			3			2	2	7	30
1955	6	8		1	6	2	5	28	1	1	3	2		1	1	9	37
1956	2	2	6	1	4	1	3	19	5		2	2		5	3	17	36
1957	7	6	3		17	5	3	41		1	3	1		4	3	12	53
1958	8	9	9	1	27	11	7	72		1	6	3			5	15	87
1959	3	7	6	1	13	23	8	61		1	7			3	2	13	74
1960	1	17	12		25	36	19	110	1	1	9		1	1	6	19	129
計	39	58	37	4	96	82	54	370	8	6	34	8	1	18	23	98	468

①援護恩給，戦後処理／②教育／③経済／④軍用地，講和前補償
⑤技術援助（教育，経済以外）／⑥調査・視察・研修／⑨その他
（『行政記録　総合版』第 1 巻，第 2 巻〔沖縄県総務部広報課，1980 年〕により作成）

おきたい。表は、「行政記録」に記された日本側、沖縄側からの往来をそれぞれ①援護恩給・戦後処理②教育③経済④軍用地・講和前補償⑤技術援助（教育、経済以外）⑥調査・視察・研修⑨その他（目的が複数項目にまたがる場合も含む）に分類したものであり、人数ではなく、記録されたグループ毎でカウントしている。まず、日本側から沖縄側への渡航目的としては、①と②が一九五〇年代前半から多い。そして、一九五〇年代末に急激に③⑤⑥が増えていく。一方、沖縄側から日本側への渡航目的として、最も多いのは③で、一九五〇年代後半以降増加する。⑥もコンスタントに行われていることがわかる。②が少ないが、これは、教職員会による渡日が補完していたと考えられる。土地闘争が起こる一九五六年前後には双方から④が増える。また、全体の傾向として、表には示されていないが、一九五〇年代は実務者や大学教員などが多く、一九六〇年代以降、大臣、総務長官、国会議員の往来が増加することが見て取れる。

そうしたなかで、米国の統治政策転換以降、沖縄「保守勢力」が日米両政府との協調の下で打ち出していく「一体化政策」、「積み重ね方式」については、同時代から、野党、運動団体などにより、〝現状固定化につながる〟という批判がなされてきた。だが、経済面や人的往来によって、実際に復帰へと近づいていった側面は否定できないと考える（「広義の復帰運動」）。在東京の吉田嗣延、大濱信泉などは、そのことを明確に意識していたと思われる。[*16]

また、一九六〇年代の高度成長を可能にした基地収入以外の要因として挙げられるのは、屋嘉比収の次の簡潔なまとめに示されるように、ほぼ全て対本土の要因である。

①スクラップ輸出ブーム（一九五六～五七年度）／②糖業への本土資本導入（一九五八～六二年度）／③ドルへの通貨切替（一九五九年度）／④軍用地料・遺族年金の一括受給（一九六〇～六二年度）／⑤砂糖・パイン缶詰輸出増加（一九六〇年度～）[*17]

そうしたなかで一九六〇年代も継続する「自立経済」への願望を検討する必要があるだろう。

また、本土との関係性が強まる一九六〇年代前半において象徴的なのが、東京オリンピックと沖縄との関係である。[*18] 特に、聖火リレーとマイクロ回線の問題が重要となる。

一九五九年五月、東京オリンピック開催が決定するが、一九六二年七月には、沖縄での聖火リレー実施が決定し、一九六四年三月には、オリンピック東京大会聖火沖縄リレー実行委員会が琉球政府・米国民政府各一〇名の委員によって設置されている。そして、九月七日から一一日まで、聖火リレーが沖縄本島を一周する。市川崑総監督「東京オリンピック」のオープニングにおける映像でも象徴的な場面である。

オリンピックに合わせて、九月一日、マイクロ回線も開通する。これによって、ほぼリアルタイムで本土からのテレビ中継が見られるようになり、沖縄（ただし先島は除く）は東京オリンピックという「国民的イベント」を共に体験したのである。

スポーツと通信による本土との一体化、ここに重要な役割を果たしたのは、前主席の当間重剛であった。当間は、戦前戦後と沖縄で体育協会会長を務め、行政主席退任後はラジオ沖縄、沖縄テレビの社長を務め、聖火沖縄リレー実行委員会の琉球政府側委員の委員長を務めていた。[*19]

沖縄「保守勢力」にとって、これらは「一体化政策」の成果であり、沖縄と日本（本土）との紐帯を強化するものであった。加えて、本土の経済成長をさらに意識させるものとなり、生活レベルでの経済成長への渇望をさらにもたらしたといえる。だが、それは裏返せば、本土との格差拡大の恐怖を想起させうるものであったといえる。そうしたなかで、屋嘉比が述べたような、経済成長の恩恵を受けた、教員、公務員が復帰運動を推進していくという構図も現われてくるのである。[*20]

第二節　一九六〇年代前半の経済政策をめぐる議論

1　日米琉新時代

米国の統治政策転換のなか、日米両政府間の交渉を通じて、日本政府による琉球政府への関与の幅も次第に拡大していく。具体的には、一九五八年九月、日米外相会談で米国が日本政府の技術援助費に同意する。一九六〇年七月には、大田政作が初めて行政主席として公式に日本政府を訪問している。裏返せば、一九五〇年代において、琉球政府主席の公式訪問がないということであり、一九五〇年代の米国による離日政策がいかほどのものであったか、またその政策転換というものを象徴的に表しているといえる。
一九六一年六月の日米首脳会談では、日本政府の経済援助に同意がなされ、一九六二会計年度（一九六一年七月～一九六二年六月）から琉球政府予算に「日本政府援助」が導入される。そして、一九六一年から六二年にかけて、米国、日本から大規模な調査団が派遣されるのである。
まず、一九六一年一〇月に、米国政府沖縄調査団（ケイセン調査団）が来沖する。琉球政府は「自治権拡大」要求のほか、「経済発展のための援助」などを要請し、米国に加えて日本政府からの援助導入を前提とした「民生五ヶ年計画」を作成している。[*21]
一二月に出された「ケイセン調査団」の最終報告では、無期限の排他的管理を前提としつつも、①日本側の関与拡大、②日米による琉球への援助拡大、③琉球の自治権拡大を主張し、プライス援助法の上限を六〇〇万ドルから二五〇〇万ドルへ引き上げることを提言している。[*22]
こうした動向に対して、沖縄経済界も強力な経済振興策を要望しており、強い期待感を抱いていたといえる。
富原守保琉球銀行総裁は沖縄経営者協会の機関紙に次のような一九六二年年頭の辞を寄せている。
顧りみますと、旧年中は政治的にも経済的にも著しい変貌がみられ、極めて変化に富んだ年でありました（中略）池田、ケネデイ日米首脳会談によって、本土政府の沖縄への基本的な援助方式が明確にされ、われわれの未来に明かるい希望がもたれています。／ただ、旧年末に至り、日本々土の貿易自由化計画が当初のテンポより早目に実施される傾向がみられ、これが琉球の輸出産業、特に基幹産業である砂糖、パインの両産業の将来に大きな不安を投げております。／しかし、これは琉球経済が早晩対決をせまられている問題で、われわれはむしろこれを契機に、これまでの経済的成果を基礎に、健全な自立経済体制を具現すべく、決意を新たにすべきでありましょう。[*23]

不安材料もあるが、これらはいずれ解決すべき問題であり、プラス面を活かして「健全な自立経済体制」を具現化していこうという決意が述べられている。

さらに一九六二年になると、日本政府による小平久雄総務長官を団長とする初の大規模調査団が来沖する。調査団は三次にわかれ、目的を経済援助に限定させつつも、各省庁ごとの具体的な調査が行われた。

その後作成された報告書には、「援助の目標」のなかで「産業開発及び国土保全の援助」として、次のように述べられている。

沖縄経済の近年の発展については前に述べた通りであるが、その発展の大部は米軍基地への経済的依存からもたらされたものであり、また同時に我国の貿易上の特恵措置に依存するものである。沖縄は、資源に恵まれず、毎年台風に災いされる不利な環境におかれているが、極力第一次、第二次産業の振興をはかることは今後沖縄の最も重要な課題である。戦前政府は沖縄振興計画をもつていたが、その重点はこれら産業部門への特別な助成におかれていた。第一次、第二次産業の振興について沖縄に於ても特別な振興策を必要とするが、その実現え《ママ》の援助は望ましい。また産業開発に関連し国土保全に関する事業の充実及び援助も望ましい。[*24]

第一次、第二次産業の振興、そのための国土保全に関する事業（インフラ整備）が明記されており、沖縄側の要望を反映した内容になっていたといえる。

また、「沖縄調査団調査報告要旨」として作成された文書によれば、米国民政府は沖縄版「所得倍増計画」ともいえるものを検討していたとされる。具体的には、「米民政府は沖縄開発五ヶ年計画草案を検討していた。その計画草案の概要は一九六一年度を基準として一九六八年度までに(a)沖縄住民の一人当所得を約二倍（四九一ドル）にすること。(b)国民総生産を毎年一三、九％伸ばすこと等を主要指標としており、(c)一九六四年度から六八年度までの五年間に一三部門一〇四項目に亘り、約四億ドルに上る財政支出を計画するものと推測され（中略）(d)キヤラウエイ高等弁務官は、政府調査団に対し、立案中のこの五年計画に関し、日本政府が四五項目について、五年間に約四千万ドル（毎年度平均三〇億円）の援助を与える案を示唆した」とされる。即ち、日本政府からの毎年平均八〇〇万ドルの援助を示唆したことになる。「又日本の援助額及びそれの米側援助との比率は沖縄住民としては、日本側の沖縄援助へ対する熱意ひいては施政権返還・自治権拡大等広く沖縄問題に対する本土政府の熱意をはかる尺度の一つと見ることは、我方が好むと好まざるとにかゝわらず当然のこととしなければならないであろう」というように、沖縄住民との関係から、日本政府は日米双方の援助比を強く意識していたことが窺える。[*25]

2　沖縄各政党の「援助」に対する方針

次に、「援助獲得」を沖縄各政党がどのように捉えていたのかを検討していく。これは、「保守勢力」＝「援助獲得」論者という整理が妥当か否かの確認作業でもある。

まず、沖縄自由民主党の経済政策について『祖国への道』（一九六〇年）を取り上げる。

これまでに米国が沖縄基地建設に注ぎ込んだ金は、すでに七十億ドルに達しており、これからも三十億ドルを投ずるという。これらの金が沖縄の復興に寄与し、直接間接に経済を支えているのである。もしも今直ちに基地が無くなつて米軍が引き上げるとなると沖縄の経済は立所にお手上げとなることは、火を見るよりも明らかである。このような、基地依存の消費経済から一日も早く脱却して、生産を高め、貿易収支の著しい不均衡を矯めて自立経済に立て直し、復帰の暁には、沖縄県として立派に地方自治をまかなつてゆけるだけの経済基盤を築くことをも併せ考えてこそ正々堂々の復帰論だと思う。(中略)もとより、基地があるということは、種々の弊害こそあれ、決して好ましいものではない。たつた一つの取柄は、金が落ちるということだけであるが、沖縄の現情は、その金が落ちることによつて経済が支えられ過ぎるという点に問題がある。故に、経済拡大を図つて基地収入の占める割合を大巾に縮めることが急務であり、その為にも先だつものは、資金である。米国の援助金や基地収入で得た金を資本として、生産の増強や経済の拡大を図り、一日も早く基地依存の消費経済から抜け出すよう経済自立への施策の急務を、我党が住民に訴える所以のものである。[*26]

即ち、復帰論には米軍引揚を前提とした経済論が欠如していることを批判し、復帰までに、援助、基地収入を元手に経済を拡大させて、基地依存率を縮小し、「基地経済」から脱却して「自立経済」を構築することを主張しているのである。こうした主張は、一九五〇年代以来の「自立経済」論の延長線上にあるとともに、一九六〇年四月に結成された復帰協による復帰運動への批判、牽制であったということができる。

一方、野党側の主張はどうであったか。まずは、最大野党・沖縄社会大衆党(社大党)の経済政策をみておこう。まず、「一九五九年度政策[*27]」をみると、社大党は、ドルへの通貨切替に対しては、「経済面においては国際的視野を広げ、経済的実力を養うことにより琉球経済を繁栄に導くことの出来ることは一応理論的に了解する」と、一応の積極的側面は理解しつつも、「外資導入の適切な規制と将来性のある島内産業に対する積極的しかも大巾な保護措置がなされない限り理論倒れすることは必定である」として、外資規制・保護政策を打ち出している。

また、米国政府には国家機関として掛かる経費・社会保障費を要求し、さらに、日本政府に対しては、「祖国の総合国土開発計画に沖縄を包含し、生産業の振興と戦災復興並に義務教育費に対する他府県並の積極的財政援助を要望し、その実現を期す」とした。その上で、「貿易管理を強化し輸入貿易を規制すると共に輸出産業の促進強化」によって「国際収支を改善」し、「経済の自立」をはかることを主張していたのである。

そして、「一九六二年度政策」[*28]では、「対米政策」として、「財政援助に名をかりて復帰をそらし、現状の軍事植民地支配の固定化をねらう援助体制を打破」すべきだとはしつつも、「施政権者としての責任においての財政支出と、一切の不利益の補塡に要する経費を支出することを要求」している。また、「対本土政策」においては、「国民主権領土主権国の責任として、教育、国土保全、開発等に関する財政支出、及び技術援助の拡大をはかること」や、「砂糖、パインの貿易自由化を阻止し、沖縄経済を国内経済の一環として生産産業の育成措置を強化すること」などを要求している。その意図は、「一九六二年度政策」が決定された臨時党大会における安里積千代委員長の次の「大会挨拶」が明示している。

われわれは米国の援助やその増額を反対し否定するものではありません。米国の必要から軍事基地として多くのものを住民から取りあげ、不本意ながらその権力に服せざるを得ない立場に置かれていることに対し米国は施政権者として当然の責任負担をすべきであり、従来アメリカは権利を主張するに急であって義務を尽すのに消極的であることをわれわれは常に指摘しております。（中略）日本政府が沖縄に対する援助を従来より積極化したことは喜ぶべきことでありますが、これ又米国の援助増額の所でのべたと同様に現状を是認する前提に立って為されては沖縄県民にとっては喜ぶ訳にはいきません。[*29]

それでは、人民党や社会党の方針はどうであったか。一九六二年一一月の立法院選に向けた「統一基本綱領

（案）」は、人民党・社会党が社大党との共闘を目指すなかで作成されたものだが、「一、現状固定化をねらうケネディ政策をはねかえし、祖国復帰をかちとろう」という項目の詳細として、次のように述べられている。

財政援助に名をかりて、復帰をそらし、現状の軍事植民地的支配の固定化をねらう援助体制を打破し、日本政府の国庫支出や沖縄復興特別措置法などをもって真に日本の一県としての体制を築く財政支出を要求し、さらに米国政府に対しては、軍事植民地的支配に基ずく一切の不利益の補塡に要する経費を支出することを要求する。[*30]

即ち、社大党と同様、財政援助が現状固定化につながることへの批判をしつつ、しかるべき財政支出は日米両政府に要求していたのである。

以上のように、琉球政府・保守与党のみが「援助獲得」を唱えていたのではなく、与野党含め、しかるべき財政支出は当然要求すべきものであり、そのあり方が問題とされていたことに注目すべきである。なかでも、沖縄自民党と社大党はいずれも、援助を得るなかで「自立経済」を達成していくことを明確に掲げていたことが重要だといえる。

3　外資導入と産業保護

外資導入への対応としては、まず、一九五八年九月にドルへの通貨切替が行われた際、高等弁務官布令第一一号「琉球列島における外国人の投資」が出され、①地元との合弁もしくは単独のいずれを問わず、外国資本の投資を歓迎する②資本元本および果実の自由送金を認める③資源開発または生産力向上に寄与する新規生産事業はとくに歓迎する④投資環境の改善に努力する⑤投資側に対する採算の配慮⑥技術導入の本法適用除外[*31]、というような、投資家側に有利な条件が米国民政府によって作られた。また、外資導入合同審議会は米琉双方からの委員の検討により可否が決定されるため、沖縄側の主張が通りにくい体制になっていた。

そうしたなかで、琉球政府・沖縄「保守勢力」は、自治権拡大の一環として、外資導入の琉球政府によるコントロールを要求し、一九六五年九月、外資導入合同審議会にかわり琉球政府側のみで組織された外資導入審査会が設置される。その際に示された審査基準一一項目は次の通りである。

一、輸入依存度を減少するもの。／一、輸出によって所得の増加がはかれるもの。／一、琉球の資源を最大限に活用する事業。／一、直接、間接的に国際収支の大幅な改善に貢献するもの。／一、大規模な資本導入をするもの。／一、地元資本と提携（合併）するものを優先する。／一、地元資本との提携については相手側の出資は五〇％未満としそれに近いものであること。／一、高度な技術を有する企業にたいする資本導入であること。／一、既存企業の生産力の増強と健全な発展を助長させるものであること。／一、雇用の拡大に大きく寄与するもの。／一、その他、琉球経済の発展と民生の向上に大きく寄与するものであること。[*32]

地元企業の保護政策を前提とした、「自立経済」に向けた方向性が良く示されているといえる。

次に、同時期の沖縄経済界が復帰時期尚早論と産業保護について、言い換えれば、復帰問題と「自立経済」について、どのように考えていたのかを見ていきたい。

次の文章は、一九六三年一一月に、具志堅宗精琉球工業連合会会長が、琉球工業連合会の機関紙において、発表したものである。

日本復帰が沖縄住民の願望であることは事実である。（中略）本土政府の閣僚、政党首脳の政治家から、「沖縄の産業開発計画を立てる場合、日本本土の産業面との調整を真剣に考えるべきだ」という趣旨の見解がしばしば発表された。（中略）およそ、本土製品と競合しない製品の沖縄産業があるであろうか。断じてノーである。（中略）日本政府と調整のついた産業のみを興こせということは、日本の植民地産業政策に通ずる感がする。（中略）沖縄も資源が乏しい国ではあるが、原材料を輸入して、沖縄に適する工業を政府の保護育成のもとに発展せしめ、貿易収支のアンバランスを縮小し、もって自立経済の道を歩まんとするものである。[*33]

将来的な復帰を前提としつつも、沖縄産業を本土産業に競合しない範囲で認めようとする、本土側の政治家を批判し、さらに、島内産業を積極的に保護育成し、「自立経済」を目指すべきだと主張するのである。

また、次の文章は、那覇商工会議所の機関紙における一九六四年二月の「主張」欄である。

立法院や教職員会では、何かというと日本復帰決議などと、騒ぎたてている、日本人教育というお題目と教職員の恩給、退職金をふやすためなどには結構なことであろう。しかしその前に、今の時代に急いでやらねばならぬことが沖縄には多いことだと考える（中略）日米とも物心両面からもっと沖縄を援助してもらいたいし、沖縄としては今日の時代は千載一遇の時であり、この時代を利用してうんと繁栄、発展の道をひらいて欲しい（中略）まだ解決を急ぐべきものが多い、今の時代に、復帰論より先に行うべきことだと考える、この機会は再び来ないからである。[*34]

こうした主張の背景には、復帰をして本土経済に編入された場合の、本土資本に対する危機感があったと考えられる。それゆえに、「自立経済」達成以前の復帰は時期尚早であるということが強く主張されていくのである。

第三節　復帰準備期における「自立経済」論の展開

1　佐藤首相来沖以降の展開

一九六五年八月に行われた佐藤栄作首相の来沖は、復帰具体化に向けた時代の変化を沖縄住民に実感させる出来事であったといえる。

来沖に際して、経済団体代表として陳情した宮城仁四郎琉球商工会議所会頭は、次のように述べている。

民生の向上は、経済発展にあると思います。私たちは将来に来たるべき復帰にあたり、自立経済の形態において本土国民と経済力対等をもって復帰したい願望であります。ついては、日米琉の民間人もふくめて、周到じゅうぶんなる組織をもって五ヵ年ないし十年の沖縄総合経済開発計画を樹立し、それも日米協議会が強く取り上げ、実施していただきたい。[*35]

即ち、「自立経済」を達成した上での復帰、そして、そのための経済計画樹立、十分な援助の要求をしたのである。

首相来沖後には、国内レベルでも沖縄に対する施策強化が行われていく。来沖直後の八月中には、沖縄問題閣僚協議会が設置される。また、一九六六年九月には、総務長官諮問機関としての沖縄問題懇談会、一九六七年八月には、首相諮問機関としての沖縄問題等懇談会が設置されている（どちらも座長は大濱信泉）。

そして、経済面で重要なのが、政府の肝いりで組織された沖縄経済振興懇談会であり、一九六六年七月一日、東京商工会議所に於いて第一回が行われた。本土側世話役には、経済団体連合会、日本経営者団体連盟、経済同友会、日本貿易会、日本商工会議所、そして、沖縄側世話役には、琉球商工会議所、琉球工業連合会、沖縄経営者協会、という本土側・沖縄側の主要経済団体が網羅されていた。第一回には、政府関係者として、本土側からは、佐藤栄作首相、三木武夫通産大臣、安井謙総務長官など、沖縄側からは、小波蔵政光副主席、小橋川朝蔵東京事務所所長らが出席している。また、経済界からは、本土側から、足立正日本商工会議所会頭、稲垣平太郎日本貿易会会長、桜田武日本経営者団体連盟代表常任理事、植村甲午郎経済団体連合会副会長ほか二三名、沖縄側から、宮城仁四郎琉球商工会議所会頭、具志堅宗精琉球工業連合会会長、船越尚友沖縄経営者協会会長ほか一五名と、ともに錚々たる面々が出席している。*36

会議冒頭、沖縄側から挨拶に立った宮城琉球商工会議所会頭は次のように述べている。

さて、沖縄は今次大戦による灰燼の中から立上り、一見目覚しい経済発展を示し、今日では復興から建設の時代に入つたとも言われておりますが、沖縄経済の現状を一言で申しますと、沖縄の基幹産業であり、輸出総額の実に70余%をしめる砂糖〔、〕パイ、《ママ》罐詰は本土政府の膨大なる特別処置によるものでありますが、それにも拘わらず、貿易収支から言いまするると、輸出額が輸入額の39%足らずであつて、基地収入が50%以上を占め、基地としての消費地経済の様相が極めて強いことであります。しかも国民所得に於いて本土水準と比較致しました場合、未だかなりの格差があるようであります。／従いまして、この格差を早急に是正して、経済自立化の態勢を築きあげて行くことは、沖縄経済の当面する重要な課題と言えるのであります。*37

即ち、「基地経済」の弊害を訴え、本土との格差是正、経済自立化を要望したのである。それに対して本土側も、佐藤首相が、「沖縄に対する日本本土からの財政的援助の増額もさることながら、私は沖縄経済の自立力を可能な限度までひきあげ住民所得を高める施策こそ基本的な課題であると考えるのであります[*38]」と述べたように、沖縄側の要望には理解を示したといえる。

だが、以下で見ていくように、復帰が具体化するなかでなされる具体的な交渉において、本土側の態度は沖縄側の「自立経済」確立の要望に応えるものでは必ずしもなかったのである。

2 沖縄・本土間の経済構想をめぐる確執

次に、大型外資導入について、石油精製事業の動向を確認しておきたい。[*39] 一九六七年五月から九月にかけて、米国系四社（ガルフ、エッソ、カルテックス、カイザー）が、琉球政府に外資導入を申請する。しかし、一一月に復帰後の本土企業への影響を懸念する日本政府は琉球政府に対し、①外資は五〇％以下②日本に進出していない外資は不適当③精製能力の限定④復帰後に既得権とならない、というように、日本の石油政策に沿って処理するよう要求する。

それに対して、一九六八年一月二〇日、琉球政府は上記四社の石油精製にかかわる外資導入申請を認可する。あくまでも沖縄側の利益を第一に、復帰を前にした「自立経済」構築を第一として決定を下すのである。

その二日後の二二日、日本政府は、①沖縄返還時点から日本の石油政策を沖縄進出企業に全面的に適用する②返還の前後を通じて日本の石油の生産・流通市場に混乱を起こさせないように調整措置をとること、を直接外資四社に通告する。その後も圧力をかけるなかで、結果、カルテックス、カイザーは撤退する。ガルフ、エッソは本土資本との合弁会社により進出するが、一九七一年八月、通産省により、沖縄への大規模な原油貯蔵基地（CTS）建設計画が発表されるなか、「自立経済」達成のために、関連産業の拡大が期待され、誘致がめざされた外資（米国企業）による石油精製基地は本土側に阻止され、本土資本中心の石油備蓄基地・備蓄増強政策という論理にシフトさせられていくのである。

そうしたさなか、一九六八年三月に東京で開催された第三回沖縄経済振興懇談会における議論を検討していこう。まず、「開会式および本会議」での田中龍夫総務長官の挨拶（八木徹雄副長官代読）は、次のように述べている。

これまで政府は、沖縄と本土の格差を是正するために、逐年財政的、技術的な援助を増大いたしてまいつたのでありますが、今後は、本土と沖縄との間に横わる各般の障壁を着実に取り除くためのキメのこまかい施策を実施するとともに、本土経済の一環としての沖縄経済が確立され、かつ沖縄の経済社会が本土の経済社会と一体化できるための諸条件の整備につとめてまいる所存であります。[*40]

本土側の発言からは、「自立経済」への言及が消え、「本土経済の一環」、「一体化」に変わるのである。それに対して、沖縄側の具志堅宗精琉球工業連合会会長が、次のようにけん制した。

沖縄の資本と技術などでは不可能な大企業に対しては、日本資本をはじめ、外資導入を歓迎いたします。石油コンビナートなんかは、むしろ先手をアメリカにとられたような格好でございますので、今後大規模な観光事業なんかも、これは日本財界あるいは日本政府が先手を打たれないと、あとでまたいざこの問題が具体化してから、日本政府のほうから小言が出ると非常に困ると思うのであります。沖縄の資本と技術でできないものは、外資の導入を歓迎いたします。[*41]

外資導入に際して、本土企業を特別視しないことを示唆するなど、その対立は明確であったといえる。

精油事業が重点課題の一つとされた、第二分科会での議論においても、外資（石油精製事業）導入をめぐる対立はさらに顕著となった。まず、沖縄側の宮城仁四郎が、次のように発言している。

最近沖縄において精油事業が計画され、アメリカ外資による4社がフリーゾン《ママ》地域を条件に許可されております。ところがその中には、本土同様に地元資本を大部分とする計画もあります。沖縄における精油事業に対し、本土では困惑の態度を示し、琉球政府へいろいろの条件をつけているようであります。基地にかわる産業を見出すというかたわら、沖縄で可能と思われる事業に対し喜ばない態度は、真に基地にかわる沖縄経済の開発を考えてのことか、国内としての考え方かを疑うものであり、犠牲の大きい沖縄に対する配慮が全くなされておりません。これまでにおいても、何か沖縄で新しい産業を起こす場合、本土と競合する事業はやめてくれと言っております。沖縄の第二次産業の場合、何が本土と競合しないものがあり得るだろうか。これは経済の一体化ということが、沖縄を単に本土の市場としての解釈が多分に持たれるおそれがあると推測いたします。[*42]

それに対して、本土側の守谷一郎（守谷商会社長）が、「私は沖縄が生きていくために、より良き生活をするためにやられることについては、何ら依存《ママ》はありませんけれども、しかしこれがあとの時点において、日本が他国の資本によつて苦しめられなければならない原因をつくるのだということになると、ちよつと問題がある」[*43]と発言する。それに対して、さらに宮城が、「もちろん副産物〔、〕つまり石油コンビナートの製品は東南アジアをねらつているのは間違いありません。資材を向こうへ持つて行つてつくるより沖縄でもつて、むしろこれは製油所よりも、私たちは副産物というものに期待している」「コンビナートがいろいろやるとすれば、沖縄の振興になると思います。いろいろ工業を起こすとすれば、いまのところ二次産業は、もうほかに何がありますか」「石油があるのに、石油はだめだとおつしやつたら、私たちは何をやつていいかわかりません（中略）チヤンスを与えられるというのは、私たちの権利だと思う」[44]と反論している。

だが、議論は本土側の分科会会長（檜山広・丸紅飯田社長）によって、「日本の経済的な根幹事業というものは、やはりやがて本土の経済と一環となつた場合に、日本が経済上のロスがあつちやいかん」[45]という言及とともに一方的に打ち切られる。ここからは、沖縄側による石油精製事業に対する期待と本土側の態度への疑念、それに対する本土側による権益保護の主張が鮮明に見て取れるのである。

こうした本土側の態度は、沖縄側にとって、石油精製事業とともに「自立経済」への望みの綱とされた、次のようなアルミ産業をめぐる動向において、より露骨に表れたといえる。[46]

一九七〇年二月、アルミニウム・カンパニー・オブ・アメリカ（アルコア）が琉球政府に外資導入を申請すると、〝「かけ込み外資」は認めない〟として日本政府・本土財界は猛反発する。三月、通産省は琉球政府に対して、米国資本を拒絶し、本土資本を導入するよう示唆する。それに対して、琉球政府は、本土資本に意欲がなければ米国資本もやむをえない、と回答する。そうした琉球政府側の態度を受けて、六月、本土アルミ精錬五社（日本軽金属、昭和電工、住友化学工業、三菱化成工業、三井アルミニウム工業）が琉球政府に外資導入を申請する。

琉球政府は、七月、日本の外資法に沿って五〇％出資の合弁とすることを条件に、アルコアの申請を許可、八月には本土アルミ精錬五社の申請も許可する。一二月には、本土アルミ精錬五社が沖縄アルミニウム株式会社を発足させる。ところが、一九七一年五月、アルコアは、資本提携先が見つからずに沖縄進出を断念する。すると、一九七二年一二月、沖縄アルミニウムは採算が取れないとして進出計画を凍結する。つまり、本土アルミ精錬五社は、米国資本企業の参入を防ぐために、沖縄進出を形だけ進め、米国資本が撤退すると、〝採算が取れない〟として撤退したのである。「自立経済」へ向けた沖縄側の期待は見事に裏切られたことになる。

3　沖縄側による保革を超えた「自立経済」の追求

最後に、復帰準備期におけるこうした沖縄側による「自立経済」追求が、保革を超えたものであったことを検討しておきたい。ポイントは、一九六八年一一月に主席公選が行われ、革新統一候補の屋良朝苗が主席となり、「政権交代」が実現するが、その前後を通じて一貫して「自立経済」への追求がなされた、ということである。

沖縄経済振興懇談会の活動を受けて、沖縄側では、一九六八年三月に財団法人沖縄経済開発研究所が設立される。「設置要綱」[*47]に示されるように、「自立経済発展の諸政策を樹立する」ための「長期的な調査研究体制を確立」し、本土側に主張する根拠とすることが求められていたからである。そのため、「政治、政党、企業等からの中立を守り、研究調査の自主性とその成果の公開、利用の原則を確立すること」などが「研究所設立の基本的前提」とされた。研究所は、「自立経済」に向けた調査報告を次々と作成していく。[*48]また、主任研究員となった喜久川宏は、後述する経済開発審議会に参加した後、一九七一年八月には屋良主席のもとで通商産業局長となっている。

次に、主席公選と「自立経済」について見ていこう。従来、主席公選をめぐっては、革新側の即時復帰論に対する、保守側の「イモ・ハダシ」論が強調される。経済論をめぐって、保守側に比べて革新側が劣勢にあったのは確かだが、革新側も無策だったわけではない。一九六八年七月二二日、革新共闘会議は「主席、立法院議員選挙統一綱領」七項目を決定するが、そのなかの一項目には次のように書かれていた。

一、現状固定化に通ずる日米援助方式を改めさせ、民主的本土法の適用ならびに沖縄県復興特別措置法の制定による財政支出を求め民意による長期総合計画のもとに平和経済の建て直しをはかって県民の生活の安定、向上をはかる。[*49]

即ち、「平和経済」に移行するための「長期総合計画」策定を掲げていたのである。より具体的には、選挙戦において、保守側に対して次のような形で主張を展開していた。

基地経済は、決して将来の繁栄を約束するものではありません。それは私たちの意志とは関係なく、外の諸情勢や基地権力者の意志によって、容易に変動するものです。だから、基地経済にたよっているかぎり、その経済体制は自主性をなくし、いつかは破たんするものです。できるだけ早く基地依存からぬけ出して沖縄経済のたてなおしをはからなければならないことは明らかです。(中略)沖縄という小さな経済圏、そして軍事目的のもとで、権力迎合の態度では、自主的な経済計画を組み得ないのも無理もないことです。私たちは、まず復帰を明白なる前提として、基地依存からの脱却をはかるべきです。復帰することにより、日本経済という大局から、沖縄経済の基地依存の体質改善をはかることができます。すなわち、責任ある国の施策のもとで、長期の見通しをたて、保護すべきは保護しながら、生活基盤の急激な変化をさけつつ、一歩一歩解決していく道が開けるはずです。もちろん私たちも、国の責任に頼るばかりではいけません。地域的な特殊性を生かした、自主的な計画を持つべきです。[*50]

即ち、保守側の「基地経済」依存を批判し、基地依存の体質改善、つまりは「平和経済」への移行に向けての自主的な経済計画策定を主張したのである。ただ、実際には保守側は一九五〇年代以来、「基地経済」から「自立経済」への移行を要求し続けていたのであり、あくまで〝復帰は時期尚早〟という立場であった。それに対して、革新側は逆に「基地経済」のネガティブイメージを強調し、早期復帰を唱えないのは「基地経済」依存だからである、という形でレッテルを貼ったのである。しかしながら、実際の保革の経済論は大同小異、あるいは革新側の後追いでさえあったといえる。

一九六八年一一月一〇日、屋良朝苗が主席に当選すると、主席立候補時の公約でもある、「長期経済開発計画」の策定が行われていく。一九六九年一〇月二二日、経済開発審議会第一回会議が行われるが、委員および専門委員は、学者、マスコミ、財界、労組などから主義主張を超えた人選が行われた。[*51]

一九六九年一二月には、本土との確執が続く中で、琉球政府による外資導入の「基本方針」が打ち出される。「1．復帰に備えて、沖縄経済開発の手段として外資を積極的に導入することを基本とする。審査に当たっては具体的基準を設けず、沖縄経済に貢献するか否かをケースバイケースで処理することとし、弾力的な政策運用ができるようにする。／2．本土資本と外国資本とを区別せず、したがって、本土の外資政策に拘束されることなく、沖縄経済開発に有意であるか否かを基準に、あくまでも〝県益第一主義〟の立場から琉球政府独自の決定を下す[*52]」というものであった。

そして、一九七〇年九月七日に決定された「長期経済開発計画」は、「日本経済の一環としての本県経済の自立的発展の方途を確立すること」として、「日本経済の一環」という本土側の主張を前置きしつつも、あくまで「自立的発展」が主であることを強調している。さらには、目標年次（一九八〇年度）までに基地が撤去されることを前提としており、それまでの間に「基地依存経済から自立経済へ移行するため」の経済計画であるとされた。[*53]そして、「工業開発の目標」で示されているように、「自立的発展」をめざすための根幹は重化学工業の新興であり、その根幹が石油精製事業とアルミ産業であるとされたのである。[*54]

屋良主席の下で策定されたこのような「長期経済開発計画」は、保革対立軸が明確化したこの時期にあっても、保革を超えた「島ぐるみ」での「自立経済」への欲求が追求されていたことを示すものであるといえる。しかし、先に見たように、「自立経済」への計画は、試みられる以前の段階で、日本政府、本土財界の圧力により断念させられることとなったのである。

おわりに

まずは、本章の内容を整理しておきたい。

一九五〇年代には「基地経済」依存脱却のための「自立経済」構想が展開した。一九五〇年代後半から一九六〇年代前半に日本側の経済的関与が増大するなかで、復帰問題と経済成長への渇望が結節する(以上第一節)。一九六〇年代前半の日米琉新時代のなかで、沖縄の各政党は保革問わず(「革新」側は現状固定化を憂慮しつつも)、日米両政府の援助を受け入れ、「自立経済」を達成することを志向していた。そして、琉球政府は外資導入のコントロール権を米軍側に要求、実現させ、財界は産業保護、「自立経済」達成後の復帰を主張していた(以上第二節)。復帰準備期において、沖縄側の「自立経済」希求に対し、日本(本土)側はあくまで本土経済に支障がない範囲に限定しようとする。沖縄側は、「自立経済」実現のため、保革を超えて米国の巨大外資導入を計画するが、日本側の干渉により、試みる以前に断念させられる(以上第三節)。

復帰が具体化するなかで、沖縄側が「自立経済」の最後の望みとして実現しようとした、重厚長大の巨大コンビナート構想は、時代遅れになりつつあり、いずれは破綻したとも考えられる。しかしながら、反公害運動や経済停滞の本格的展開以前に、本土側の抑圧によって頓挫したという点はやはり重要であろう。

次に、「広義の復帰運動」によって見えたものについて述べておく。

従来の保革対立を前提とした運動史研究では、「保守」側の動向は捨象されてきた。本章では、〝運動概念の拡張〟を行い、「保守」側も含めて「広義の復帰運動」として捉え、本土と対置させることで、「自立経済」に対する党派を超えた合意・追求が、戦後一貫して存在し、復帰具体化に伴って焦点化したことが明らかになった。「保守」側の復帰運動は「自立経済」達成が前提であり、それを革新主席も踏襲した。復帰運動のなかに通底する「自立」意識をそこに見出すことができる。復帰というのは単なる「日本化」、「同化」ではなく、沖縄のより良い未来のために復帰するという選択として存在したからである。[*55] こうしたことは、「中央」の対立軸を前提とすることで捨象される「地域」の実態として、あるいは、「地域」で「中央」の論理がどこまで貫徹するのかということを示す具体例として位置付けることも可能だろう。復帰前の沖縄は、当然ながら「中央」との関係性が極めて薄い。そうした意味で、戦後日本の多様な事例の一番極に位置するといえる。

最後に、「島ぐるみ」による「自立経済」について述べておこう。「自立経済」は「基地経済」に対置するものであり、基地依存脱却を目指すための現実的施策として構想されてきたものである。そしてその構想は、「保守」側を中心に展開されてきたといえる。沖縄民族資本の拡大安定化については、大局的には党派を超えた賛意があり、一貫した要求がなされてきた。私は、本書第三章において、基地問題に対する立場を「『保守』的立場」、「『革新』的立場」と分類し、それが対立するのではなく、重層的に存在するのだと論じた。[*56] 今一度、「『保守』的立場」について述べると、〝「現実主義」的に米軍基地を受忍するが、拡張には反対し、経済的援助および適正補償、適正運用を要求していく立場〟ということになる。「自立経済」への希求は、それと同様に、「保守」側だけでなく「革新」側も受容可能なものとして位置付けることが可能であろう。

また、一九五〇年代には、「自立経済」とは第一に米国からの「自立」であったのに対して、一九六〇年代になると、復帰時の「自立経済」を求めて日本本土を意識するようになるという点も特徴的である。本土資本の脅威が復帰の具体化に伴って前面に現われたのである。

註

＊1 基本文献として、中野好夫・新崎盛暉『沖縄戦後史』（岩波新書、一九七六年）、新崎盛暉『戦後沖縄史』（日本評論社、一九七六年）、など。

＊2 比嘉幹郎『沖縄 政治と政党』（中公新書、一九六五年）、同「政党の結成と性格」（宮里政玄編『戦後沖縄の政治と法一九四五―七二年』東京大学出版会、一九七五年）、など。

＊3 一九五〇年代の動向については、本書第一章、参照。

＊4 拙著『沖縄の復帰運動と保革対立 沖縄地域社会の変容』（有志舎、二〇一二年）、本書第三章、ほか。

＊5 屋嘉比収『沖縄戦、米軍占領史を学びなおす 記憶をいかに継承するか』（世織書房、二〇〇九年）、鳥山淳「占領下沖縄における成長と壊滅の淵」（大門正克他編『高度成長の時代3』大月書店、二〇一一年）、戸邉秀明「沖縄『占領』からみた日本の『高度成長』」（『岩波講座東アジア近現代通史8』岩波書店、二〇一一年）。

＊6 鳥山淳「破綻する〈現実主義〉―『島ぐるみ闘争』へと転化する一つの潮流―」（『沖縄文化研究』三〇、二〇〇四年）、同「占領と現実主義」（同編『沖縄・問いを立てる―5 イモとハダシ 占領と現在』社会評論社、二〇〇九年）、同前掲「占領下沖縄における成長と壊滅の淵」、など。

＊7 戸邉秀明「沖縄『戦後』史における脱植民地化の課題 復帰運動が問う〈主権〉」（『歴史学研究』八八五、二〇一一年）。

＊8 琉球銀行調査部編『戦後沖縄経済史』（琉球銀行、一九八四年）。

＊9 松田賀孝『戦後沖縄社会経済史研究』（東京大学出版会、一九八一年）。

＊10 松島泰勝『沖縄島嶼経済史』（藤原書店、二〇〇二年）。

＊11　最新の研究として、平良好利『戦後沖縄と米軍基地　「受容」と「拒絶」のはざまで　一九四五～一九七二年』（法政大学出版局、二〇一二年）がある。
＊12　『経済振興第一次五カ年計画書』（琉球政府、一九五五年）、一八八頁。
＊13　本書第五章、参照。
＊14　「消費引締め時間励行運動の推進について　一九五八年一一月一八日（沖縄教職員会々長屋良朝苗発、各地区役員・会員・学校長・婦人部員宛）」（沖縄県教職員組合所蔵「一九五八年四月以降　青年部記録」所収）。
＊15　前掲「沖縄『戦後』史における脱植民地化の課題　復帰運動が問う〈主権〉」、一二二頁。
＊16　吉田嗣延『小さな闘いの日々』（文教商事、一九七六年）、大浜信泉『私の沖縄戦後史』（今週の日本、一九七一年）、参照。
＊17　前掲『沖縄戦、米軍占領史を学びなおす　記憶をいかに継承するか』、二七七～二七八頁。
＊18　豊見山和美「オリンピック東京大会沖縄聖火リレー」（『沖縄県公文書館研究紀要』九、二〇〇七年）、参照。
＊19　当間重剛『当間重剛回想録』（当間重剛回想録刊行会、一九六九年）。
＊20　前掲『沖縄戦、米軍占領史を学びなおす　記憶をいかに継承するか』、一三章「越境する沖縄―アメリカニズムと文化変容」、参照。
＊21　沖縄県公文書館所蔵琉球政府文書 R00001150B「米国政府沖縄調査団に対する要請」。
＊22　宮里政玄『日米関係と沖縄　一九四五―一九七二』（岩波書店、二〇〇〇年）、二一二～二一四頁。
＊23　富原守保「自立体制具現の決意を」（『沖経協ニュース』五五、沖縄経営者協会、一九六二年一月一日）。
＊24　「閣議報告（案）」（外務省外交史料館所蔵 0120-2001-02602［CD-R, H22-010］「日本政府援助（援助調査のための日本政府調査団）」所収）。
＊25　前掲「閣議報告（案）」。
＊26　『祖国への道』（沖縄自由民主党、一九六〇年）、八～九頁（沖縄県公文書館所蔵米国立公文書館国務省一般文書 U90006002B「General Records of the Department of State, Central File, 1960-63 Box No.2172 Folder No.1」所収）。
＊27　「一九五九年度政策」（沖縄県公文書館所蔵琉球政府文書 R00000460B「各政党関係書類」所収）。

＊28 「一九六二年度政策」（沖縄県公文書館所蔵沖縄社会大衆党文書0000074268「臨時党大会資料　第15回」所収）。
＊29 沖縄社会大衆党史編纂委員会編『沖縄社会大衆党史』（沖縄社会大衆党、一九八一年）、三五六、三六四頁。
＊30 『人民』三三二（沖縄人民党教育宣伝部、一九六二年九月一二日）。
＊31 前掲『戦後沖縄経済史』、一〇三二頁。
＊32 『琉球新報』一九六五年九月一五日。
＊33 具志堅宗精「主張　島内産業保護について／復帰の際の困難とはならない」（『琉工連ニュース』一一、琉球工業連合会、一九六三年一一月一四日）。
＊34 「主張　復帰論より繁栄論を」（『那覇会議所ニュース』一二七、那覇商工会議所、一九六四年二月一日）。
＊35 『沖縄タイムス』一九六五年八月二一日。
＊36 「沖縄経済振興懇談会出席者名簿」（『沖縄経済振興懇談会議事録』一九六六年七月、一〇二～一〇五頁）。
＊37 前掲『沖縄経済振興懇談会議事録』、三頁。
＊38 前掲『沖縄経済振興懇談会議事録』、四一頁。
＊39 前掲『戦後沖縄経済史』、一〇三四～一〇五九頁、参照。
＊40 『第3回沖縄経済振興懇談会議事録』（一九六八年三月）、八～九頁。
＊41 前掲『第3回沖縄経済振興懇談会議事録』、一八～一九頁。
＊42 前掲『第3回沖縄経済振興懇談会議事録』、一〇五頁。
＊43 前掲『第3回沖縄経済振興懇談会議事録』、一一二～一一三頁。
＊44 前掲『第3回沖縄経済振興懇談会議事録』、一一七～一一八頁。
＊45 前掲『第3回沖縄経済振興懇談会議事録』、一一九頁。
＊46 前掲『戦後沖縄経済史』、一〇五九～一〇七二頁、参照。
＊47 「『沖縄経済開発研究所』設立計画書」（沖縄県公文書館所蔵USCAR文書0000011834「Okinawa Economic Development and Research Center.」所収）。

＊48 『西表島開発参考資料』（一九六八年六月）、『沖縄経済の直面する問題』（一九六九年四月）、『当面する開発課題』（一九六九年八月）、『沖縄経済の自立にむかって』（一九六九年一一月）、『大那覇圏整備の基本計画』（一九七〇年七月）、『読谷村経済開発基本構想に関する報告書』（一九七一年五月）、『具志川市総合開発計画調査研究報告書』（一九七一年六月）、『沖縄：勝連村開発計画調査研究報告書』（一九七一年一一月）、『沖縄浦添市総合開発計画調査研究報告書』（一九七二年三月）、など。

＊49 『琉球新報』一九六八年七月二三日。

＊50 「ゆたかなくらしをきずくために―『基地経済』についてじっくり考えよう―」（『革新共斗ニュース　速報』革新共闘会議、一九六八年（月日不明））（沖縄県公文書館所蔵沖縄県祖国復帰協議会文書R10000447B「明るい沖縄をつくる会資料」所収）。

＊51 「経済開発審議会委員・専門委員名簿」（琉球政府企画局企画部編『長期経済開発計画』一九七〇年一一月、三二二～三二四頁）、参照。

＊52 前掲『戦後沖縄経済史』、一〇三四頁。

＊53 前掲『長期経済開発計画』、一～二頁。

＊54 前掲『長期経済開発計画』、一六五頁。

＊55 前掲拙著『沖縄の復帰運動と保革対立　沖縄地域社会の変容』、第一章、参照。

＊56 本書第三章、参照。

終章　総括と展望

第一節　本論の総括

まずは第一部から第三部において明らかにしたことを確認しておこう。

第一部「政治結合」では、保革対立軸が明確化する以前である、一九五〇年代初頭から一九六〇年代中頃にかけての沖縄保守勢力の変遷を具体的に検討することで、どのような論理で沖縄保守勢力が政治結合を図っていったのかを明らかにした。

第一章では、一九五〇年代における政治勢力の変遷について検討した。一九五〇年の沖縄群島知事選には、建設資本（松岡政保）と農民・労働者（平良辰雄）の対立という側面があった。選挙直後に平良派が結成した社大党の革新主義的な方向性と前民政府への批判性は、比嘉（秀平）派が社大党を脱党し、松岡派と合流して親米保守政党である民主党を一九五二年に結成する要因ともなった。比嘉主席の与党である民主党と対峙した、社大党と人民党の野党共闘は、米軍の反共主義政策のもとで崩れていった。一方、軍用地問題が深刻化し、当間重剛など保守政治家の側から政治力結集による米軍への対峙が求められる中で、新党運動が相ついで起こり消滅した。

島ぐるみ闘争を経て人民党の瀬長亀次郎が那覇市長に当選すると、反瀬長派による保守結集が謳われ、同時に西銘順治ら社大党離脱者が行政府内の当間派を形成していく。そして、財界の支持・資金提供のもとで保守合同が成立し、一九五九年に沖縄自民党が結成されるのである。

第二章では、一九六〇年代における政治勢力の変遷について検討した。保守合同によって成立した沖縄自民党内には複数の派閥が存在し、常に大田政作主席は党内に批判派を抱えていた。一九六二年のケネディ新政策で、立法院が主席を指名することになると、党内での立法院議員の発言力がさらに強まる。キャラウェイ旋風と呼ばれた専制政治が行われたなかで、批判派議員による大田主席への対米従属批判は、キャラウェイ高等弁務官への直接的な批判へと発展し、ついに一九六四年、沖縄自民党は分裂する。その後、「対米闘争」の側面が重視されるなかで、それまで政党活動と距離を置いていた稲嶺（一郎）派が加わって第二次保守合同が起こり、沖縄民主党が結成された。新たに松岡政保が主席となったが、主席指名と保守合同の過程において、西銘順治那覇市長が政治的地位を上昇させ、次世代の沖縄保守のリーダーとなっていくのである。

第二部「基地認識」では、保守勢力と革新勢力の基地問題についての立場の違いがどのように形成されていったのか、そしてそのなかでの「島ぐるみ」での一致点とはどのようなものだったのかを検討した。

第三章では、沖縄住民の「基地問題」への態度について、その形成過程に着目して内在的に再考し、「『保守』的立場」、「『革新』的立場」として重層的に捉え直した。まず、一九五〇年代に土地闘争を契機として、〝「現実主義」的に米軍基地を受忍するが、拡張には反対し、経済的援助および適正補償、適正運用を要求していく〟「『保守』的立場」が形成される。そして、一九六〇年代に、復帰協などで人権擁護問題に取り組まれるなかで、〝「『保守』的立場」にとどまらず、米軍基地被害の問題性を重視し、基地自体への反対、撤去を志向していく〟

「『革新』的立場」が形成されるのである。重要なのは、「『保守』的立場」VS「『革新』的立場」という二項対立ではなく、「『保守』的立場」∩「『革新』的立場」という重層性として捉えられることであり、それゆえに「『保守』的立場」での「島ぐるみ」での一致が可能となるのである。

第四章では、「『保守』的立場」から「『革新』的立場」が形成されつつあった時期に「島ぐるみ」で取り組まれた具体例として、石川・宮森小学校ジェット機墜落事件に対する補償問題の展開を検討した。米軍の高圧的な姿勢を前に、補償問題は長期化した。当初から被災者支援に大きな役割を担ったのは立法院特別委であった。だが、米軍の態度がさらに硬化し交渉による解決が期待できなくなると、教職員会・沖青協・官公労などが中心となって、党派を越えた「島ぐるみ」での賠償要求運動が組織・展開されていく。そして、さらに本土への訴えを開始する中で、安保闘争後の本土側の反米感情再燃を恐れる米軍側のさらなる譲歩によって、補償問題は解決するのである。そしてこうした取り組みは、米軍に対する抵抗が明確に顕在化した後において、さらに抵抗の軸が人権擁護の問題へと具体化していく重要な転機となったのである。

第二部補論では、「島ぐるみ」での沖縄戦認識の形成とその変容について検討した。一九四〇年代後半の戦記・小説以来、沖縄戦認識は「軍隊の論理」で形作られ、一九五〇年代には戦傷病者戦没者遺族等援護法が沖縄にも適用されるなかでそれが固定化されていく。それに対して、一九七〇年代までの沖縄での沖縄戦研究は、「住民の論理」に基づく「島ぐるみ」の認識を確立する。だが、現在まで「軍隊の論理」と「住民の論理」が並存し、二項対立が強調されるなかで、その枠組みでは「軍隊の論理」とみなされるため、包摂困難な復帰前における「島ぐるみ」での沖縄県護国神社復興過程が捨象されているのである。そして、その復興過程には、一九六〇年代後半に保革対立軸が確立する以前において「島ぐるみ」を象徴する組織であった沖縄教職員会が強く関与していた。これもまた、かつて存在した一つの「島ぐるみ」のあり方であったといえる。

第三部「経済構想」では、保革を超えた「島ぐるみ」で戦後沖縄の政財界が一貫して求め続けた「自立経済」について、米軍統治期を通して経済計画に注目しつつ検討した。

第五章では、一九五〇年代における「自立経済」論について検討した。一九五〇年代の沖縄では、米軍基地に依存した「基地経済」を「自立経済」に転換することが党派を超えて大きな課題とされていた。その実現に向けた経済計画は、親米保守勢力である行政主席が率いる行政府や経済審議会委員となった財界人などによって策定されるが、その内容は軍用地問題や米国による経済援助のあり方に制約されていた。軍用地問題が生じ、行政府を含めた「島ぐるみ」によって「土地を守る四原則」が掲げられていたなかで、比嘉主席時代の琉球政府は「基地経済」脱却を目的として米国経済援助を前提としない経済計画を樹立する。しかし、米国が統治政策を経済重視に転換すると、当間主席時代の琉球政府は、米国経済援助を前提としたものへと経済計画を修正していくのである。

第六章では、一九六〇年代から復帰前後までの「自立経済」論について検討した。一九六〇年代前半の日米琉新時代のなかで、沖縄の各政党は保革問わず、日米両政府の援助を受け入れ、「自立経済」を達成することを志向していた。そして、琉球政府は外資導入のコントロール権を米軍側に要求、実現させ、財界は産業保護、「自立経済」達成後の復帰を主張していた。復帰が現実味を帯びてくると、沖縄の政財界は、復帰時の「自立経済」を求めて日本本土を意識するようになる。そして、復帰準備期において、沖縄側の「自立経済」要求に対し、本土側はあくまで本土経済に支障がない範囲に限定しようとする。沖縄側は、「自立経済」実現のため、復帰前に保革を超えて米国の巨大外資導入を計画するが、日本側の干渉により、試みる以前に断念させられるのである。

「復帰／返還」という沖縄再統合過程における日本本土による沖縄への抑圧的構造の表れであったといえる。

第二節　今後の展望

1　沖縄保守勢力についての新知見

まずは沖縄保守勢力に関して本論で明らかになったことと、従来の研究との違いを改めて確認しておこう。

最初に、第一部「政治結合」についてである。一九五九年の保守合同による沖縄自民党結成は、単に三派の保守勢力が合同したということではなく、一九五〇年の沖縄群島知事選以来の社大党における政党存立理念をめぐる路線対立の帰結であった。そして、沖縄自民党から沖縄民主党へと再編される過程で、「対米闘争」の側面が重要なものとなっていた。

従来の研究が民衆運動を重視し、革新側に分析が偏ってきたなかで、沖縄保守勢力は十分な分析がなされないまま、そのカウンターパートとして反共親米の迎合勢力として位置付けられてきた。だが実際には、当然限界はありつつも、その時代状況に即した政治結合の論理を持っていたのである。

続いて、第二部「基地認識」についてである。一九五〇年代の土地闘争を契機として、「『保守』的立場」が形成され「島ぐるみ」での一致点となった。一九六〇年代には「『保守』的立場」の延長線に「『革新』的立場」が形成される。その間に起こった一九五九年の石川・宮森小学校ジェット機墜落事件に対する補償問題では、「『保守』的立場」に基づく超党派での賠償要求運動が展開される。それが、一九六〇年に復帰協が結成と、その後の人権擁護を中心とした運動に繋がった。さらに補論では、一九六〇年代半ばまで、沖縄戦に関わる本土に対する援護や慰霊・顕彰の要求が、「島ぐるみ」で行われていたことを指摘した。

従来の研究では、保守と革新を対立的に捉えるなかで、沖縄保守勢力は基地容認論者として位置付けられてきた。だが実際にはそのように単純ではなく、〝「現実主義」的に米軍基地を受忍するが、拡張には反対し、経済的援助および適正補償、適正運用を要求していく〟という「『保守』的立場」をとっていることによって、「島ぐるみ」での一致点が可能となっていたのである。また、援護や慰霊・顕彰の問題も、従来は保革対立のなかで保守的な要求とみなされがちだが、沖縄で保革対立軸が明確化する以前には、「島ぐるみ」で一致していたのである。

最後に、第三部「経済構想」についてである。米軍統治期には一貫して「基地経済」から「自立経済」への転換が課題として認識されており、そのための経済計画が策定された。その主体となったのは沖縄保守勢力である。また、「自立経済」希求は、「島ぐるみ」で一致しうるものであった。

従来の研究では、やはり保守と革新を対立的に捉えるなかで、沖縄保守勢力は基地経済依存論者として位置付けられてきた。だが実際には「基地経済」から「自立経済」への脱却が希求され続けていたのである。さらには、近年の研究で指摘されているような、沖縄保守勢力が米国援助獲得論者であるという評価は、他の党派も総じて米国援助を前提としていたことから成り立たないことも指摘した通りである。

今後は、新たに獲得した知見を基にしつつ、序章で取りあげた近年の諸テーマにおける成果もふまえ、沖縄戦後史を再構築していく作業を行う必要がある。[*1]

2　歴史分析と現況との接点

次に本書で明らかにした歴史学的検討の成果と、沖縄をめぐる近年の状況がどのような接点を持ちうるのかについて述べたい。特に、第二部「基地認識」（第三章・第四章）と第三部「経済構想」（第五章・第六章）で検証した「島ぐるみ」での一致点は、近年の政治状況とも深くかかわる問題だといえる。

現在の普天間飛行場の県内移設に対する「オール沖縄」での反対、即ち、選挙によって重ねて示されている県民の総意というものは、誤解を恐れずに言えば、本書第三章で示したような、基地拡張に反対する『保守』的立場」での総意であるといえる。全基地撤去を要求しているわけではなく、基地「移設」という名の基地強化に対する反対であるということである。本書での検討をふまえれば、「基地認識」に関わって、「保守」「革新」を対立的に捉えるのではなく、形成過程で示されているような、包摂関係、発展関係として認識することが重要となろう。

また、石川・宮森小学校ジェット機墜落事件は、二〇〇四年八月の沖縄国際大学米軍ヘリ墜落事件の際にも、重ねられて想起された。さらに、それが一つの契機となり、あれだけの大惨事を風化させてはならないとして、事故から五〇年目の二〇〇九年には、命と平和の語り部「石川・宮森６３０会」が結成され、常設資料展示場「石川・宮森６３０館」建設運動が行われている。だが、重大な事件にもかかわらず、これまでに補償問題を具体的に論じた研究は皆無であり、それゆえに、沖縄戦後史上の位置付けも不十分であった。本書第四章での検討が、そうした状況を克服するきっかけとなり、また、現在の運動にも資するものになることを期待している。

さらには、那覇新都心地区、北谷町北前地区、小禄金城地区で実施された軍用地返還後の再開発によって、これまでの軍用地料を含めた軍関係受取の数倍の経済効果がもたらされ、雇用も劇的に増加したことによって、経済的に基地依存はやむを得ないという論理は、沖縄県内では既に現実味を失ってきている。沖縄県民の認識は、県民総所得に占める基地関係収入が「五％程度もある」のではなく、むしろ、「五％しかない」のであり、軍用地が返還されれば数倍、数十倍の経済活動が可能であり、その機会を失っているのだという方向に変化してきている。本書第五章・第六章での検討をふまえれば、「経済構想」に関わって、「島ぐるみ」で「自立経済」が希求されてきたことを認識することが重要となろう。

最後に、戦後日本における「復帰／返還」の歴史的位置に関わって、若干飛躍することを承知で述べておきたい。

二〇一〇年の普天間飛行場移設問題による県民大会の頃から、沖縄社会で頻繁に用いられるようになった言葉が、「構造的差別」と「オール沖縄」である。このうち「構造的差別」とは、新崎盛暉によれば「対米従属的日米関係の矛盾を沖縄にしわ寄せすることによって、日米関係（日米同盟）を安定させる仕組み」[*2]ということになる。二〇一一年三月一一日の東日本大震災に際して福島第一原発事故が起こると、「構造的差別」は原発立地県にも関わらせて論じられるようになる。[*3]

沖縄の「復帰／返還」時において、「『保守』的立場」の「自立経済」、「『革新』的立場」の「基地撤去」はともに達せられなかった。むしろ、逆に、「基地経済」の維持と「基地固定化」はセットとされ、沖縄米軍基地は維持・強化されていく。こうした事態は、沖縄という「地域」への「構造的差別」の固定化が復帰前後に進められたということを意味するだろう。これは言い換えれば、安保条約体制・在日米軍基地という問題の「地域」への押しつけである。

沖縄が「復帰した／返還された」のは、ベトナム戦争による米国の疲弊に基づく二つのニクソンショックや、オイルショックなどによって、世界史が大転換していく時期であり、国内的に見れば高度成長から低成長への移行期であった。ここで私が想起するのは、まさに同時期に、国家的なエネルギー政策の「地域」への押しつけ、

「構造的差別」が福島、福井など、原発立地県に行われていったということである。これらは、もちろん別々の歴史的経緯を有するが、戦後日本、戦後の国家・社会の特質を考えるとき、同一線上に捉え、「復帰／返還」前後の時期を総合的に把握する試みが必要ではないだろうか。

3　今後の検討課題

最後に、沖縄戦後史を再構築していくための、さらなる今後の検討課題を提示しておきたい。それは経済開発に関するさらなる追究である。序章でも述べたように、政治体制が異なるためやむを得ない面はあるが、従来の研究は、米軍統治期で区切られる傾向が強く、その前後の歴史との関係に十分議論が及んでいないという問題がある。

そこで挙がってくる第一の課題が、「沖縄戦」以前と以後における経済開発の思想的連続性についての検討である。本書第五章で述べたように、沖縄群島知事として自立経済計画の策定にあたった平良辰雄は、戦前の県庁において県振興計画課長まで勤め上げて「沖縄県振興計画」にも携わった人物であった。一方、私はこれまで、戦前にも活動期間があり、戦後に独立論を唱えたとされる人物（永丘智太郎、仲宗根源和、大宜味朝徳）について検討を行ってきたが、そこでもやはり戦前・戦後の沖縄経済についての認識が重要な判断基準とされていた。[*4] 今後は、戦前の「沖縄県振興計画」自体の検討も含め、戦後との連続性を念頭に検討していきたい。

そして、第二の課題が、復帰以降の経済開発についての米軍統治期をふまえたうえでの検討である。具体的には、沖縄振興開発計画や海洋博にともなう開発についての実証的検討がそれにあたる。沖縄振興開発計画については、第一次（一九七二～八一年度）と第二次（一九八二年度～九一年度）との間に大きな転換があったとみているが、[5]今後、計画だけでなく実施状況も含め、詳細な検討を行っていきたい。

さらに、第三の課題が、観光業に関わる戦前から米軍統治期、そして復帰後までを通した検討である。沖縄経済における観光業の影響力は近年ますます高まっており、重要な研究対象である。本書第二部補論で触れたように、米軍統治期において観光業は戦後の沖縄戦認識とも深い関わりを持っていた。さらには、自他認識の変遷や思想にまで踏み込んだ検討も可能なテーマだといえる。序章で触れたように、すでに社会学や観光地理学などで一定の蓄積があるテーマだが、[6]歴史学によるアプローチによってさらなる研究の深化をはかっていきたいと考えている。

註

＊1 その試みの一つが、拙著『沖縄現代史 米国統治、本土復帰から「オール沖縄」まで』（中公新書、二〇一五年）である。
＊2 新崎盛暉編『沖縄を越える 民衆連帯と平和創造の核心現場から』（凱風社、二〇一四年）、五二頁。
＊3 例えば、高橋哲哉『犠牲のシステム 福島・沖縄』（集英社新書、二〇一二年）、など。
＊4 拙稿「戦後初期の沖縄知識人における歴史認識の再構築について—永丘智太郎を例に—」（『立命館史学』二七、二〇〇六年）、同「沖縄知識人の思想変遷について—仲宗根源和を例に—」（『ノートル・クリティーク』創刊号、二〇〇八年）、同「沖縄独立論の検討—大宜味朝徳を中心に—」（出原政雄編『戦後日本思想と知識人の役割』法律文化社、二〇一五年）。
＊5 拙稿「沖縄復帰前後の経済構想」（『社会科学』四四—三、二〇一四年）。
＊6 多田治『沖縄イメージの誕生 青い海のカルチュラル・スタディーズ』（東洋経済新報社、二〇〇四年）、同『沖縄イメージを旅する 柳田國男から移住ブームまで』（中公新書ラクレ、二〇〇八年）、神田孝治『観光空間の生産と地理的想像力』（ナカニシヤ出版、二〇一二年）、など。

あとがき

本書は、前著『沖縄の復帰運動と保革対立　沖縄地域社会の変容』（有志舎、二〇一二年）以降に行ってきた研究を中心に、「沖縄の保守勢力と『島ぐるみ』の系譜」という観点からまとめたものである。本書のもとになった既発表論文は次のとおりである。ただし、本書をまとめるにあたり、いずれも加筆修正をほどこしている。

序　章　「沖縄戦後史研究の現在」（『歴史評論』七七六号、二〇一四年）
第一章　「一九五〇年代沖縄における政治勢力の再検討」（『年報近現代史研究』第四号、二〇一二年）
第二章　「一九六〇年代前半の沖縄における政治勢力の再検討―西銘那覇市政の歴史的位置―」（『立命館大学人文科学研究所紀要』第一〇四号、二〇一四年）
第三章　「戦後沖縄における『基地問題』の形成過程―沖縄教職員会の動向を中心に―」（『部落問題研究』一九七号、二〇一一年）
第四章　「石川・宮森小ジェット機墜落事件に対する補償問題の展開―戦後沖縄における人権擁護運動の転機として―」（広川禎秀・山田敬男編『戦後社会運動史論②―高度成長期を中心に―』大月書店、二〇一二年）
補　論　「『沖縄戦』の戦後史―『軍隊の論理』と『住民の論理』のはざま―」（『立命館平和研究』第一一号、二〇一〇年）

第五章　「一九五〇年代沖縄における『基地経済』と『自立経済』の相剋」（『年報日本現代史』第一七号、二〇一二年）
第六章　「沖縄の復帰過程と『自立』への模索」（『日本史研究』第六〇六号、二〇一三年）
終　章　書き下ろし

前著をふまえて新たに芽生えた問題意識を発展させ、どうにか一冊にまとめるところまで漕ぎつけることができた。この間、『沖縄現代史　米国統治、本土復帰から「オール沖縄」まで』（中公新書、二〇一五年）を執筆する機会にも恵まれたが、その前提となっているのは、いうまでもなく二〇一二年の前著と本書である。この間も多くの方々の支えによって研究を続けることができた。本来であれば、そのすべての方々のお名前を挙げて感謝申し上げるべきだが、前著に続き、紙幅もあるため一部にとどまる非礼をお許し願いたい。

前著刊行直後の二〇一二年三月末に赤澤史朗先生のもとでの学振ＰＤを終えた後、一年をおいて、二〇一三年四月から三年間、加藤政洋氏のもとで立命館大学衣笠総合研究機構専門研究員として勤務することができた。このお二人がいなければ、私は研究者を続けることができなかったに違いない。

二〇一二～一五年度には、立命館大学、佛教大学、愛知県立大学、神戸女学院大学、甲南大学、金沢大学、京都府立大学において、非常勤講師をさせていただいた。また、沖縄国際大学沖縄法政研究所特別研究員に加え、二〇一二年二月から同志社大学人文科学研究所嘱託研究員、二〇一三年四月から法政大学沖縄文化研究所国内研究員も務めさせていただいている。

学会・研究会活動においても、引き続き関西を拠点とするなかで、京都民科歴史部会運営委員（兼歴史科学協議会全国委員）、同時代史学会関西研究会委員、日本史研究会編集委員として貴重な経験と出会いに恵まれた。雑誌『ノートル・クリティーク』編集委員としての活動も大きな糧となっている。沖縄研究に絞ると、近年は琉球政府研究会と闇市的沖縄―アジア運動／文化研究会での活動から得たものが大きい。そうしたなか最も残念なのは、研究会仲間である山根実紀氏との永遠の別れである。

この間、いくつもの科研に研究分担者、連携研究者、研究協力者として参加させていただいてきた。特に本書との関連でいえば、「戦後沖縄における教育実践史研究」（20330169、研究代表者・齋木喜美子氏）、「高度経済成長と戦後日本の総合的歴史研究―高度成長の社会史」（25370803、研究代表者・庄司俊作氏）、「沖縄における教育指導者層の変容過程に関する研究―沖縄戦前後の人的構成に着目して」（15H03475、研究代表者・藤澤健一氏）、「琉球政府を中心とした戦後沖縄政治の再構築」（15K03283、研究代表者・平良好利氏）に参加するなかで得られた発想は貴重なものであった。

ところで、本書のもとになった原稿のいくつかは依頼によるものである。特に、部落問題研究者全国集会（第三章）と日本史研究会大会（第六章）での報告は準備会からの積み重ねであり、それぞれの研究委員、参加者のご助力によるところが大きい。第一章についても投稿前に近現代史研究会例会で報告を行い、貴重なご意見をいただいた。また、第四章は社会運動史研究会としての共同研究の成果だが、石川・宮森小学校ジェット機墜落事件に注目したのは、科研調査（「戦後沖縄における教育実践史研究」）での豊濱光輝氏との出会いからである。その豊濱氏にも再びお会いすることは叶わない。

本書に関わる研究を行うに際しては、JSPS科研費24820064、26870710およびトヨタ財団（研究助成プログラム）D12-R-0746の助成を受けた。立命館大学図書館、琉球大学附属図書館、沖縄国際大学図書館、法政大学沖縄文化研究所、沖縄県立図書館、沖縄県公文書館、うるま市立石川歴史民俗資料館、国立国会図書館、国立公文書館、外務省外交史料館などの諸機関には、史資料の収集に際して大変お世話になった。さらに、本書の刊行にあたり、JSPS科研費（研究成果公開促進費）16HP5276の助成を受けている。

有志舎の永滝稔氏には、前著に続いて出版を快くお引き受けいただいた。有志舎から再び成果を世に問うことができることは、私にとって大きな喜びである。

改めて、これまでお世話になった全ての皆様に心より感謝申し上げます。

そして、今年四月には大阪教育大学に職を得ることができた。今後、新たな環境のもと、三冊目の研究書に向けて、さらに研究を進めていく所存である。

二〇一六年七月

櫻澤　誠

著者紹介
櫻澤　誠（さくらざわ　まこと）
1978年生まれ，立命館大学大学院文学研究科博士課程後期課程修了
現在，大阪教育大学教育学部准教授
博士（文学）
〔主要著書〕
『沖縄の復帰運動と保革対立　沖縄地域社会の変容』（有志舎，2012年）
『沖縄現代史　米国統治、本土復帰から「オール沖縄」まで』（中公新書，2015年）

沖縄の保守勢力と「島ぐるみ」の系譜
政治結合・基地認識・経済構想
2016年12月20日　第1刷発行

著　者　櫻澤　誠
発行者　永滝　稔
発行所　有限会社　有　志　舎
〒101-0051　東京都千代田区神田神保町3丁目10番、宝栄ビル403
電話　03（3511）6085　　FAX　03（3511）8484
http://yushisha.sakura.ne.jp
振替口座　00110-2-666491
DTP　言海書房
装　幀　伊勢功治
印　刷　株式会社シナノ
製　本　株式会社シナノ

ISBN978-4-908672-09-5

索　引

ア　行

カ　行

サ　行

タ　行

ナ　行

ハ　行

マ　行

ヤ　行

ラ　行

ワ　行

新たな歴史の展望を切り拓く、歴史研究者たちの挑戦！

21世紀歴史学の創造　全9巻　全巻完結！

研究会「戦後派第一世代の歴史研究者は21世紀に何をなすべきか」
（略称：戦後派研究会）編集

〈全巻の構成〉

第1巻　**国民国家と市民社会**　伊藤定良・伊集院立［著］
280頁　ISBN978-4-903426-56-3

第2巻　**国民国家と天皇制**　宮地正人［著］
320頁　ISBN978-4-903426-57-0

第3巻　**土地と人間**　―現代土地問題への歴史的接近―
小谷汪之・山本真鳥・藤田進［著］　300頁　ISBN978-4-903426-60-0

第4巻　**帝国と帝国主義**　木畑洋一・南塚信吾・加納格［著］
316ページ　ISBN978-4-903426-63-1

第5巻　**人びとの社会主義**　390頁　ISBN978-4-903426-69-3
南塚信吾・古田元夫・加納格・奥村哲［著］

第6巻　**オルタナティヴの歴史学**
増谷英樹・富永智津子・清水透［著］　370頁　ISBN978-4-903426-72-3

第7巻　**21世紀の課題**　―グローバリゼーションと周辺化―
油井大三郎・藤田進［著］　350頁　ISBN978-4-903426-74-7

別巻Ⅰ　**われわれの歴史と歴史学**
戦後派研究会［編］　370頁　ISBN978-4-903426-67-9

別巻Ⅱ　**「3・11」と歴史学**　戦後派研究会［編］
380頁　ISBN978-4-903426-76-1

各2400円（税別）　【内容案内送呈】

異教徒から異人種へ

井村行子［著］

—ヨーロッパにとっての中東とユダヤ人—

2200 円（税別）
四六判・並製・カバー装・190 頁
ISBN978-4-903426-11-2

「他者」はどのようにして創られるのか！
中世ヨーロッパの「異教徒」観から、反セム主義（反ユダヤ主義）の登場までを明らかにする。

イラン現代史 —従属と抵抗の 100 年—

吉村慎太郎［著］

2400 円（税別）
四六判・上製・カバー装・240 頁
ISBN978-4-903426-41-9

欧米列強の脅威にさらされ続けてきた激動の 100 年史。「イスラム原理主義国家」というイメージ先行の理解と異なる、この国の本当の姿と歴史のダイナミズムを描き出す。

英雄になった母親戦士

京樂真帆子［著］

—ベトナム戦争と戦後顕彰—

2800 円（税別）
四六判・上製・カバー装・310 頁
ISBN978-4-903426-88-4

ベトナム戦争では、母もまた共に戦った！　戦士たる母への顕彰の問題を通して、性別役割分業観にとらわれることなく、戦争とジェンダーとの関係性を再考する。

沖縄の復帰運動と保革対立

櫻澤　誠［著］

—沖縄地域社会の変容—

6000 円（税別）
A 5 判・上製・カバー装・288 頁
ISBN978-4-903426-50-1

「保守／革新」「復帰／独立」の分節化は沖縄の地域と住民に何をもたらしたのか。今も続く沖縄社会の保革対立が形作られた過程を明らかにする。

小野梓と自由民権

勝田政治［著］

2600 円（税別）
四六判・上製・カバー装・280 頁
ISBN978-4-903426-34-1

日本に立憲政を根付かせようとした熱き男の生涯を描き、近代日本の歴史の中で失われた「もうひとつの日本の在り方」を考える。

オープンスカイ・ディプロマシー

高田馨里［著］

—アメリカ軍事民間航空外交　1938 ～ 1946 年—

5000 円（税別）
A 5 判・上製・カバー装・280 頁
ISBN978-4-903426-44-0

真珠湾攻撃、「航空大国アメリカ」誕生から冷戦へ。戦時・戦後世界の空をめぐる攻防を描く、新しい国際関係史。

開国期徳川幕府の政治と外交

後藤敦史［著］

6200円（税別）
A5判・上製・カバー装・340頁
ISBN978-4-903426-91-4

「鎖国から開国へ」という予定調和な歴史叙述を克服！明治維新にいたる歴史を考察する上で重要な開国の〈経緯〉を、従来は見落とされていた視点からたどり、新たな幕末維新史を描き出す。

きのうの日本 －近代社会と忘却された未来－

鵜飼政志・川口暁弘［編］

3200円（税別）
A5判・上製・カバー装・220頁
ISBN978-4-903426-61-7

明治維新から、第2次大戦後の1950年代まで——かつて確かに存在しながら、やがて消え去っていった理想や夢。忘却された歴史から現在を考える。

近世・近代における文書行政

－その比較史的研究－

小名康之［編］

2800円（税別）
A5判・上製・カバー装・245頁
ISBN978-4-903426-55-6

近世から近代にかけて、世界の諸地域ではどのように文書行政が展開されていったのか。日本・インド・トルコ・メキシコの比較により、それぞれの地域の文書行政の実態を明らかにする。

近現代部落史 —再編される差別の構造—

黒川みどり・藤野　豊［編］

2800円（税別）
A5判・並製・カバー装・280頁
ISBN978-4-903426-24-2

被差別部落の存在を無視した日本史像はありえない！「部落史」のオルタナティヴをめざす新たな挑戦。

近代日朝関係史

趙 景 達［編］

3400円（税別）
A5判・並製・カバー装・390頁
ISBN978-4-903426-62-4

新しい通史の誕生！　これまでのような一国史同士の叙述や政治・外交ゲームのような日朝関係史を乗り越え、両国の社会に底流する深い歴史的文脈の関係性を重視した新世代の歴史書。

近代日本の形成と租税

【近代租税史論集1】

近代租税史研究会［編］

5000円（税別）
A5判・上製・カバー装・288頁
ISBN978-4-903426-16-7

「租税国家」として明治国家を位置づけ直す挑戦の第一弾。近代国家の形成にとって租税とはいかなる意味を持ったのか？

近代日本の宗教概念 －宗教者の言葉と近代－

星野靖二［著］

6400円（税別）
A5判・上製・カバー装・320頁
ISBN978-4-903426-53-2

「宗教」とは歴史的に変わらないものなのか？翻訳語として近代日本に新たに登場した「宗教」をめぐって、その概念の展開を宗教者の言葉を追うことによって明らかにする。

近代日本の租税と行財政

近代租税史研究会［編］ 【近代租税史論集2】

6200円（税別）
A5判・上製・カバー装・260頁
ISBN978-4-903426-86-0

近代の課税や徴収の仕組みは、どのような納税者との関係のなかから作られてきたのか。財政や行政制度と租税の関係を見直し、近代租税史の多様で新しい様相を描き出す。

グローバル化のなかの近代日本 －基軸と展開－

小風秀雅・季武嘉也［編］

6600円（税別）
A5判・上製・カバー装・400頁
ISBN978-4-903426-93-8

グローバリゼーション下で展開された日本の近代化。「日本」という存在を自明の前提とせず、世界という地平のなかに日本の近代を位置づけ直す。

現代「生活者」論 —つながる力を育てる社会へ—

天野正子［著］

2600円（税別）
四六判・上製・カバー装・320頁
ISBN978-4-903426-65-5

他人まかせにしない、できることは自分で、一人でできないことは他者と支えあって。現代日本の歴史経験のなかで登場してきた「生活者」の実践をとらえ直し、新しい共同性・公共性の回路を見通す試み。

皇国日本のデモクラシー —個人創造の思想史—

住友陽文［著］

5400円（税別）
A5判・上製・カバー装・320頁
ISBN978-4-903426-45-7

日本のデモクラシー思想は、なぜ「皇国」を立ち上げたのか？ナショナリズムに潜む私欲を乗り超え、社会を担う「個人」を求める思想の分析から、そのモメントをあきらかにする。

国民国家の比較史 ユーラシアと日本 —交流と表象—

久留島浩・趙景達［編］ 【人間文化叢書】

6600円（税別）
A5判・上製・カバー装・480頁
ISBN978-4-903426-32-7

グローバリゼーションがもたらしつつある国民国家の再活性化のなか、その同質性よりも差異性に注目し、国民国家をめぐる新たな議論を提起。

近衛新体制の思想と政治

源川真希［著］

—自由主義克服の時代—

4600円（税別）

Ａ５判・上製・カバー装・230頁

ISBN978-4-903426-28-0

かつて、われわれはデモクラシー再生の劇薬を使ってしまった…。デモクラシーを再生させようとする試みは，なぜ近衛新体制に帰結したのか？激動の昭和戦前期における錯綜した思想状況を解きほぐす。

自他認識の思想史

桂島宣弘［著］

—日本ナショナリズムの生成と東アジア—

3200円（税別）

Ａ５判・上製・カバー装・220頁

ISBN978-4-903426-17-4

およそ、あらゆる自己認識は他者表象の産物である。東アジアに向き合うなかから、日本ナショナリズムの生成を問う！

シベリア抑留と戦後日本 —帰還者たちの闘い—

長澤淑夫［著］

2400円（税別）

四六判・上製・カバー装・230頁

ISBN978-4-903426-49-5

戦後日本はなぜシベリア抑留者の補償を拒否し続けたのか?国会で否定され裁判で何度敗れても、不屈の闘志で運動を続け、ついに補償を実現した抑留者たちの戦後史。

ジープと砂塵 —米軍占領下沖縄の政治社会と東アジア冷戦 1945－1950—

【フロンティア現代史】

若林千代［著］

4800円（税別）

Ａ５判・上製・カバー装・300頁

ISBN978-4-903426-99-0

戦後沖縄の原点に眼をこらす！　米軍占領下にあっても、沖縄は「民主」と「自治」を志向し続けた。東アジア冷戦のもとで、独自の政治空間を作り上げた沖縄とそこに生きる人びとの姿を描き出す。

主権不在の帝国 —憲法と法外なるものをめぐる歴史学—

林　尚之［著］

5800円（税別）

Ａ５判・上製・カバー装・270頁

ISBN978-4-903426-66-2

帝国憲法体制と日本国憲法体制とは、いかなる連続性を内在させていたのか？主権をめぐる〈逆説〉から、新たな思考を提起する。

植民地期朝鮮の知識人と民衆

趙　景　達［著］

—植民地近代性論批判—

5400円（税別）

Ａ５判・上製・カバー装・324頁

ISBN978-4-903426-19-8

知識人世界と民衆世界の差異と亀裂！　日本支配下の朝鮮は、果たして植民地権力のヘゲモニーのもとで“近代”を内面化し得た社会だったのか？

仁政イデオロギーとアイヌ統治

檜皮瑞樹［著］

5800円（税別）

A５判・上製・カバー装・280頁

ISBN978-4-903426-80-8

「華夷主義」から「同化主義」へ。
19世紀における、蝦夷地・アイヌ統治政策と仁政イデオロギーとの関係を明らかにする。

精神の歴史 —近代日本における二つの言語論—

田中希生［著］

5600円（税別）

A５判・上製・カバー装・390頁

ISBN978-4-903426-25-9

狂気と理性が裁断されえなかった近代日本という時空。そのなかに現在とは全く異質の《精神》を見出す新しい思想史！

戦後日本と戦争死者慰霊 —シズメとフルイのダイナミズム—

西村 明［著］

［2007年度国際宗教研究所賞受賞］

5000円（税別）

A５判・上製・カバー装・256頁

ISBN978-4-903426-06-8

慰霊とは何なのか。そして何でありうるのか。戦後日本の長崎原爆慰霊を通して、死者への向き合い方を問う。死者と生者の宗教学！

戦時期朝鮮の転向者たち

洪 宗 郁［著］

—帝国／植民地の統合と亀裂—

5400円（税別）

A５判・上製・カバー装・264頁

ISBN978-4-903426-38-9

植民地知識人の主体化と帝国秩序の論理。抵抗と読み替えの相克から戦時下朝鮮の思想史を再考する。

先住民と国民国家 —中央アメリカのグローバルヒストリー—

小澤卓也［著］

【国際社会と現代史】

2400円（税別）

四六判・上製・カバー装・240頁

ISBN978-4-903426-07-5

「敗者」は勝利をもたらすか？　サンディニスタ、サパティスタ、そしてチャベスへ…。国民国家に抑圧されつづけてきた先住民からの問いかけ。

戦争・災害と近代東アジアの民衆宗教

武内房司［編］

6600円（税別）

A５判・上製・カバー装・320頁

ISBN978-4-903426-82-2

同善社・世界紅卍字会・カオダイ教……。
動乱の近代東アジアで登場した「越境」する民衆宗教の姿を明らかにする。

占領期・占領空間と戦争の記憶

長 志珠絵［著］

【フロンティア現代史】

4800 円（税別）
A 5 判・上製・カバー装・380 頁
ISBN978-4-903426-73-0

戦争と記憶をめぐるポリティクス。東アジアの冷戦という時代状況を意識しつつ、戦後日本の「戦争記憶」形成のあり方を問い直す。

脱帝国のフェミニズムを求めて

宋 連 玉［著］

—朝鮮女性と植民地主義—

2400 円（税別）
四六判・上製・カバー装・270 頁
ISBN978-4-903426-27-3

脱植民地主義のフェミニズムとは何か！　饒舌な「帝国のフェミニズム」にかき消された女性たちの声を聴く。

田中角栄と自民党政治 —列島改造への道—

下村太一［著］

2400 円（税別）
四六判・上製・カバー装・265 頁
ISBN978-4-903426-47-1

田中角栄の政治指導と、保守政治再生の政策・戦略とはどのようなものだったのか。その政治手法に着目して、田中角栄の実像に迫った新しい政治史。

中国国境地域の移動と交流

塚田誠之［編］

—近現代中国の南と北—

5200 円（税別）
A 5 判・上製・カバー装・370 頁
ISBN978-4-903426-31-0

中国国境地域に生きる諸民族の姿から、移動と交流の実態を明らかにする。

【人間文化叢書】ユーラシアと日本 —交流と表象—

中国抗日軍事史 1937-1945

菊池一隆［著］

2800 円（税別）
四六判・上製・カバー装・400 頁
ISBN978-4-903426-21-1

中国現代史から多角的に描く、本格的な日中戦争通史。弱国・中国は強国・日本をいかにして破ったのか。

創られた「人種」 —部落差別と人種主義《レイシズム》—

黒川みどり［著］

2600 円（税別）
四六判・上製・カバー装・280 頁
ISBN978-4-908672-01-9

幕末・明治の言説から現代における中上健次の文学まで。糾弾だけではなく、もう終わったことでもなく、今ここにある差別として人種主義から部落問題を考える。

帝国に抗する社会運動

—第一次日本共産党の思想と運動—

黒川伊織［編］

6000円（税別）

A５判・上製・カバー装・336頁

ISBN978-4-903426-90-7

共産党創成期の歴史を神話から解放する、東アジア社会運動史の問題作。

帝国日本の「開発」と植民地台湾

—台湾の嘉南大圳と日月潭発電所—

清水美里［著］

6600円（税別）

A５判・上製・カバー装・320頁

ISBN978-4-903426-97-6

これまで、功罪ばかりが論じられてきた植民地における インフラ開発の実態を詳細に調査・分析。台湾現地社会とそこに生きた人びとの姿にまで迫り、真の意味での「植民地的開発とは何か」を論じる

帝国の思考 —日本「帝国」と台湾原住民—

松田京子［著］

4800円（税別）

A５判・上製・カバー装・280頁

ISBN978-4-903426-83-9

日本「帝国」最初の本格的な植民地である台湾。そこでマイノリティであった台湾原住民をめぐる表象と学知から植民地主義の思考に迫る。

東亜聯盟運動と朝鮮・朝鮮人

—日中戦争期における植民地帝国日本の断面—

松田利彦［著］

5000円（税別）

A５判・上製・カバー装・240頁

ISBN978-4-903426-95-2

石原莞爾が主唱し、植民地朝鮮の問題にも深くコミットした東亜聯盟運動。戦時下における一つの思想的実験を朝鮮・朝鮮人との関わりから読み解く。

同時代史としてのベトナム戦争

吉沢　南［著］

2600円（税別）

四六判・上製・カバー装・250頁

ISBN978-4-903426-30-3

ベトナム戦争とは何だったのか？ 60～70年代の反戦運動とは何だったのか？「現代史」ではなく、「同時代史」を提唱し、民衆の視点からベトナム戦争とその時代を考える。

トウモロコシの先住民とコーヒーの国民

—人類学が書きえなかった「未開」社会—

中田英樹［著］

2800円（税別）

四六判・上製・カバー装・308頁

ISBN978-4-903426-70-9

人類学は「未開」社会に何を「発見」してきたのか？　多文化共生というものが孕む問題を先住民社会の中から描き出す。

盗賊のインド史 ―帝国・国家・無法者《アウトロー》―

竹中千春［著］

［2011年　大平正芳記念賞受賞］

2600円（税別）

四六判・上製・カバー装・360頁

ISBN978-4-903426-36-5

盗賊や武装勢力とは何者なのか？彼らはなぜ戦うのか？「盗賊の女王」プーラン・デーヴィーはじめ、近現代インドを席巻したアウトローたちの世界に分け入り、その真の姿を描き出す。

遠野のいまと昔 ―もうひとつの『遠野物語』を歩いて―

金原左門［著］

2400円（税別）

四六判・上製・カバー装・196頁

ISBN978-4-903426-96-9

『遠野物語』を「いま」に生かす試み！

柳田国男によって100年以上前に書かれた『遠野物語』を、歴史学者が東日本大震災後の現在において読み解いていく。

都市と暴動の民衆史 ―東京・1905-1923年―

藤野裕子［著］

3600円（税別）

A５判・上製・カバー装・320頁

ISBN978-4-903426-98-3

20世紀初頭、民主化のなかで湧き上がった民衆の暴力は、独自の論理と文化をもちながら、やがて排外主義とファシズムへの地ならしとなっていった。名も無き民衆の姿に注目しつつ、新しい歴史学の地平をここに切り拓く。

日韓民衆史研究の最前線 ―新しい民衆史を求めて―

アジア民衆史研究会・歴史問題研究所［編］

6400円（税別）

A５判・上製・カバー装・400頁

ISBN978-4-903426-00-6

日韓の研究者による交流から生まれた民衆史研究の最前線！　多様な民衆を描き出し、新たな民衆史を提示する。

20世紀の戦争 ―その歴史的位相―

メトロポリタン史学会［編］

2600円（税別）

四六判・上製・カバー装・280頁

ISBN978-4-903426-59-4

戦争の時代は、まだ過ぎ去ろうとしない！

20世紀における様々な戦争の歴史から現代を問い直す。

日本近世社会と明治維新

高木不二［著］

5400円（税別）

A５判・上製・カバー装・265頁

ISBN978-4-903426-20-4

マルク・ブロック（アナール派）に学びながら、幕末・維新史を描き直す。日本近世社会はいかにして近代へと転換していくのか！

日本占領とジェンダー —米軍・売買春と日本女性たち—

【フロンティア現代史】

平井和子［著］

4800円（税別）

Ａ５判・上製・カバー装・260頁

ISBN978-4-903426-87-7

占領下、日米「合作」の性政策をジェンダー視点から問い直す！　兵士の性暴力は軍隊が生み出す構造的なものである事を明らかにし、それを支える女性同士の分断を乗り越える道筋を描き出す。

日本帝国と民衆意識

ひろたまさき［著］

2600円（税別）

四六判・上製・カバー装・300頁

ISBN978-4-903426-58-7

日本と世界は「帝国意識」を克服できるのか？
民衆思想史の歩みを自己点検しつつ、帝国意識と民衆との複雑な歴史的関係にメスを入れる。

幕末民衆の情報世界 —風説留《ふうせつどめ》が語るもの—

落合延孝［著］

2500円（税別）

四六判・上製・カバー装・220頁

ISBN978-4-903426-04-1

幕末はすでに情報社会だった！外国船来航、災害、戦争、一揆の蜂起。市井の情報人が残したユニークな記録から、幕末日本の姿を明らかにする"情報の社会史"。

東アジアの政治文化と近代

深谷克己［編］

2800円（税別）

Ａ５判・並製・カバー装・280頁

ISBN978-4-903426-22-8

「ウエスタンインパクト」によって、東アジアは自己変革していった！　民間社会にまで浸透していた政治文化の視点から、東アジアの近代化を再考する。

東アジアの民族的世界

—境界地域における多文化的状況と相互認識—

佐々木史郎・加藤雄三［編］

5200円（税別）

Ａ５判・上製・カバー装・312頁

ISBN978-4-903426-39-6

「日本」の南北に広がっていた民族的な世界。そこで人々はどう生きていたのか。

【人間文化叢書】ユーラシアと日本 —交流と表象—

武装親衛隊とジェノサイド

—暴力装置のメタモルフォーゼ—

芝　健介［著］

2400円（税別）

四六判・上製・カバー装・260頁

ISBN978-4-903426-14-3

「ヒトラーのボディーガード」から「絶滅のアルバイター」へ。武装ＳＳは、本当に栄光ある軍事組織だったのか？

プロイセンの国家・国民・地域

—19 世紀前半のポーゼン州・ドイツ・ポーランド—

割田聖史［著］

6600 円（税別）

A 5判・上製・カバー装・384 頁

ISBN978-4-903426-52-5

これまでドイツ人とポーランド人の混住地ゆえの民族対立の場とされてきた地域を舞台に、国家と地域の関係・構造を問い直す。

兵士と軍夫の日清戦争 —戦場からの手紙をよむ—

大谷　正［著］

2300 円（税別）

四六判・上製・カバー装・240 頁

ISBN978-4-903426-02-5

いま、日清戦争が問い直されている！　出征から異国での戦闘、「他者」への視線、そして最初の植民地戦争へ。戦地から届いた兵士たちの声は何を語るのか。

兵士はどこへ行った —軍用墓地と国民国家—

原田敬一［著］

2600 円（税別）

四六判・上製・カバー装・330 頁

ISBN978-4-903426-68-6

戦死者追悼のあり方は、本当に世界共通なのか？世界各地の「軍用墓地」調査を通して見えてくる様々な追悼の姿から、戦死者と国家・国民のあるべき関係をあらためて考える。

民族浄化・人道的介入・新しい冷戦

—冷戦後の国際政治—

塩川伸明［著］

2800 円（税別）

A 5判・並製・カバー装・330 頁

ISBN978-4-903426-40-2

マスコミが報道する「国際政治」の姿は真実なのか？正邪・善悪の二元論ではない、冷静な分析から新しい世界の見方を提示する。

明治維新史研究の今を問う

—新たな歴史像を求めて—

明治維新史学会［編］

3600 円（税別）

A 5判・上製・カバー装・300 頁

ISBN978-4-903426-43-3

明治維新とは何だったのか。この日本史上最大の変革の意味を、今、改めて考える。

明治維新史論へのアプローチ

—史学史・歴史理論の視点から—

佐々木寛司［著］

3800 円（税別）

A 5判・上製・カバー装・280 頁

ISBN978-4-903426-94-5

明治維新を問い直すことは、「日本の近代」の内実を問い直すことである。近代に理想的=純粋培養的な社会など存在しないのだから。

明治維新の国際舞台

鵜飼政志［著］

2600円（税別）

四六判・上製・カバー装・320頁

ISBN978-4-903426-89-1

ペリー来航をめぐる国際関係から、1875～76年頃まで、明治維新の歴史を国際的視野から見直し、今も続く「国民の物語」という歴史像を解体する。

明治国家と雅楽 ―伝統の近代化／国楽の創成―

塚原康子［著］

【2009年度　田邉尚雄賞受賞】

5200円（税別）

A5判・上製・カバー装・270頁

ISBN978-4-903426-29-7

近代日本音楽の創成！雅楽制度を改革し、西洋音楽を兼修して、伝統と近代とをつないだ人びとの実像を描く。

遊女の社会史 ―島原・吉原の歴史から植民地「公娼」制まで―

今西　一［著］

2600円（税別）

四六判・上製・カバー装・280頁

ISBN978-4-903426-09-9

日本の「性的奴隷」制の歴史を、遊女・遊廓史から解明する。新しい解釈や新史料を使った、本格的な廓《くるわ》の歴史。

吉野作造の国際政治論

―もうひとつの大陸政策―

藤村一郎［著］

5200円（税別）

A5判・上製・カバー装・296頁

ISBN978-4-903426-51-8

大正デモクラシーをリードした吉野作造。彼の闘いは理解されてこなかった。近代日本のリベラリズムはアジアにいかなる希望を残したのか？

リベラリズムの中国

村田雄二郎［編］

6200円（税別）

A5判・上製・カバー装・352頁

ISBN978-4-903426-46-4

かつて中国には「自由」を求める揺るぎない潮流が存在していた。新しい中国近現代史を切り拓く共同研究の成果をここに提示。

私たちの中のアジアの戦争

―仏領インドシナの「日本人」―

吉沢　南［著］

2600円（税別）

四六判・上製・カバー装・274頁

ISBN978-4-903426-33-4

「アジアと日本にとって、あの戦争とは何だったのか」「日本人とは誰か」― 今、改めて考える、戦争体験のオーラルヒストリー。

目下品切 （価格は税別）

核兵器と日米関係 ―アメリカの核不拡散外交と日本の選択 1960―1976―
黒崎　輝［著］【2006 年度 サントリー学芸賞受賞】4800 円　A5 判・上製・320 頁　ISBN978-4-903426-01-7

移民・難民・外国人労働者と多文化共生 ―日本とドイツ / 歴史と現状―
増谷英樹［編］　2800 円　A5 判・並製・240 頁　ISBN978-4-903426-23-5

植民地朝鮮 / 帝国日本の文化連環 ―ナショナリズムと反復する植民地主義―
趙 寛 子［著］　4800 円　A5 判・上製・310 頁　ISBN978-4-903426-08-2

ボスニア内戦 ―グローバリゼーションとカオスの民族化―
佐原徹哉［著］　3200 円　四六判・上製・460 頁　ISBN978-4-903426-12-9

明治維新を考える
三谷　博［著］　2800 円　A5 判・並製・256 頁　ISBN978-4-903426-03-7

満洲国と日本の帝国支配
田中隆一［著］　5600 円　A5 判・上製・320 頁　ISBN978-4-903426-10-5

植民地朝鮮の警察と民衆世界 1894-1919 ―「近代」と「伝統」をめぐる政治文化―
愼 蒼 宇［著］　6200 円　A5 判・上製・363 頁　ISBN978-4-903426-18-1

「村の鎮守」と戦前日本 ―「国家神道」の地域社会史―
畔上直樹［著］　6200 円　A5 判・上製・368 頁　ISBN978-4-903426-26-6

イギリス帝国と帝国主義 ―比較と関係の視座―
木畑洋一［著］　2400 円　四六判・上製・カバー装・260 頁　ISBN978-4-903426-13-6

もうひとつの明治維新 ―幕末史の再検討―
家近良樹［編］　5000 円　A 5 判・上製・カバー装・270 頁　ISBN978-4-903426-05-1

明治維新と世界認識体系 ―幕末の徳川政権　信義と征夷のあいだ―
奈良勝司［著］　6400 円　A 5 判・上製・カバー装・360 頁　ISBN978-4-903426-35-8

戦時体験の記憶文化
滝澤民夫［著］　5600 円　A 5 判・上製・カバー装・330 頁　ISBN978-4-903426-15-0

＊今後の出版予定（書名は仮題）

地租改正と明治維新……………………………佐々木寛司著
キューバ革命 1953 〜 1959 年…………………………河合恒生著
明治維新の政治と人物（明治維新史論集 1）……明治維新史学会編
田中正造論……………………………………………三浦顕一郎著
天皇墓の政治民俗学………………………………岩田重則著
初期社会主義の地形学（トポグラフィー）…………梅森直之著
在日朝鮮人と「祖国」………………………………小林知子著
戦後の教育経験……………………………………大門正克著

＊書店様へ

●当社の契約取次店は、
トーハン（取引コード　８６２０）
JRC（人文・社会科学書流通センター）
八木書店
です。

トーハン　電話：03-3269-6111（代）

JRC（人文・社会科学書流通センター）
電話：03-5283-2230　FAX：03-3294-2177
メール：info@jrc-book.com

八木書店
電話：03-3291-2968　FAX：03-3291-2962
メール：dist@books-yagi.co.jp

＊また、お客様からのご注文には柔軟に対応しております。
弊社へ直接ご注文ください。
在庫品は日販・大阪屋含め、どの取次店経由でも出荷できます。

＊ JRC の場合は、JRC →日教販→貴店帳合の取次店、のルートで送品いたします。また、八木書店の場合は、八木書店→貴店帳合の取次店、のルートとなります。
いずれも、貴店帳合取次店への搬入は、受注日から２～３営業日後となります。
なお、直接、JRC・八木書店までご注文いただいても構いません。

＊また、新刊の刊行ごとに、その案内（注文書付き）を送ってほしいという場合は、その旨ご用命ください。
FAX にて送信させていただきます。

有志舎　担当：永滝（ながたき）
電話　03-3511-6085　　FAX　03-3511-8484
メール　yushisha@fork.ocn.ne.jp